本书系福建省2019年度中国特色社会主义理论体系研究中心年度项目"习近平外交思想话语创新与中国国际话语权建设研究"（项目编号：FJ2019ZTB009）研究成果。感谢中共福建省委党校、福建行政学院马克思主义理论重点学科对本书的资助。

新时代领导干部能力培养研究

闫 兴／著

吉林大学出版社

·长春·

图书在版编目（CIP）数据

新时代领导干部能力培养研究 / 闫兴著. -- 长春：吉林大学出版社, 2021.7
ISBN 978-7-5692-8640-3

Ⅰ.①新… Ⅱ.①闫… Ⅲ.①领导人员—能力培养—研究—中国 Ⅳ.①D630.3

中国版本图书馆CIP数据核字(2021)第161748号

书　　名：	新时代领导干部能力培养研究
	XINSHIDAI LINGDAO GANBU NENGLI PEIYANG YANJIU
作　　者：	闫　兴 著
策划编辑：	张宏亮
责任编辑：	矫　正
责任校对：	殷丽爽
装帧设计：	雅硕图文
出版发行：	吉林大学出版社
社　　址：	长春市人民大街4059号
邮政编码：	130021
发行电话：	0431-89580028/29/21
网　　址：	http://www.jlup.com.cn
电子邮箱：	jdcbs@jlu.edu.cn
印　　刷：	长春市中海彩印厂
开　　本：	787mm×1092mm　　1/16
印　　张：	17.5
字　　数：	300千字
版　　次：	2022年5月　第1版
印　　次：	2022年5月　第1次
书　　号：	ISBN 978-7-5692-8640-3
定　　价：	85.00元

版权所有　翻印必究

前 言

党的十九大报告提出"中国特色社会主义进入了新时代"。中国迎来了从站起来、富起来再到强起来的伟大飞跃的新时代；迎来了科学社会主义在世界舞台上大放异彩的新时代；迎来了改革开放不断深入，社会主义现代化强国必将建成的新时代。改革开放四十多年来，我国经济社会实现了跨越式发展。当前，我国社会发展正处于社会转型期和利益调整期，改革开放进入攻坚期和关键期，党进一步推进改革开放和现代化建设、实现中华民族伟大复兴的任务前所未有的艰巨，在新时代意味着肩负新的使命，更加需要加强干部队伍建设，而在干部队伍建设中最重要的就是能力建设。我们应该把加强干部的素质与能力建设作为重大战略工程常抓不懈。

中国共产党的初心就是为中国人民谋幸福。党政领导干部是党和政府联系人民群众的桥梁和纽带，是党和政府的路线、方针、政策的贯彻者和执行者，他们的领导能力与各项政策的全面贯彻落实直接相关，与党和政府的形象直接相关，与社会主义现代化事业的兴衰成败直接相关。当前党政领导干部整体的能力与党的执政任务和使命基本适应，但是不可忽视的是，在新时期还面临着各种现实考验，在一些方面仍然存在较大的问题和差距。如，一些党政领导干部谋划和研究问题的意识不强，导致经济和社会发展不能得到改善；一些党政领导干部统筹发展各种重大关系的能力不强，导致发展失衡、社会利益关系矛盾激化，群体性矛盾频发；部分党员干部价值观念扭曲，在权力、金钱、美色的诱惑下，置洁身自好、清正廉洁的第一底线于不顾，而误入歧途，从而严重偏了离党的群众路线；一些领导干部风险意识缺乏，危机处置能力差，等等。这些问题的存在都说明，进一步提高各级党政领导干部能力，已经成为紧迫的现实问题。

2020年10月10日，2020秋季学期中央党校（国家行政学院）中青年干部培训班在中央党校开班。习近平在开班式上发表重要讲话，指出年轻干部要提高政治能力、调查研究能力、科学决策能力、改革攻坚能力、应急处突能力、群众工作能力、抓落实能力，为新时代领导干部的能力培养指明了方向。本书正是以习近平的讲话精神为指引，坚持马克思主义的基本立场和观点，以辩证唯物主义和历史唯物主义作为指导思想，进行新时代领导干部能力培养问题的探究。全书共分八章，第一章主要阐述相关理论，从新中国成立以来干部队伍建设的概述入手，以相关概念界定为切入点，指明加强党的干部队伍建设的重要意义，以马克思、恩格斯、列宁关于干部队伍建设的思想、中国古代官德建设思想和中国共产党主要领导人关于干部队伍建设的思想为理论基础，重点分析新时代干部队伍建设存在的问题和不足，为后文的研究奠定坚实的理论基础。第二章至第八章分别阐述如何培养领导干部的政治能力、调查研究能力、科学决策能力、改革攻坚能力、应急处突能力、群众工作能力、抓落实能力，对以上七种能力较为详细地逐一展开分析，分别从每一项能力的内容、存在问题和提升途径进行阐述，以期促进领导干部能力的提升，努力打造能挑重担、经得起考验的高素质领导干部队伍，从而为全面建成小康社会、实现中华民族伟大复兴提供有力的人才保障和源源不断的智力支持。

　　领导干部能力培养研究是一个动态发展的课题，需要不断结合新的历史时期、新的社会阶段和新的发展要求，结合党的执政历史发展的轨迹、各项改革不断深化推进的实践和新时期领导科学发展的规律，总结出当前领导干部能力培养的一般规律。本书对新时代领导干部能力提升具有一定的理论意义和现实意义，但由于笔者能力与水平有限，也存在一些不足之处，如，应积极借鉴世界各国和地区的干部能力培养以及社会治理的有益经验，坚持取其精华，去其糟粕，为我所用。笔者将在今后的学习和工作中，着力深化这方面的研究和思考，以丰富和拓展提升我国领导干部能力的路径。社会主义建设事业没有止境，社会主义管理工作同样没有止境，领导干部能力培养的研究也将成为一个恒久的课题。

目 录

第一章 新中国成立以来领导干部队伍建设概述 ································ 1
 一、相关理论概述 ·· 2
 二、新中国成立以来干部队伍建设的基本历程 ······················ 25
 三、当前干部队伍建设中面临的主要问题 ····························· 43

第二章 不畏浮云遮望眼、乱云飞渡仍从容的坚定政治信念 ············ 50
 一、党员干部的政治能力 ··· 50
 一、新时代加强领导干部政治信仰建设的主要内容 ················ 54
 二、探寻党员干部队伍政治能力提升的多元化路径 ················ 74

第三章 纸上得来终觉浅、绝知此事要躬行的考察调研宗旨 ············ 85
 一、中国共产党对于调查研究地位和意义的诠释 ···················· 86
 二、调查研究的原则 ··· 96
 三、提高调查研究成效的实践路径 ··································· 104

第四章 运筹帷幄之中、决胜千里之外的科学决策机制 ·················· 111
 一、决策能力的概念和构成 ·· 112
 二、提升领导干部决策能力的必要性 ································· 114
 三、领导干部决策能力的构成 ··· 118
 四、领导干部科学决策能力的提升途径 ····························· 124

第五章　抓铁有痕、踏石留印的贯彻落实态度……140
一、基层干部执行力现状分析……141
二、提升基层干部执行力的路径……153

第六章　咬定青山不放松、立根原在破岩中的改革攻坚精神……164
一、中国特色社会主义改革精神为改革攻坚能力的培养指明了方向……165
二、领导干部创新能力的培养……171
三、建立和完善领导干部容错机制……181

第七章　泰山压顶不弯腰、惊涛骇浪不低头的应急处突原则……198
一、当代中国公共危机事件发生概述……199
二、当前我国政府突发公共事件应急管理体系……203
三、地方政府突发公共事件应急管理存在的问题……212
四、培养领导干部的应急处突能力的途径……215

第八章　苟利国家生死以、岂因祸福避趋之的群众工作方法……229
一、新时代群众工作面临的机遇和挑战……231
二、领导干部群众工作能力建设的内容……238
三、领导干部群众工作能力不足的表现及原因……242
四、领导干部群众工作能力提升路径思考……255

参考文献……269

第一章　新中国成立以来领导干部队伍建设概述

党的干部队伍建设是中国革命和社会主义建设成败的关键之一，是党的建设这一伟大工程中的关键部分。只有把领导干部队伍建设好，我们党和国家才能不断前进。"致天下之治者在人才"，古往今来，大量史实都印证了一个道理，即人才是一个国家发展的基础，是一个民族强盛的关键。新中国成立后，尤其是改革开放以来，党和政府十分重视对领导干部的选拔培养。随着世界格局和国内政治经济形势的剧烈变化，受外来多元文化、西方价值意识等因素影响，我国关于领导干部的培养选拔工作受到极大的挑战，党政领导干部队伍建设的地位和作用愈发重要。党的十八大以来，以习近平同志为核心的党中央围绕党组织选人用人工作提出了一系列新的观点与要求，形成了一套关于新时代中国共产党干部队伍建设的特色理论。

党的十九大指出，中国特色社会主义进入了新时代。为了在新时代的历史条件下进一步完善组织工作建设，必须建设高素质专业化干部队伍。党政干部队伍建设是关系到我国社会主义事业兴衰成败和中华民族前途命运的大事。领导干部的科学文化素养、业务办事能力、思想政治素质等各方面都将直接或间接影响党和国家各项方针政策的贯彻与落实，对于推动新时代中国特色社会主义的建设与发展起到关键作用。因此，本章对新中国成立以来领导干部队伍建设进行概述，全面把握我国领导干部队伍建设的理论渊源和历史进程，并在理论指导下找到当前存在的问题和不足，为后文提出与新时代相适应的新策略、新方法，为党的领导干部能力培养提供理论支撑。

一、相关理论概述

（一）相关概念界定

1. 干部

《现代汉语词典》对"干部"的解释是：国家机关、军队、人民团体中的公职人员。20世纪初，自"干部"一词被引进中国以后，中国的知识分子、思想家、革命家也曾频繁使用该词。1922年7月，中国共产党第二次全国代表大会制定的党章中明确指出，干部是党的事业的骨干，是人民的公仆。从此以后，在我国"干部"一词主要限定在中国共产党、国家机关、军队、人民团体、科学、文化等部门的公职人员和企事业单位中担任领导和管理职责的人员。

2. 干部队伍

在我国，干部队伍是由干部个体组成的集合体，是一个有严密组织的正式群体，是中国共产党根据自己的纲领和章程，按照民主集中制组织起来的统一整体。它是由有着共同目标的众人所组成，受共同的行为规范所约束，在利益上相互联系与相互依存的一个统一整体。它的社会性体现在政治关系上，是一种阶级关系、利益群体关系，带有一种很强的强制性的影响关系。所以，干部队伍中的成员必须做到"个人服从组织"，一切都要以国家事业发展和人民利益为最高准绳。正如恩格斯所说："许多人协作，许多力量融合为一个总的力量，用马克思的话来说，就造成'新的力量'，这种力量和它的一个个力量的总和有本质的差别。"[①]我国的干部队伍以马克思列宁主义作为指导思想，坚决维护党的基本路线和基本理论，是具有坚定的政治立场和政治标准，能够在时代风浪中依然砥砺奋进，并且用自己掌握的业务专长去治党治国治军。我国的干部队伍作为党的方针政策的执行者和落实者，担负着党和人民赋予的历史使命，是推进祖国繁荣昌盛、人民幸福安康以及国家治理体系不断完善的重要力量。

[①] 中共中央马克思恩格斯列宁斯大林著作编译局编译. 马克思恩格斯选集（第三卷）[M]. 北京：人民出版社，1972：166.

3. 干部队伍建设

我国的干部队伍建设，是指在一定的历史时期和环境下，对干部队伍人员素质和人事制度建设的总称。它主要包括六个方面内容：思想理论建设、组织建设、作风建设、反腐倡廉建设、制度建设和能力建设。

思想理论建设，是党为保持自己的创造力、凝聚力和战斗力而在理论方面所做的一系列工作，并以马克思列宁主义、毛泽东思想和中国特色社会主义理论体系武装全党，改造和克服党内一切非无产阶级思想。

组织建设，是党的建设和干部队伍建设的一个重要方面，是干部队伍不断向前发展的纲领，是组织成立和向积极方向发展的重要因素。对于我党来说，要想巩固自己的执政地位，就要靠组织建设方面的正确理论、纲领和路线。

作风建设，是以作风为世界观、人生观、价值观的外在反映，是个人修养、政治品质、道德境界的具体体现，也就是思想、道德等行为的建设。

反腐倡廉建设，是在坚持"标本兼治、综合治理，惩防并举、注重预防"的基础上，建立健全教育、制度、监督并重的惩治和预防腐败体系。

制度建设，主要是指针对党组织和干部队伍作出具体的规定、规章制度及按照程序办事的行为准则与规范各种活动的规则、程序和条例。

能力建设，是指各主体为了开发人的潜能而展开的能力教育、配置、培养、使用、管理的活动过程，以及作为个体主体的人树立能力价值观，养成能力型人格，增强能力素质，不断提高和完善自己能力的过程。

干部队伍建设是我党建设的一个重要组成部分。通过干部队伍建设，我们可以更好地维护党的基本理论、贯彻党的基本纲领、执行党的基本路线，从而获得党的建设的基本经验。干部队伍建设的优劣，是能否把党和群众的力量结合起来、能否保证党领导的各项事业取得成功的主要因素。

4. 党的干部制度

干部制度，是我们党制度建设的重要部分，是组织制度的重要内容，也是政治体制改革的明确对象。确定干部制度的内涵和外延是进行系统研究的基础和前提。王长江认为："干部制度是指由各要素组成的一个有机系统。这里的'制度'强调的是各要素之间的有机联系，强调它们之间的活动和相互影响，而且情况往往是，各要素之间组合形式不同，就会形成不同类型的制度。"①中国共产党自成立以来,在党管干部原则的指导下,逐步形成了一整套的干部制度和高度集中统一的干部管理体制。这套干部制度和体制,对于加强干部队伍建设,完成党在不同时期所担负的任务,起到了十分重要的作用。但任何制度体制都不是一成不变的,必须根据客观形势发展的需要,进行不断的调整和改革。在吸收、借鉴前人研究成果的基础上,笔者认为,干部制度可以定义为:一切与干部人事工作相关的程序机制和规章制度的总称。它涵盖了两个部分:一部分是干部具体规章制度,如干部任用、监督、培训、考核等方面的具体制度;一部分是干部工作运行机制,例如干部工作的程序规范、干部工作的领导机制、干部管理的划分机制、干部机构的调整机制等。

(二)加强干部队伍建设的重要意义

当今世界正处于大发展大变革大调整时期,我国正处于机遇与挑战并存的重要战略机遇期的国际国内背景下,加强和改善干部队伍建设,是中国共产党领导的社会主义建设取得胜利的关键,对中国共产党带领各族人民谋求跨越式发展具有十分重要的意义。

1. 干部队伍建设是我国社会主义事业取得成功的基本保证

第一,干部队伍建设是完成社会主义现代化事业的重要保证。马克思在《资本论》中曾指出:"一切规模较大的直接社会劳动或共同劳动,都或多或少地需要指挥,以协调个人的活动……"②实践表明,任何一项社会实践,都必须有一部分人参与领导和组织工作,通过这部分人的领导、组织,可以使进行实践活动的全体成员形成一个有战斗力的、积极有序的整体,可以使每个成员按照既定的目标保持团结一致的行动,从而保障生产与实践的顺利进行,保证目标任务的有效完成。在新时代,中国要实现经济富强、政治民主、文化繁荣、社会和谐,只有在中国共产党的带领下进行经济制度与政治制度的改革才能取得成功。在这一过程中,党是核心和领导力量,群众是基础和实现力量。只有这两种力量紧密结合,中国特色社会主义事业才能取得成功。

---

① 王长江. 现代政党执政规律研究[M]. 上海:上海人民出版社,2002:205.
② 中共中央马克思恩格斯列宁斯大林著作编译局编译. 马克思恩格斯全集(第44卷)[M]. 北京:人民出版社,2001:384.

干部在中国共产党领导的中国特色社会主义事业中起着关键作用，因为它既是党联系群众的纽带和桥梁，又担负着组织和领导人民积极参与到各项建设中去的重要任务。所以，要把党的领导力量与群众的现实力量结合起来，关键是靠党的干部队伍，关键是看党的干部队伍建设。早在1937年，毛泽东就指出："指导伟大的革命，要有伟大的党，要有许多最好的干部。"①邓小平也曾提出："现在我们是搞建设，干部已成为决定性的因素。"②在新的历史时期，中国共产党所面临的考验巨大，任务艰巨，需要党的干部把不同阶层、不同行业、不同文化背景、不同利益群体的人民群众组织起来，朝着建设中国特色社会主义的目标奋进，因而更需要一批符合新时期新的历史任务要求的干部。

第二，干部队伍建设直接关系着党的路线、方针、政策能否得到贯彻执行。中国共产党要领导中国人民完成最终目标——实现共产主义和实现各个阶段的不同历史任务，就必须要有正确的路线、方针和政策作指导。党的各级组织和各级干部以马克思主义基本理论为指导，从具体情况出发，实事求是，总结过往经验教训，深入调查研究和科学论证，通过不断的实践、认识、再实践、再认识的过程，从而得到符合中国国情的正确结论。这一探索过程需要进行大量、烦琐的理论和实践性的创造活动，如果没有中国共产党的干部在中间起到积极的桥梁作用，就不能把人民群众的实践结果真实高效地反馈给党组织，也不能把广大人民群众的先进经验上升为理论。同理，党的路线方针政策制定以后，就得有熟悉并正确掌握这些理论的干部去组织实施；如果人民群众没有干部去组织、发动和领导，没有在干部的带领下把党的路线方针政策落实为人民群众的实践行动，再好的路线方针政策也不免成为一句空话、一纸空文。综上可知，干部队伍建设的状况决定着党的路线方针政策能否得到、能得到多大程度的贯彻落实，进而决定着党的事业的兴衰成败。毛泽东指出："政治路线确定之后，干部就是决定的因素。"③邓小平也指出："政治路线确立了，要由人

---

① 毛泽东选集（第一卷）[M].北京：人民出版社，1991：277.
② 邓小平.邓小平文选（第一卷）[M].北京：人民出版社，1994：209.
③ 毛泽东选集（第二卷）[M].北京：人民出版社，1991：526.

来具体地贯彻执行。由什么样的人来执行，……结果不一样。"①因此，要保证在建设中国特色社会主义过程中党的路线方针政策得到切实的贯彻执行，就需要一支坚定不移地贯彻执行党的基本路线、善于推动社会发展的高素质干部队伍。

2. 加强干部队伍建设是应对激烈国际竞争的迫切要求

2012年以来，国际形势错综复杂，经济危机、战乱频生、难民危机等全球性难题，向全人类的生存发展发起挑战。透过这些问题，可以看到全球治理体系改革是大势所趋，中国作为经济发展最快的发展中国家之一，伴随着实力增长，在国际事务中扮演着愈加重要的角色，为世界贡献了许多中国智慧。中国参与全球治理的根本目的，就是服从服务于"两个一百年"奋斗目标、实现中华民族伟大复兴的中国梦。近现代以来，国际力量对比中最具革命性的变化就是新兴市场国家和一大批发展中国家的快速发展，他们在国际中的影响力也随之增强。中国从一个地区性大国逐渐走进世界舞台的中央，这意味着长期由欧美主导的国际秩序产生了新变化，这一新变化必然引起西方国家对于中国快速发展的敌视情绪。领导干部应该清醒认识国际形势与我国现阶段的国际地位，秉持共商共建共享的全球治理观，"坚持从我国国情出发，坚持发展中国家定位，把维护我国利益同维护广大发展中国家共同利益结合起来，坚持权利和义务相平衡"②。

党的十九大报告对新型国际关系作了新的界定，将之前的以合作共赢为核心的新型国际关系修改为"相互尊重、公平正义、合作共赢的新型国际关系"③，新增加的词汇丰富了新型国际关系的内涵，也指明了中国外交未来的方针政策。青年干部作为未来中国的骨干力量，推动与发展国际关系都离不开对他们的培养造就。当前的国际环境风云变幻，以美国为首的西方国家大肆宣传"中国威胁论"，国际贸易保护主义再抬头，发达国家的产业结构调整都将人才竞争视为重点。人才竞争中青年人才的关键性作

---

① 邓小平. 邓小平文选（第二卷）[M]. 北京：人民出版社，1994：191.
② 推动构建以合作共赢为核心的新型国际关系——关于国际关系和我国外交战略 [N]. 人民日报，2016-05-11.
③ 习近平. 决胜全面建成小康社会 夺取新时代中国特色社会主义伟大胜利——在中国共产党第十九次全国代表大会上的报告 [M]. 北京：人民出版社，2017：58.

用尤为突出,青年自身的素质能力及能动性的发挥直接影响着各个国家的核心竞争力与发展动力,决定了国家在国力竞争时能否占领制高点。

面对国内外复杂的新形势,习近平强调中国共产党人应时刻保持高度警惕,沉着应对,积极面对挑战与机遇并存的局面。"青年一代的理想信念、精神状态、综合素质,是一个国家发展活力的重要体现,也是一个国家核心竞争力的重要因素。"①想要抵御西方的政治霸权和异化思想的腐蚀,在国际力量的竞争中占据上风,必须培养一代又一代高素质的优秀青年干部。改革开放的硕果及稳定的发展局面,社会主义现代化事业的前进方向,中国共产党的执政地位,都需要青年干部的维护。习近平指出:"中国始终是世界和平的建设者、全球发展的贡献者、国际秩序的维护者……"②这就要求领导干部,尤其是青年干部要具备国际眼光,准确把握历史发展规律,培养大局意识。在21世纪中叶建成"富强民主文明和谐美丽的社会主义现代化强国"这一宏伟目标过程中,当代的青年干部将成为中坚力量。青年干部能否在国际竞争中占据制高点,掌握主动权,需要具备坚定的党性修养及较高的文化素养。伟大的时代赋予青年干部光荣的历史使命,同时也为他们提供了宝贵机遇。中国的和平崛起是时代赋予青年干部的使命,责无旁贷。青年干部必须不断强化战略意识,学会用世界的、发展的眼光看问题,努力克服狭隘的经验主义、虚无主义,推进自身本领建设,以面向现代化、面向世界、面向未来的博大胸襟,应对国际挑战。

3.加强干部队伍建设是全面建成小康社会的现实需要

党的十八大报告第一次明确提出:"我们要准确判断重要战略机遇期内涵和条件的变化,全面把握机遇,沉着应对挑战,赢得主动,赢得优势,赢得未来,确保到二〇二〇年实现全面建成小康社会宏伟目标。"③党的十八届五中全会和"十三五"规划为我们详细描绘了全面建成小康社会的宏伟蓝图。党的十九大指出:"我们既要全面建成小康社会、实现第

---

① 中共中央文献研究室编.习近平关于青少年和共青团工作论述摘编[M].北京:中央文献出版社,2017:9.
② 习近平.在庆祝中国共产党成立95周年大会上的讲话[N].人民日报,2016-07-02.
③ 中共中央文献研究室编.十八大以来重要文献选编(上)[M].北京:中央文献出版社,2014:13.

一个百年奋斗目标，又要乘势而上开启全面建设社会主义现代化国家新征程，向第二个百年奋斗目标进军。"①青年干部作为党员干部队伍中的新鲜血液，在全面建成小康社会的进程中是一支十分重要的后备力量。习近平在党的十九届一中全会上进一步指出："团结带领全国各族人民在中国特色社会主义道路上全面建成小康社会，进而全面建成社会主义现代化强国、实现中华民族伟大复兴，是新时代中国共产党的历史使命。"②中国共产党作为执政党，其干部素质与领导水平直接影响到自身的执政地位与执政水平，特别是关系到新时代中国共产党的历史使命能否完成。在各种危机与考验面前，我们的干部队伍能否经受考验，是一个至关重要的问题，这决定了国家前行的航向能否正确。

改革开放四十多年来，中国经济发生了翻天覆地的变化。这几十年来，国内生产总值每年的平均增长远远超过同期世界经济的年均增速；贫困人口的减少和贫困率的下降，创造了人类反贫困史上的璀璨星光。这一切的变化都离不开优秀干部队伍的带领，只有领导带好路，群众才能走上康庄大道。党的十九大报告指出，我们正处于全面建成小康社会的决胜阶段。"全面建成小康社会，广大青年是生力军和突击队。"③怎样满足人民对于美好生活的需要，应对经济建设、政治建设、文化建设、社会建设、生态文明建设等各方面的挑战，使得党的路线方针政策贯彻执行，归根结底是需要千千万万的领导干部及身处基层一线的干部党员的积极践行，关键在于建设一支忠诚干净担当、充满活力的高素质专业化年轻干部队伍。俗话说："干部走什么路，群众迈什么步"，青年干部大都处于政务工作的第一线，他们的为政之德和为政之行是带领群众前行的方向标。广大青年干部只有强化政治纪律与组织纪律，全面提升自己的素质，才能使人民群众心悦诚服地跟党走，才能让各项政策"掷地有声"、落地见效。

夺取全面建成小康社会的胜利，需要抓住主要矛盾，精准发力。毛泽

---

① 习近平. 决胜全面建成小康社会 夺取新时代中国特色社会主义伟大胜利——在中国共产党第十九次全国代表大会上的报告[M]. 北京：人民出版社，2017：28.
② 中共中央党史和文献研究院、中央"不忘初心、牢记使命"主题教育领导小组办公室编. 习近平关于"不忘初心、牢记使命"论述摘编[M]. 北京：党建读物出版社，中央文献出版社，2019：35.
③ 习近平. 在知识分子、劳动模范、青年代表座谈会上的讲话[M]. 北京：人民出版社，2016：10.

东指出:"在复杂的事物的发展过程中,有许多的矛盾存在,其中必有一种是主要的矛盾,由于它的存在和发展规定或影响着其他矛盾的存在和发展。"①青年干部应正确认识社会主要矛盾的变化,深刻理解社会主要矛盾中"变"与"不变"的关系,抓住主要矛盾,为进行伟大斗争提升思想意识,提高自身理论水平和政治判断,自觉投身"四个伟大"。青年干部要在工作中杜绝吃拿卡要、消极怠工、回避矛盾与冲突的行为,将人民群众所想所需始终放在工作第一位,勇于担当、敢于直面问题、敢啃硬骨头,把人民满不满意当作工作的衡量标准。

4. 加强干部队伍建设是党的建设的紧迫任务

实现伟大梦想,必须建设伟大工程。中国共产党的领导是中国特色社会主义最本质的特征,也是中国特色社会主义制度的最大优势。习近平在全国组织工作会议上强调:"中国特色社会主义进入新时代,我们党一定要有新气象新作为,关键是党的建设新的伟大工程要开创新局面。"②坚持党的领导必须不断改善党的领导,2012年12月4日,中共中央政治局审议通过中央政治局关于改进工作作风、密切联系群众的八项规定。随后,习近平在江苏考察调研时强调:"全面从严治党是推进党的建设新的伟大工程的必然要求。"③党的十九大报告指出:"党的干部是党和国家事业的中坚力量。"④当前,推进忠诚干净担当的青年干部队伍建设对于党的建设新的伟大工程至关重要,是实现党的基本路线及新时代历史使命的关键因素。中国共产党能不能继续带领人民前进,关键就在于培养一批"牢固树立'四个意识'和'四个自信'、坚决维护党中央权威、全面贯彻执行党的理论和路线方针政策、忠诚干净担当的干部"⑤。为了保证中国梦的实现,战略布局的贯彻落实,习近平特别强调:"实现党的十八大确定的各项目

---

① 毛泽东选集(第一卷)[M].北京:人民出版社,1991:320.
② 习近平.在全国组织工作会议上的讲话[N].人民日报,2018-07-05.
③ 习近平在江苏调研时强调:主动把握和积极适应经济发展新常态 推动改革开放和现代化建设迈上新台阶[N].人民日报,2014-12-15.
④ 习近平.决胜全面建成小康社会 夺取新时代中国特色社会主义伟大胜利——在中国共产党第十九次全国代表大会上的报告[M].北京:人民出版社,2017:64.
⑤ 习近平.决胜全面建成小康社会 夺取新时代中国特色社会主义伟大胜利——在中国共产党第十九次全国代表大会上的报告[M].北京:人民出版社,2017:64.

标任务，关键在党，关键在人。"①战略布局需要人才落实，从基本实现社会主义现代化到建成富强民主文明和谐美丽的社会主义现代化强国，各阶段层层递进，都离不开青年干部履行使命。

新时期以来，党内的政治生态环境发生一系列的问题，例如"四风"问题和腐败问题频频被曝光。青年干部作为党的新生力量，能否在思想上筑牢防线，在制度上扎紧篱笆，对党和国家来说都举足轻重。一方面，青年干部大都处于党的方针政策实施的前线，是活动的实施者与组织者，他们怎样对待政策的实施及路线的贯彻对于党的路线方针影响重大。另一方面，贯彻落实党的路线方针需要广大青年干部在党和人民群众之间架起沟通的桥梁，需要通过青年干部树立忠诚干净担当的带头形象，号召引领群众实践路线方针。同时，要巩固中国共产党的执政地位、加强党的先进性和纯洁性建设，优化干部队伍结构，就需要大力培养大批青年干部，把他们培养成为素质高、本领强、能担重任的优秀可靠的中国特色社会主义事业接班人。只有这样才能保证党的长期执政能力，起到凝聚人民群众力量的作用，引领中华民族在伟大的复兴之路上昂扬前行。

（三）新时代干部队伍建设的理论渊源

新时代的干部队伍建设"犹衣服之有冠冕，木水之有本原"，具有渊博的理论内涵及时代背景。以习近平同志为核心的党中央在继承马克思主义及毛泽东、邓小平、江泽民、胡锦涛关于干部队伍建设思想的基础上，结合新时代党的干部队伍建设中的实践经验，根据新形势新特征，逐步形成了具有时代特色的干部队伍建设理论。

1.马克思、恩格斯关于干部队伍建设的思想

马克思、恩格斯一生都在致力于人类的解放事业，创建了世界上第一个无产阶级政党，形成了以《共产党宣言》《法兰西内战》等文献著作为依托的建党学说和理论成果。虽然他们并没有提出明确的干部队伍建设理论，但是从他们建党的探索和实践总结中可以找到关于干部队伍建设的相关思想。

---

① 习近平.习近平谈治国理政（第一卷）[M].北京：外文出版社，2018：411.

（1）指导革命的科学理论

马克思在《法兰西内战》中首次具体阐述了社会公仆的理念，并以此区别于旧政府的权力观。在思想观念上，他把无产阶级政党的骨干成员或公职人员定位为社会公仆，是为大多人谋福祉的。为防止无产阶级政党由社会公仆而异化，必须要有强有力的思想武器。《共产党宣言》的问世确立了无产阶级政党的第一个革命纲领，确立了目标和方向。有了明确的目标和方向，在无产阶级政党奋斗的过程中还需要科学理论作为行动指南。恩格斯指出："我们党有个很大的优点，就是有一个新的科学的观点作为理论的基础。"[1]科学社会主义是在建党探索和实践中验证过的科学理论。马克思、恩格斯在此后的革命斗争生涯中，始终坚持科学社会主义的指导地位。针对当时出现的无政府主义、机会主义、杜林主义等反科学社会主义的思潮，马克思、恩格斯写了诸如《论权威》《反杜林论》等著作进行了批判，主张用科学社会主义理论武装革命者的头脑。

（2）对党组织建设的探索

马克思、恩格斯在探索建立共产主义同盟时提出："所有盟员都一律平等。"[2]并设中央委员会、总区部、区部、支部和代表大会等组织机构，进行定期选举，每个党员都拥有选举权和被选举权；同时还规定了各个委员会的任期以及选任过程中的一些事宜，指出了公社的组成成分，着重指出公社委员是源于选民，必须代表选民并对选民负责，而且如果违反了选民意志或做出不当举动，可以被随时罢免。这些规则在巴黎公社短暂存在的时期内得到了进一步发展。由此可以看出，这些规定保证了选举出的党内成员站在了人民利益的立场上，遵循了民主平等的原则，为后期党内民主制度建设、组织建设、党员队伍建设提供了学理支撑。

（3）注重政党的作风建设

马克思、恩格斯除了表达出对无产阶级无限的同情，还结合工人阶级实际指导创建无产阶级的同盟，并给予科学理论指导。可以看出，两位伟

---

[1] 中共中央马克思恩格斯列宁斯大林著作编译局编译.马克思恩格斯选集（第二卷）[M].北京：人民出版社，1995：39.

[2] 中共中央马克思恩格斯列宁斯大林著作编译局编译.马克思恩格斯全集（第4卷）[M].北京：人民出版社，1958：572.

人注重实事求是，是真正代表人民的领袖。他们认为历史活动是群众的事业。指出了人民群众的重要历史地位，并将密切党群关系的优良作风始终贯彻在领导工人革命的活动中。恩格斯认为理论不是教条，是发展着的理论。党员不能生搬硬套党的理论，而应秉持实事求是的态度，结合工人运动的实际出发点，才能不偏离为人民谋利益的奋斗目标和方向。在培养无产阶级的优良作风方面，"在行动上少来点普鲁士作风"①，即在作风上要摒弃不良习惯。他们还提出："这种无情的自我批评引起了敌人极大的惊愕……"②显然，批评与自我批评的优良作风是在以往任何政党中不曾出现的，因为自我批评在改进自身的同时也需要有自我革命的勇气，在引起敌人的惊愕的同时也会给他们带来即将被历史淘汰的惊慌。

2. 列宁关于干部队伍建设的思想

1917年11月7日，列宁领导布尔什维克党建立了继巴黎公社政权之后的第二个无产阶级政权。为了维护这一胜利果实，防止无产阶级政党"社会公仆"性质出现异化，使政党发展态势朝向良好趋势，列宁在马克思、恩格斯的理论基础上，在干部队伍建设方面提出了具体而富有创见性的见解，形成了很多具有开创性的理论。

（1）注重干部的能力素质建设

十月革命胜利之后，无产阶级政党拥有了执政权，面对当时内忧外患的现状，干部队伍普遍存在本领恐慌的问题。列宁指出："没有管理的科学知识，你们又怎样能够管理？"③强调党员干部应该克服第一个敌人即狂妄自大，要达到有足够的文化素养、能将事情办理得井井有条，就必须做到"第一是学习；第二是学习；第三还是学习"④，并且做到灵活地应用，而非刻板教条地学习。为了提高党员干部的能力素质，列宁还采取了许多

---

① 中共中央马克思恩格斯列宁斯大林著作编译局编译. 马克思恩格斯全集（第38卷）[M]. 北京：人民出版社，1972：88.
② 中共中央马克思恩格斯列宁斯大林著作编译局编译. 马克思恩格斯全集（第4卷）[M]. 北京：人民出版社，1972：88.
③ 中共中央马克思恩格斯列宁斯大林著作编译局编译. 列宁全集（第36卷）[M]. 北京：人民出版社，1985：47.
④ 中共中央马克思恩格斯列宁斯大林著作编译局编译. 列宁选集（第四卷）[M]. 北京：人民出版社，1995：786.

具体的组织措施，如让党员干部在实践中参加"星期六义务劳动"，把大批党员干部送进各级党校和各类专业学校、专业训练班学习或深造，提升其专业素养。

（2）在党员纪律和监督体系设立方面的探索

列宁在执政期间，对党员干部要求极为严格，主张实行铁的纪律。从现存的文献或信件中，他数次用"枪毙"的尖锐字眼表达对贪腐行为的痛恨程度。他认为，要将干部队伍中的腐败投机分子、对党不忠诚不坚定者坚决清除出党。在理论指导方面，列宁本人或指示人民委员会先后起草颁布了《不容许亲属在苏维埃机关共同供职的法令》《关于惩办受贿的法令》等相关法律规定，重罚党员干部的贪腐行为、裙带关系等，对党内一切特权现象坚决说"不"。列宁除了在法律法规方面从严治吏，还主张加强党员干部的监督，并探索建立监督体系，如设立监察委员会，并完善监督理论体系，颁布《关于监察委员会》《监察委员会条例》等决议，让监督有理可依；另外，还提出要充分发挥人民群众和党政报刊等媒体舆论对党员干部的监督作用，完善干部的监督管理体系。

（3）对干部作风的极度关注

列宁对党员干部中存在的官僚主义、拖拉主义等不良作风深恶痛绝，曾用"可恶""混蛋"等尖锐措辞来表达痛恨的程度。对于共产党来说，他认为"最严重最可怕的危险之一，就是脱离群众"[①]。群众的拥护对于共产党来说是最强大的力量。而令人深恶痛绝的官僚主义、拖拉主义作风是造成脱离群众的罪魁祸首。"我们内部最可恶的敌人就是官僚主义者……我们必须清除这种敌人……"[②]为了杜绝不良作风在干部队伍中的蔓延，列宁沿用了巴黎公社时期实行的选举制、罢免制和监督制，在此基础上还探索实行个人负责制，防止干部因职权而自大膨胀、碌碌无为，培养干部的独立自主精神和责任心，让他们更好地为国家和人民服务。

---

① 中共中央马克思恩格斯列宁斯大林著作编译局编译.列宁选集（第四卷）[M].北京：人民出版社，1995：626.
② 中共中央马克思恩格斯列宁斯大林著作编译局编译.列宁全集（第43卷）[M].北京：人民出版社，1987：14.

3. 中国古代官德建设思想

（1）忠君爱国

①忠诚。"'忠诚''老实'一直是中华民族传统上公认的最基本的价值标准和美德，从小的角度看，是人们之间友善相处、和谐幸福的要求；从大的层面看，则是政治清明、国家发展、整个社会良性运行的保证。概而言之，忠诚老实可谓民之本、官之本。"①"忠诚"体现的是官员最基本的官德，不仅体现为忠诚于君主，也体现忠诚于自己的国家。对于"忠"有很多的解释。"忠"的范围很广："忠有三术：一曰防，二曰救，三曰戒。先其未然，谓之防也；发而进谏，谓之救也；行而责之，谓之戒也。防为上，救次之，戒为下。"②臣子尽忠有三种表现：第一种是预防，第二种是补救，第三种是告诫。错误尚未发生而设法避免，称为"防"；发生错误而能进行劝阻，称为"救"；已经造成了不良后果再直言指责，称之为"戒"。预防是最上等的措施，补救是次等的，告诫是最下等的。忠诚就要真心实意，不能阿谀奉承，忠臣尽忠要诚恳，不能畏首畏尾。"忠臣之事君也，言切直则不用而身危，不切直则不可以明道。故切直之言，明主所欲急闻，忠臣之所以蒙死而竭知也。"③意思是说，忠臣侍奉君主，语言深切诚恳而不被信用，就会危及性命；而不深切诚恳，又不能说明正道，所以深切诚恳的谏言，是贤明的君主所急于听到的，也是忠臣竭诚尽智、不惜生命所要说的。"君子之事上也，进思尽忠，退思补过，将顺其美，匡救其恶，故上下能相亲也。"④意思是说，君子侍奉君王，在朝为官时，想着如何尽忠，谋划国事；从朝廷退居在家时，又想着如何来纠正补救君王的过失。对于君王的优点，必定帮助发扬；对于缺点，则必定匡正补救。所以在上位的君王和在下位的臣子，都能够相亲相爱了。

②公正。公正无私，就是要有天下为公的思想，不存私利，一心为国家，一心为君主，也体现对人对事的公平公正。"古代有道德的为政者很

---

① 梁衡. 官德[M]. 北京：北京联合出版公司，2012：55.
② 《申鉴》.
③ 《汉书卷·贾邹枚路传》.
④ 《孝经》.

着重'公'字，认为'吏不畏吾严，而畏吾廉；民不服吾能，而服吾公；公则民不敢慢，廉则吏不敢欺，公生明，廉生威'。这段文字深刻地道出了为官要'公'的重要性，这里所讲的'公'，有两层意思：一是利益上，指整体社会，是与私对立的；二是在价值上，指公正、公平。"① "开至公之路，秉至平之心，执大象而致之，亦云诚而已矣。夫任诚，天地可感，而况于人乎？"②意思是说，开辟极其公正的进贤之路，秉持至为平等的心，把握治国大纲而自然招感贤才，说的也就是真诚而已。真正有了诚意，天地都能被感动，何况人呢？"昔先圣王之治天下也，必先公，公则天下平。"③意思是说，从前圣王治理天下，一定要把公正无私放在首位，处事公正无私，则天下太平安和。"见人有善，如己有善；见人有过，如己有过。天无私于物，地无私于物，袭此行者，谓之天子。"④见到别人有善行，就像自己有善行一样；见到别人有过错，就如同自己有过错一样。天对万物无私无求，地对万物也无私无求，能秉承天地这种无私行为的人，才称之为天子。无论是作为君主还是臣子，都应该秉公办事之心，在治理国家、招贤纳贤，为人处事都应有公正之心，不能有私利，假公济私往往会造成不良的后果。只有秉持公正之心，才更有利于治理国家和百姓。

（2）民为邦本

①爱民。作为统治者应该爱护自己的百姓，因为百姓才是国家的根本，如果没有百姓，就没有国家的繁荣强盛，统治者在加强自身统治的同时还不忘爱护自己的百姓，百姓的安平，国家才会安定。"利天下者取天下，安天下者有天下，爱天下者久天下，仁天下者化天下。"⑤意思是说，为天下谋利益者取得天下，使天下安定者拥有天下，爱护天下百姓者可以长久地统治天下，仁德普施天下者可以化育天下。"古之贤君，饱而知人之饥，温而知人之寒，逸而知人之劳。"⑥意思是说，古代的贤明君主，

---

① 周虹. 中国官德建设研究及当代官德模式构建[D]. 西安：西安理工大学，2005：21.
② 《傅子》.
③ 《吕氏春秋·贵公》.
④ 《尸子·治天下》.
⑤ 《六韬》.
⑥ 《晏子春秋·内篇谏上》.

自己吃饱时,便想到贫穷百姓的饥饿;自己穿暖时,便想到贫寒百姓的受冻;自己生活安逸时,便想到天下百姓的劳苦。知道百姓的疾苦,并且能够做到合理治民,用正确的方法去治理和引导百姓,不至于出现动乱,这也是爱民的一部分,这样才会使整个社会安定。"乐民之乐者,人亦乐其乐;忧人之忧者,民亦忧其忧。乐以天下,忧以天下,然而不王者,未之有也。"[1]意思是说,国君能以老百姓的快乐为快乐,老百姓也会以你的快乐为快乐;国君能忧老百姓所忧愁的,老百姓也会以你的忧愁为忧愁。贤良的国君养育臣民如同自己的子女,像上天一样庇护百姓,像大地一样容纳百姓。百姓尊奉国君,热爱他如同热爱父母,敬慕他如同敬慕日月,尊重他如同尊重神灵,畏惧他如同畏惧雷霆。对待人民,要用道德来教育,用礼仪来约束,人民才会有向善的心理。如果用政令来教导,用刑罚来约束,人民就会产生逃避政令和刑罚的想法。所以治理人民的人,如果能够以爱护儿女的心来爱护人民,人民就会亲附他;能够以诚信朴实来团结人民,人民就不会背叛他;能够恭恭敬敬地深入体察民情,人民就会自然生起归顺敬服之心。

②惠民。古代的"实治"最强调的是"利民""富民"。"'富民'是我国古代一以贯之的政治思想和政策,也是恒常不变的官德内容之一。早在《尚书》中就提出了惠民、养民、富民、安民的思想。在孔子著名的'庶、富、教'思想中主张'富之'。'富民'是各级官员的首要任务。"[2]因为古代的中国是一个以农业为主的国家,有着"重农抑商"的经济政策,可以看出在"富民"主要体现在农业上。"民以食为天",如果百姓都吃不饱,何谈其他?惠民要给百姓以好处,使百姓富足;惠民也是民本思想的体现,统治者应该利用自然时节,更好地利用土地,使万物丰收,这就是国家富强的根本,因此,作为执政者应该明确监督商人和其他人,不要让他们弄虚作假,欺负百姓,把一些利益惠及给百姓,这样就会使百姓得到实惠、实现富裕,国家也就太平了。如果执政者不能够惠及自己的百姓,百姓就会贫穷;如果百姓贫穷,就会有奸诈邪恶的事发生,百

---

[1] 《孟子·梁惠王下》.
[2] 陈德述. 略论中国古代官德思想的内涵[J]. 中华文化论坛, 2013(07): 16.

姓就不会致力于农业生产，导致物资不足，粮食不足；没有固定的衣食来源，百姓就会背井离乡，即使有高大的城墙和很深的护城河，有严厉的法律和刑罚，仍不能禁止他们做出种种不法行为。

（3）清廉慎独

①清廉。"廉为政本。廉政是传统官德的基本规范，被古人视为是'国之大维'、'仕者之德'。中国古代思想家对廉政作了很多论述。春秋时期，齐国晏婴提出：'廉者，政之本也。'在《清圣祖实录》中，康熙皇帝则要求大臣在廉政方面作出榜样：'大臣为小臣之表率，京官为外吏之观型。大法则小廉，源清则流洁，此从来不易之理，大臣果能精白乃心，恪遵法纪，勤修职业，公而忘私，小臣自有顾畏，不敢忘行。'"[1]清廉是官德的内在要求，能够一心为民的重要前提就是像天地一样没有自己的私欲，不为自己谋利，清廉无私，能够真正做到儒家思想中所倡导的"君子喻于义，小人喻于利"。作为官吏，应该清正廉洁，艰苦朴素，做民众的表率。为官贪污受贿、贪赃枉法，为民众所不齿。古语有云："负栋之梁，毁于蚁蚀"，作为官员就应该洁身自好。清廉就会聚集人气，得到百姓的拥戴；严格要求自己，才能去要求别人，别人才会信服；身正才会有人跟随你，用无私的心去感化人，真正地做到"勿以官小而不廉，勿以事小而不勤"。

②慎独。"所谓'慎'，就是谨慎、冷静，保持清醒的头脑。'慎'所包含的内容很广泛，既赖以成事，又赖以自保。"[2]"慎厥终，惟其始。"[3]就是要慎重地结束一件事要如开始时一样战战兢兢。慎独就是要求官员要慎言谨行，行有不得，反求诸己，听取别人的意见时也要谨慎小心。官员应慎重地为人和慎重地处事，以免惹来不必要的麻烦，还要管好自己的家人，注重家风的建设，注意自己的一言一行时刻影响着别人。孔子说：君子以言语教导人们向善，以身作则防止人们作恶，所以每说一句话之前，必定先想到它的后果，每做一件事之前，必定先考虑到它可能会

---

[1] 明安宁，赵美军. 继承与超越：对中国传统官德思想的反思[J]. 云南社会主义学院学报，2013（04）：279-280.
[2] 韩西山. 清、慎、勤：为官的基本准则——说吕本中的《官箴》[J]. 安徽史学，2007（04）：123.
[3] 《尚书》.

造成的弊端,这样人民才会说话谨慎而行事小心。对待自己的错误也应谨慎小心,要防微杜渐。了解这种情形,就会终日朝夕戒惧,如临危境,时刻谨慎,不敢犯丝毫错误。孔子说,君子处在自家的庭院中,发出言论之后,如果言论是美好的,那么千里之外都能得到响应,何况是近处呢?处在自家的庭院中,发出言论之后,如果不是美好的,那么千里之外也会背弃它,何况近处呢?因为言论从他本身发出来,影响到百姓;行动发生在近处,却显现在远处。言论和行动,对君子来说好比是门户的转轴或弓箭上的机关一样,门轴和机关的发动,关系到的是得到称赞还是羞辱。只有慎重处事和为人,谨言慎行,才会减少错误,做侍奉君主的忠臣,时刻想百姓之事。

(4)勤政务实

①勤政。《出仕要览》中说:"出仕以勤政为首务,政不勤则百事怠。"[1]为官者应以勤于政务为首要的任务。勤政要求官员要关心政事,关心国家事、关心百姓事,这是官德自身修养的基础,是强国之本。官员更"要专心政务,身心俱勤,使事无积滞。从某种意义上说,从政为官亦是一种职业,为官的本职工作就是要管理和处理各种行政事务,使事无积滞"[2]。"勤则寿,逸则夭;勤则有材而见用,逸则无劳而见弃;勤则博济斯民而神祇钦仰,逸则无补于人而神鬼不歆。"[3]勤政思想既是官员本身职责所在,也是官员自身内在的修养,必须树立为民为国的思想。当官应为民做主,要关心百姓的疾苦,因为民为本;官员更应该勤百姓事,加强自身勤政修养,这样才可以教化自己的百姓,百姓才能够从中获得好处,百姓生活才能够安定。不能因为事情的难办,自己就推诿给下属。勤政不能急于一时,不能以创了多少政绩,办成多少大事为标准。在勤政过程中,不能给百姓带来不必要的麻烦,应以给百姓提供多少方便和利益为标准,加强官员勤政的同时要关注勤政后的目标和效果。

②务实。务实就是讲究实际,实事求是。"大人不华,君子务实。"[4]

---

[1]《出仕要览》.
[2] 周灵方. 勤政论[M]. 北京: 华夏出版社, 2013: 21.
[3]《曾文正公全集》.
[4]《潜夫论》.

"名与实对，务实之心重一分，则务名之心轻一分。"①这些思想，就是中国传统文化注重现实、崇尚实干精神的体现。它排斥虚妄，拒绝空想，鄙视华而不实，追求充实而有活力的人生。"言之非难，行之为难。故贤者处实而效功，亦非徒陈空文而已。"②意思是说，言不难而行难，所以贤良之人务实并求其功效，而不是只呈上空文就罢了。"功效"或者说实绩、政绩，都不是"徒陈空文"的事，而只有务实真干才见其"功效"。所以，为官者要力戒形式主义，力戒浮夸，不图虚名，要在"实"上下功夫、做文章。"崇实、务实，强调经世致用，是中华文化固有的优秀传统。'务实'不只是种官德，更是一种观察问题、处理问题的立足点和思想方法。不论是'为民''亲民'，还是其他官德都要在务实的施政中，落实到实处才有意义。"③务实就是要求官员实事求是。在勤政的过程中，务实必须要有实际行动，实际行动不能弄虚作假。务实要求官员不能虚报、隐瞒，需要转化成实际的道德修养和为政措施。作为官员"要做到勤政首先要做到崇实，即从实际出发，不搞浮亏虚假，官员办事应从实际出发，既不夸大，也不虚假"④。

4.中国共产党主要领导人关于干部队伍建设的思想

（1）毛泽东的干部队伍建设思想

在革命战争、和平建设的各个时期，毛泽东不止一次强调了干部的重要性。毛泽东曾指出："指导伟大的革命，要有伟大的党，要有许多最好的干部。"⑤他把干部和党置于同样重要的位置上，在《论新阶段》中指出："政治路线确定之后，干部就是决定因素。"⑥再次强调了干部的重要作用，为历代中国共产党人重视干部队伍建设这一重要方针奠定了理论基础。

在干部的思想理论建设方面，毛泽东认为干部要学习研究马克思、恩格斯、列宁、斯大林的理论和思想，应批判地学习马列主义的立场和方

---

① 《传习录》.
② 《盐铁论·非鞅》.
③ 陈德述.略论中国古代官德思想的内涵[J].中华文化论坛，2013（07）：15.
④ 周灵方.勤政论[M].北京：华夏出版社，2013：25.
⑤ 毛泽东选集（第一卷）[M].北京：人民出版社，1991：277.
⑥ 毛泽东选集（第二卷）[M].北京：人民出版社，1991：526.

法；不可生搬硬套、大搞本本主义，而是要做到有的放矢、具体问题具体分析。为了培养出具有政治远见、坚定信仰、能力卓越的优秀干部，毛泽东从革命战争时期就开始探索并创办了湖南自修大学和农民运动讲习所等干部学校；在社会主义建设时期，他还多次强调要加强干部的思想教育，锤炼党性修养，以防止糖衣炮弹的袭击。

在干部的选拔任用上，毛泽东主张任人唯贤。在革命战争时期，他首先确立了"才德兼备"的干部标准。他认为，要完成历史任务不可或缺的，就是需要才德兼备的干部来支撑。在社会主义建设时期，毛泽东在党的八届三中全会上，对德才兼备的干部标准进行了具体化，即"又红又专"。"红"即是要求干部在思想上同党保持一致，政治方向正确，拥护党的领导。"专"是指干部在业务方面能胜任工作，要有专业的知识和技能。随后他指出，任人唯贤的干部路线就是能独立工作、积极肯干、不谋私利[①]。如何做到任人唯贤，从毛泽东的家书和论著中都可以找到答案。他认为要善于辩证、公正地选用干部，并真诚地关爱他们，尤其是不能搞特权，不拉帮结派、任人唯亲，坚决打破"山头主义"，从而团结来自五湖四海的干部。

在干部的监督管理方面，毛泽东致力于法制建设和监督体制的建立和完善。在新中国成立初期，我国的监管体系还处在起步阶段。面对物质诱惑和资产阶级"糖衣炮弹"，意志薄弱的领导干部经受不住考验，陷入贪腐的沼泽。毛泽东对此作出了严惩贪腐分子的指示。1952年党中央印发了第一部反腐法规——《中华人民共和国惩治贪污条例》，随后又制定了《关于审查干部的决定》等一系列的法规。除了法律保障，毛泽东认为还应从党内、党外进行全方位的监督管理。党内要严格遵循民主集中制原则，要经常进行批评和自我批评，自省自律，自我改正。党外要发挥人民群众的集体作用和舆论监督作用，逐步探索建立信访制度、人民检察通讯员制度、新闻媒介监督制度，让人民群众参与到国家事务管理当中，让社会舆论发挥出积极的能动作用，全方位出击，形成良好的监督氛围。在干部的作风建设方面，毛泽东在马列主义基础上，结合党在成立初期的工作

---

① 毛泽东选集(第2卷)[M].北京：人民出版社，1991：527.

实际，确立了三大优良作风。他认为领导干部应发挥榜样的力量，艰苦奋斗、不怕牺牲，主动克服骄傲、急躁的不良情绪和主观主义；调查研究要深入人民群众，扎根于人民群众，实事求是地为老百姓办事；要将全心全意为人民服务烙在心底，切忌做官老爷、摆官架子；要及时地进行批评和自我批评，及时改正、防微杜渐。与此同时，他多次领导开展整风运动，坚持问题导向，全面整肃干部队伍，以提高干部的党性修养和拒腐防变能力。

（2）邓小平的干部队伍建设思想

党的十一届三中全会不但是中国建设和改革的转折点，也是党的干部队伍重组的关键节点。它为一批老干部拨乱反正，虽然这些老干部恢复了工作，但由于"文化大革命"的影响，干部队伍存在年龄结构不合理、文化水平低、人才补给断层等问题。针对这些问题，为了培养出合适的接班人，邓小平在毛泽东干部队伍建设思想的基础上提出了自己的新见解、新论断。

改革开放初期，在现代化建设紧急需要大批优秀干部人才的背景下，邓小平提出了"四化"方针，作为衡量干部的标准。这一方针是在实践的基础上逐步完善起来的：1980年1月提出"具有专业知识和能力"，1980年12月首次系统"提出年轻化、知识化、专业化这三个条件，当然首先是要革命化"[1]。党的十二大强调要把"四化"方针作为最紧要的问题来抓，并写入党章。具体来说，"四化"方针，是对干部队伍的政治标准、年龄精力、知识储备、业务能力等的具体要求，符合当时社会主义现代化建设的干部人才需要，刚好填补了改革开放初期干部人才青黄不接的局面。

在推动干部人事制度改革时，邓小平带头退休，在废除领导职务终身制等方面打破惯例，取得了突破性进展。他指出："关键是要健全干部的选举、招考、任免、考核、弹劾、轮换制度……"[2]解决了以往干部能上不能下的问题，为年轻干部施展才华提供了机会。在干部队伍的选拔任用制度层面，中央出台相应的文件，号召全体干部解放思想，不囿于旧框框的束缚，做到任人唯贤。在建立完善干部离休制度方面，国家印发《关于

---

[1] 邓小平. 邓小平文选（第二卷）[M]. 北京：人民出版社，1983：361.
[2] 邓小平. 邓小平文选（第二卷）[M]. 北京：人民出版社，1983：331.

建立老干部退休制度的决定》《关于安置老弱病残干部的暂行办法》等条例，给干部中的弱势群体以制度保障，使退休离休制度更加完善、更加人性化。

（3）江泽民的干部队伍建设思想

随着经济全球化的发展，科技创新和知识更新的速度呈几何式增长。如何跟上时代步伐，稳准快地实现中国的现代化建设，对于执政经验匮乏、摸着石头过河的中国共产党人来说，是个巨大的挑战。江泽民着眼于跨世纪期间的中国实际，探索建设高素质干部队伍，并提出了新的论断。

首先，提出建设高素质干部队伍。因为世界政治格局多元变幻，全球经济一体化给中国带来了新的机遇和挑战，需要一批能力强、素质高的领导干部担当世纪之交的时代重任，让中国在发展的同时，能更好地与世界接轨。在1996年，江泽民首次提出了建设高素质干部队伍的任务，并根据该任务的基本要求阐述了它的重要性和紧迫性，在之后党的十五大、十六大的报告中进行了多次强调。具体来说，"高素质"是对干部的理论知识、业务能力等综合素质的高标准、高要求，是贯彻实施"三个代表"的组织保证。

其次，重视领导班子建设。江泽民认为："领导班子建设是整个干部队伍建设的重点。"[1]领导干部的党性修养、能力素质的高低，关系到整个干部群体工作的效率和质量。如何建构优秀的领导班子，江泽民在党的十五大报告中提出了以下要求：一是把领导班子建设作为重中之重。领导班子作为干部队伍中的精英群体，起引领和表率作用。要求各级党政主要领导干部，要多给予领导班子关爱和关注，大力扶持其成长。二是选好领导班子的"班长"。在组建班子时要注意优化各项标准，选出最优秀的干部团体。对于"班长"，党中央要多花费精力考察培养，以便为班子的后期管理培养选拔优秀接班人。三是加强领导班子内部团结。为解决班子不融洽的问题，要求班子成员加强自身党性锻炼，提高思想觉悟和能力素质。上级组织要履行职责，发挥积极作用，构建和谐班子。

---

[1] 中共中央文献研究室编.十四大以来重要文献选编（下）[M].北京：人民出版社，1999：1967-1968.

（4）胡锦涛的干部队伍建设思想

在新的历史时期，伴随着改革开放的不断深入，国家之间的经济、意识形态等方面的竞争不断加剧，执政环境发生巨大变化，"四大考验""四大危险"犹如达摩克利斯之剑，警示着干部队伍。胡锦涛基于前人的干部队伍建设理论基础，进一步发展了这一理论。

首先，在"德才兼备"干部标准的基础上，胡锦涛多次强调要"以德为先"。其中，胡锦涛赋予了"德"以新的时代内涵，认为党性修养是"德"的核心。在西方意识形态的攻击和市场经济的腐蚀下，党内一些干部出现信仰缺失、脱离群众、消极腐败等危险。同时，随着国家制度的完善和国外意识形态的影响，人民群众的民主意识日渐觉醒，对干部的能力和素养有了更高的要求。由于干部党性修养的缺失导致社会群体事件逐步增多，在一定程度上造成了党和人民之间的信任危机，如何提升党员、干部的党性修养成为党内迫切需要攻克的一项重大课题。胡锦涛顺应形势发展变化，要求党员、干部要坚定理想信念，忠于党和人民，坚持用马克思主义的立场和观点解决实际问题，不断加强党员、干部的党性教育培训，以提升他们的党性修养，做到"以德为先"。

其次，树立正确的政绩观。在以经济建设为中心的背景下，有些领导干部把GDP作为干部考核评价、选拔任用的衡量标准，大搞形象工程、数字政绩，急功近利、劳民伤财、弄虚作假，有些领导干部奉行中庸之道，得过且过、消极不作为。那么如何避免这个问题呢？胡锦涛认为："要树立正确的政绩观。"[①]正确的政绩观要以人为本、求真务实，按照科学的方法统筹规划，谋虑深远，是为了造福一方，而不是面子工程或升官发财的筹码。为保证正确政绩观的落实，胡锦涛提出，可以通过深化人事制度改革，综合考核评价领导干部，打破以往片面追求经济指标的做法，做出经过综合评判合格、有用的实绩。

（5）习近平的干部队伍建设思想

习近平的干部队伍建设思想是以马克思主义为指导，在复杂多变的世界局势和国内深化改革的背景下，科学分析党内局势、干部队伍建设现

---

① 胡锦涛.在十六届三中全会上的讲话[N].人民日报，2003-10-15.

状,自觉运用干部队伍建设规律的基础上形成的重要理论成果。习近平干部队伍建设思想包括思想理论建设、组织队伍建设、作风建设、反腐倡廉建设、制度建设等五大方面,在新的时代条件下被注入了新的活力和生命力,在内容之上又焕发着新的特性。它是我们在全面建设小康社会攻坚时期干部队伍建设的新思路,是推进干部队伍建设的重要理论指导。

习近平高度重视基层党员干部队伍建设工作,将新时代中国特色社会主义事业的顺利推进和中华民族伟大复兴中国梦的实现深深扎根于基层,突出强调建设一支宏大的高素质专业化基层干部队伍。

在干部选拔标准上,习近平给出了多个含义,基本的含义主要包括:一是习近平2013年在全国组织工作会议上提出的"信念坚定、为民服务、勤政务实、敢于担当、清正廉洁"这五条标准。二是强调干部要做到"三严三实"——"各级领导干部都要树立和发扬好的作风,既严以修身、严以用权、严以律己,又谋事要实、创业要实、做人要实。"①"三严三实"从干部做人、做官和做事三个角度阐述了好干部的标准,就是要修身养性,坚定理想信念;要谨慎用权,坚持用权为民;要勤政廉政,心存敬畏,做事创业要踏踏实实、讲实绩。三是2015年1月习近平在中央党校与县委书记座谈会上提出"四有"的标准,即干部要做到"心中有党、心中有民、心中有责、心中有戒"②。这就要求党员干部在做事时要心中时刻牢记党的嘱托和任务,要时刻明确做事的出发点是人民,要将自己的责任时刻牢记心中,更要明确底线和原则,绝不做违规违纪之事。

在干部任用上,习近平在党的十九大报告中指出,坚持正确选人用人导向,匡正选人用人风气,突出政治标准,提拔重用牢固树立"四个意识"和"四个自信"、坚决维护党中央权威、全面贯彻执行党的理论和路线方针政策、忠诚干净担当的干部,选优配强各级领导班子。③这就要求干部任用要首先考虑政治标准,要任用具有政治意识、大局意识、核心意

---

① 习近平. 习近平谈治国理政[M]. 北京:外文出版社,2014:381.
② 习近平同中央党校县委书记研修班学员座谈强调:做焦裕禄式的县委书记 心中有党心中有民心中有责心中有戒[N]. 人民日报,2015-01-13.
③ 习近平. 决胜全面建成小康社会 夺取新时代中国特色社会主义伟大胜利——在中国共产党第十九次全国代表大会上的报告[M]. 北京:人民出版社,2017:64.

识、看齐意识的领导，要根据不同的岗位和职责选择合适的人员，真正让领导干部发挥作用、实现价值。

在干部培养上，党的十九大报告提出："注重培养专业能力、专业精神，增强干部队伍适应新时代中国特色社会主义发展要求的能力。"[1]这就要求在培养干部时候要考虑社会发展现状与需求，提高干部的实际工作能力；也要不断提升干部的专业精神，让干部能够提升自我要求，让自己不断学习主动提升，这才是培养好干部的根本之策。在培养年轻干部方面，习近平还特地强调，要让年轻干部在基层一线和困难艰苦的地方锻炼培养，选拔使用那些经过实践考验了的年轻干部。在干部考评方面，党的十九大报告指出："坚持严管和厚爱结合、激励和约束并重，完善干部考核评价机制……"[2]这就要求在干部考核中要最大程度保持公平公正，才能让干部队伍内部良性竞争，积极向上，更好地激励干部。对于"约束"和"严管"要通过制度的建设，加强公开和监督，让"权力在阳光下运行"，通过完善制度不断加强党员干部队伍的建设。而"厚爱"方面，习近平特地强调要关心和爱护基层干部，为他们排忧解难，提出要为基层减负，减轻干部的工作负担。

二、新中国成立以来干部队伍建设的基本历程

新中国成立以来，中国共产党干部队伍发展七十多年的历程，是十分光辉和丰富的。它既有顺利的一面，又有遭受挫折的一面。在曲折发展的过程中，为党的干部队伍建设积累了丰富的经验，也留下深刻的教训，认真总结这些经验教训，对于加强和改进党的干部队伍建设具有十分重要的意义。

（一）社会主义改造时期党的干部队伍建设

1949年10月1日，中华人民共和国成立，到1956年社会主义改造基本完成，我国进入了社会主义初级阶段。这个时期，党在探索执政条件下的干

---

[1] 习近平. 决胜全面建成小康社会 夺取新时代中国特色社会主义伟大胜利——在中国共产党第十九次全国代表大会上的报告[M]. 北京：人民出版社，2017：64.
[2] 习近平. 决胜全面建成小康社会 夺取新时代中国特色社会主义伟大胜利——在中国共产党第十九次全国代表大会上的报告[M]. 北京：人民出版社，2017：64.

部队伍建设过程中，积累了丰富的经验。

新中国成立初期，中国共产党面临着建立和巩固人民民主专政的国家政权、恢复和发展国民经济、着手进行社会主义改造和建设的艰巨任务。新情况新任务给党员干部提出了更高的要求。同时，党的干部队伍建设在思想、作风和组织上还有很多问题需要解决。为了防止党员干部腐化，保持党的纯洁性，提高党的干部的政治思想水平，1950年5月，中共中央印发《关于全党全军开展整风运动的指示》和《关于发展和巩固党的组织的指示》等文件，决定在全党进行一次着重整顿党的干部的整风学习。经过整风，党员干部的思想、政策水平有了显著的提高，增强了群众观点，进一步密切了党群关系，加强了同党外民主人士的合作，骄傲自满、官僚主义和命令主义作风也有了比较大的扭转，个别党员干部的腐化行为得到了批判，严重的受到了纪律处分。经过整风，党员干部情绪饱满，在工作上出现了新的气象。但是，在整风运动的过程中，也暴露出部分党员干部仍然存在着比较严重和比较普遍的问题。为此，党中央决定1951年开始结合"三反""五反"运动进行整党。通过整党，开除了41万名不合格党员出党，提高了党员干部的思想政治觉悟，纯洁了党员队伍，改进了党的作风，密切了党群关系，为党领导人民恢复国民经济和进行大规模社会主义改造提供了可靠的组织保证。1956年底，个体农业、手工业、资本主义工商业的社会主义改造基本完成，中国社会发生了根本性的变化。在党面临历史转折的前夕，1956年9月，中国共产党召开第八次全国代表大会，总结了新中国成立以来的历史经验，正确分析了当时社会的主要矛盾，提出加强执政党和党的干部队伍建设的新论断，为执政党建设作出了历史性贡献。党的八大强调理论联系实际，坚持实事求是的思想路线，要求全党同志，特别是党的各级干部要加强学习，掌握马克思列宁主义的立场、观点和方法去观察和解决问题，要对我国社会主义建设中存在的实际问题进行深入的调查研究。党的八大针对中国共产党执政后党员干部容易脱离群众的倾向，强调必须发扬党密切联系群众的优良传统，坚持党的群众路线，坚决反对形形色色的官僚主义，加强党的作风建设。党的八大为新时期社会主义建设事业中加强干部队伍建设指明了正确的方向，总结了执政党组织建设的经验，初步形成了党的组织建设的理论。

总的来说,新中国成立初期,干部队伍建设状况是比较好的,继续保持了革命年代的艰苦奋斗作风和同人民群众的密切联系。党对党员干部的教育和把腐败分子清除出党的斗争抓得比较紧,揭露了高岗、饶漱石的反党阴谋活动,维护和加强了党的团结。一个坚强团结的党的干部队伍,一个为党所确定的正确目标而一致行动、努力奋斗的党的干部队伍,是新中国成立初期国家各项工作取得顺利进展的重要的保证。同时应该指出的是,在这个历史时期,在党的干部队伍建设中也出现了某些"左"的倾向,尽管当时已有察觉,但没有加以重视,更没有采取有力措施予以纠正,以致后来造成了的"左"倾错误。

(二)曲折发展时期党的干部队伍建设

社会主义改造基本完成以后,我国开始进入全面建设社会主义的时期,直到"文化大革命"前夕。这十年中,党领导全国人民进行了大规模的社会主义建设,尽管党的指导方针发生过严重失误,经历了曲折的发展过程,遭受过严重挫折,但是仍然取得了伟大的成就。党的干部队伍建设在这十年中,也同样经历了曲折的发展过程,由于"左"的错误,使党的组织受到损害。但是,从总体上看,党的干部工作还是保证了社会主义建设的进行,并在曲折中积累了重要经验。这期间涌现出大批优秀干部和英雄人物,如被人民誉为"党的好干部"的县委书记焦裕禄,被工人们称为"铁人"的大庆工人、共产党员王进喜,还有解放军战士雷锋等,成为全国人民学习的榜样。党号召广大干部群众向他们学习,焕发起巨大的建设社会主义的精神力量。当然,也必须看到,在这个时期,从反右派运动开始,"左"倾的错误趋向不仅没有得到彻底纠正,而且发展得越来越严重。政治路线方面的错误必然导致组织路线方面的错误。干部中浮夸风,说大话、假话之风,只对上面巴结、不管群众死活的官僚主义之风,越来越严重。"左"的错误对干部队伍建设的影响巨大,结果,越过真理的界限,把人民内部矛盾当作敌我矛盾,用对敌斗争的方法来处理,把一定范围内仍然存在的阶级斗争扩大化,甚至人为地制造所谓的"阶级斗争",对"和平演变"的形势作出不符合实际的夸大估计,把许多正确的思想和政策当作修正主义来反对。总之,无论是成就还是失误,都是党在探索中国自己的建设社会主义道路的过程中获得和发生的,都是党的宝贵财富。

(三)"文化大革命"时期党的干部队伍建设

以1966年"五·一六"通知和八届十一中全会为标志,"文化大革命"正式发动。"文化大革命"开始不久,刘少奇与邓小平一起被当作党内最大的"走资本主义道路的当权派"被打倒。一大批党的各级领导干部也被定为"走资派""叛徒""特务""里通外国者"被打倒了。中央、国家机关副部长以上和地方副省长以上的各级干部大部分被立案审查,还有一大批知名的学者、专家被定为"资产阶级反动权威"被打倒;一大批年轻的"学术尖子""业务尖子"被定为"走白专道路""修正主义苗子",也被打倒了。这些都是我们党的骨干和国家的精华,他们的被打倒,使我们的国家陷于一片混乱之中,元气大伤。这些错误造成党在思想上、组织上和作风上的严重混乱和不纯,给党的干部队伍建设留下了严重的后患。"文化大革命"对党的干部队伍建设是一次严重的破坏,也是对干部队伍的一次严峻考验。党的组织和国家政权受到极大削弱,大批干部和群众遭受残酷迫害,民主和法制被肆意践踏,全国陷于严重的政治经济危机和社会危机。但是,"文化大革命"的严峻考验也表明,我们党的干部无论是被错误地打倒的,或是一直坚持工作和先后恢复工作的,绝大多数是忠于党和人民的。

(四)伟大转折时期党的干部队伍建设

由于"文化大革命"的破坏,党的干部队伍建设百废待举。1978年12月召开的中国共产党十一届三中全会,是新中国成立以来我党历史上纠正"左"的错误而走上正确道路的、具有深远意义的伟大转折点,是改革开放和建设有中国特色社会主义伟大事业的新的开端。它开启了我国社会主义建设的历史新时期,给中国带来了翻天覆地的历史性巨变。全会为我党重新确立了马克思主义的思想路线、政治路线和组织路线。此后,党的干部队伍建设也紧紧围绕着确保和促进全党工作中心的转移和社会主义现代化建设事业的进行做了大量卓有成效的工作。

一方面,全面平反冤假错案。在邓小平等老一辈无产阶级革命家的支持下,胡耀邦大力落实干部政策,平反冤假错案,妥善解决历史遗留问题,本着实事求是的精神,坚持四项标准(即:一是没有结论的尽快作出结论,结论不正确的要实事求是地改过来;二是没有分配工作的分配适当的工作，年老体弱不能坚持正常工作的妥善安排；三是去世的，要作出实事求是的结论，努力把善后工作做好；四是妥善解决好受株连的家属子女的问题），在全国范围内大规模地开展起来。从1977年底到1982年底，在全党努力下，落实干部政策工作取得了十分显著的成绩：平反纠正了冤假错案，给党员恢复了党籍，撤销了原来给予的处分，解放了数以千万计无辜遭受株连的干部和群众。这样，党中央不仅分清了一大批人的功过是非，调动了广大干部、群众的积极性，促进了安定团结的政治局面的形成和发展，而且恢复了党的实事求是、公道待人的优良传统。

另一方面，认真研究和解决在伟大历史转折时期党的组织工作中出现的新情况、新问题，制定了干部队伍的"四化"方针，改革干部制度，调整、配备各级领导班子，建立老干部离退休制度并重视对中青年干部的培养，对干部进行大规模的培训，加强党员教育，建立党的正常组织生活制度，整党整风，加强和改善党的领导，从组织上保证了党的十一届三中全会以来路线、方针、政策的贯彻执行。

第一，恢复、新建各级党校，大规模培训干部。"文化大革命"中，党校被取消和停办，这是党的一大损失。"四人帮"被粉碎后，党中央提出迅速恢复各级党校。到党的十二大前后，全国恢复和新建党校、专业干校8800多所，包括其他各种形式的干部教育。参加一个月以上训练的干部达372万多人次，其中轮训县以上领导干部一半以上。中央党校在十二大召开前，一共轮训、培训了党的高、中级领导干部、理论干部17830名，相当于"文化大革命"前十八年学员总数的2.6倍。这些学员是一批"种子"，他们撒到全国各地，在各条战线上开花结果，对全党工作的拨乱反正，对营造全国安定团结、生动活泼的政治局面，对社会主义物质文明、精神文明建设的开展，起了积极的作用。

第二，干部队伍建设必须坚定不移地按照"革命化、年轻化、知识化、专业化"的方针来进行。邓小平提出的干部队伍建设的"四化"方针，是对原有干部队伍建设的德才兼备、又红又专方针和原则在新的历史条件下的总结和发展。邓小平认为，新时期干部队伍建设的"四化"方针，绝不是一个暂时性的、权益性的方针，而是一个符合新时期干部队伍建设客观要求的、适应社会主义现代化建设实际需要的、必须长期坚持的战略方针。他曾经提出，实现干部队伍建设的"四化"，是"今后一个长时期，至少是到本世纪末的近二十年内"①我们要完成的四件工作之一。

第三，干部队伍建设必须把领导班子建设作为关键环节。邓小平指出："领导班子问题，是关系到党的路线能不能执行的问题。如果这个问题解决得不好，不要说带领群众前进，就是开步走都困难。"②因此，他非常关注领导班子的革命化和年轻化建设。大力加强新时期领导班子的革命化建设，加强各级领导班子的思想理论建设和廉政作风建设，严把三道关——把好对领导干部的选拔任用关；把好领导干部的政治教育关；把好领导干部的监督检察关。要坚持干部"四化"标准，在革命化的前提下把四条标准兼顾起来；要注意社会公论，注意采取从上看和从下看相结合的办法；要扩宽选人视野，调整选人方向，把眼光放在现代化建设第一线，放在经济建设的主战场；要充分发挥老干部的传、帮、带、让作用；要破除论资排辈、死守台阶、求全责备等陈旧过时的用人观念，敢于打破常规选人才。同时，还提出要提高领导班子业务能力建设，大力充实精通业务的干部。

第四，干部建设必须建立一套科学合理的干部制度。建立多种形式的干部选拔制度、任期制度、退休制度；建立固定的干部交流制度、培训制度；精简机构。同时，邓小平还提出了新老干部交替合作制、后备干部制等一些意见和设想，有力地推进了原有干部制度的改革和新干部制度的建立，从而为新时期的干部队伍建设提供了日益健全、完善的制度保障。

（四）改革开放和现代化建设新阶段党的干部队伍建设

如何建设一支高素质的领导干部队伍，如何保证社会主义国家的政权不变质，这是我们党始终高度关注的一个重大问题。以江泽民同志为核心的党中央在邓小平干部队伍建设思想的基础上继往开来，在干部管理、教育、培养、选拔等方面采取了许多重要的举措，主要体现在以下四个方面。

一是要加强干部队伍的理论武装，这是提高执政能力的需要。江泽民

---

① 邓小平.邓小平文选（第三卷）[M].北京：人民出版社.1993：3.
② 邓小平.邓小平文选（第二卷）[M].北京：人民出版社.1993：9.

强调要把思想建设放在首位，而加强思想建设核心的内容就是用马克思列宁主义、毛泽东思想、邓小平理论和"三个代表"重要思想来武装广大党员干部。从三方面努力解决这个问题：建立党员干部，特别是领导干部的学习考核和激励机制；加大公开选拔领导干部的力度；加大公务员、企事业单位等招聘的考试力度。

二是要按照"四化"要求选择党的各级干部。江泽民指出，按照"革命化、年轻化、知识化、专业化"的方针，建设一支能够担当重任、经得起风浪考验的高素质干部队伍，把那些德才兼备、成绩突出和群众公认的人及时选拔到各级领导岗位上来。经过多年的努力，在这方面已经取得一定成绩。

三是要加强对干部的自律和监督。江泽民强调，自律就是要在加强个人自我修养上下功夫，在各方面以身作则，树立好的榜样。在监督方面要做好三点：明确要求，就是要遵守"四大纪律八项要求"；突出重点，就是要严肃处理五类现象（即违反规定收送现金、有价证券和支付凭证的，按照组织程序一律先免职，再根据规定处理；"跑官要官"的，要批评教育，不能提拔重用，在重要岗位上的要予以调整，已得到提拔的要坚决撤下来；放任、纵容配偶、子女及其配偶和身边工作人员利用领导干部职权和职务影响经商办企业或从事中介活动谋取非法利益的，要辞去现任职务或者由组织责令辞职，并按照规定给予纪律处分；利用婚丧嫁娶等事宜收钱敛财的，要严肃查处；参加赌博的，应予以免职，在根据规定处理。到国（境）外赌博的，要从严惩处）；借鉴国外政党好的管理经验，建立党员干部诚信档案、加强党员干部八小时以外的管理等。

四是要深化干部人事制度改革。深化干部人事制度改革是建设高素质干部队伍的必然要求和重要途径。江泽民指出，要适应经济体制改革和其他方面改革的要求，加快干部人事制度改革步伐；要通过深化改革，逐步创造一个公开、平等、竞争、择优的用人环境，建立一套干部能上能下、能进能退、充满活力的管理机制；要形成一套法制完备、纪律严明的监督体系，努力实现干部工作的科学化、民主化、制度化。改革的重点放在领导干部的选拔方式由"委任制"向"选任制"逐步转变。

党的十六大以来，以胡锦涛同志为核心的党中央以加强党的执政能力建设和先进性建设为重点，认真贯彻干部队伍"四化"方针，在全面推进领导班子和干部队伍建设方面，采取了一系列重大措施，领导班子和干部队伍建设取得了显著成效，为全面推进我国的改革开放和现代化建设事业提供了强有力的组织保证。

一是站在增强党的执政能力，巩固党的执政地位的高度，以实施人才强国战略的视野，做好干部的选拔和培养工作。加强党的执政能力建设，是中国共产党执掌全国政权后始终面临和不断探索解决的一个重大课题，也是党的十六大提出的一项战略任务。而如何建设一支善于治国理政的高素质干部队伍，则将极大地影响党的执政能力建设。2003年12月19日至20日，党中央专门召开了全国人才工作会议。这在中国共产党和新中国的历史上还是第一次。胡锦涛发表重要讲话，指出：增强党的执政能力，巩固党的执政地位，最根本的是要不断培养造就出一大批高素质的善于治党治国治军的领导人才和其他各方面人才。基于这样的认识，党在促进和谐社会建设的过程中，对高素质干部队伍建设方面提出了许多新思想。加强对中高级领导干部、优秀企业家和各领域高级专家等高层次人才的思想政治培养，使他们不仅成为业务上的尖子和带头人，而且成为政治坚定、情操高尚、团结协作、拼搏奉献的楷模。

二是进一步加强对各级党员干部的思想政治教育。党的十六大以来，党中央坚持用发展着的马克思主义教育各级党员干部，深入开展学习"三个代表"重要思想、党的先进性教育、科学发展观、构建社会主义和谐社会和社会主义荣辱观教育，组织开展以践行八个方面良好风气为主要内容的"领导班子作风建设年"等主题教育活动，使各级领导班子和领导干部的思想政治建设得到新的加强，执政能力和领导水平明显提高，涌现出一大批坚持立党为公、执政为民的优秀领导干部。

三是选拔使用干部始终体现科学发展观。按照科学发展观的要求选拔使用干部，把落实科学发展观的实际成效作为考核干部实绩的根本标准，进一步树立了正确的用人导向。按照加强党的执政能力建设的要求，积极推进领导班子配备改革，在精简领导班子职数、适当扩大党政交叉任职等方面取得了实质性进展。

四是培养选拔年轻干部取得新进展，后备干部队伍建设进一步加强。

党的十六大以来，中央党校一年制中青班培训近千人，各省区市委党校中青班培训1.5万多人。同时，党中央通过选派年轻干部协助处理重大突发事件、参与专项重大活动、参与信访督察和依托重点建设工程等方式，加强了年轻干部的培养锻炼。各地按照"一手抓配备，一手抓后备"的思路，把一大批德才素质好、发展潜力大的优秀年轻干部充实进后备干部队伍，干部队伍素质不断提高，结构不断改善。

五是干部人事制度改革稳步推进。党的十六大以来，党中央高度重视干部人事制度改革，作出一系列重大部署。各地区各部门各单位积极探索，大胆实践。干部人事制度改革在整体推进中不断深化，初步形成了相互配套、有机衔接、较为完善的干部人事制度体系。

六是干部交流工作逐步走上制度化、经常化轨道。随着《党政领导干部交流工作规定》的制定、出台，干部交流的主要对象和重点领域进一步明确，重点部门、关键岗位领导干部的交流形成制度。各级党政"一把手"，纪检机关、组织部门、人民法院、人民检察院和公安部门的主要领导干部实行异地交流。近年来，党中央加强了省、市、县和中央国家机关、省级党政机关之间领导干部之间的相互交流，还从中央国家机关和东部发达地区选派大批干部援藏、援疆，到西部和东北挂职、任职；完善干部任职回避制度，扩展了亲属回避和地域回避的范围。

（五）党的十八大以来干部队伍建设

1. 习近平提出的"好干部"标准

2012年中国共产党召开了党的十八次全国代表大会，在会议上，党中央明确提出了建设高素质执政骨干队伍的战略任务和战略目标。习近平深谙干部队伍建设在国家治理中重要意义，在不断的实践过程中，汲取前人经验教训，提出了一系列独具时代特色的干部队伍建设的思想，成为新时期增强党组织肌体力量的重要理论保障。习近平在全国组织工作会议上提出了"好干部"标准，即"信念坚定、为民服务、勤政务实、敢于担当、清正廉洁"[①]，这二十字标准也明确了新时代干部队伍建设的新坐标和新方向，既与我们党的优良传统一脉相承，又与时俱进地实现了创新性突破，

---

① 中共中央文献研究室编.十八大以来重要文献选编（上）[M].北京：中央文献出版社，2014：337.

具有鲜明导向性和现实针对性。

（1）建设一支信念坚定的干部队伍

第一，政治过硬是干部的为政之魂。在干部队伍建设过程中，政治标准是衡量和检验干部的首要标准。习近平多次强调，干部要想成为民族脊梁，在任何时候、任何方面都要做到政治过硬，要在牢牢把握政治过硬这一要求的基础上严守政治纪律和政治规矩，必须始终用政治标准这个卡尺来对自身的理论之"氧"、精神之"钙"、思想纯洁度进行全方位、多角度的测量，必须在政治信仰、政治原则、政治方向、政治道路上始终坚定地、绝对地同党中央保持高度一致，要把政治过硬这一首要政治品质融入血脉、植入灵魂，切实转化为干事创业的思想自觉和行动自觉。这样，才能在抵制政治诱惑、物质"围猎"时守住初心，才能站稳政治立场，掌稳政治方向之舵，才能汇聚起拒腐防变的磅礴力量。

第二，理想信念是干部的精神之"钙"。理想信念是干部安身立命的根基，是保持政治生命纯洁性和先进性的"灵魂"。干部队伍的理想信念表现在要坚持不懈地做共产主义事业的坚定信仰者以及为实现中华民族伟大复兴中国梦的初心守护者。习近平形象地说："理想信念就是共产党人精神上的'钙'，没有理想信念，理想信念不坚定，精神上就会'缺钙'，就会得'软骨病'。"[1]理想信念坚定的干部，要始终坚持把"铁一般信仰"作为坚定政治立场、明确政治方向、保持政治定力的"导航仪"。要始终坚持把"铁一般信念"作为坚守信仰、实现理想的坚强动力之源。总之，建设一支信念坚定的干部队伍，就要要求干部在坚守信仰、坚定信念方面始终做好表率，走在前列，就要把"铁"这种精神和品质牢牢印在干部的信仰、信念之上，这样才能补足干部的"思想之铁"，铸就干部队伍的"钢筋铁骨"。

第三，忠诚担当是干部的立身之本。忠诚担当是干部所具备的责任意识和党性意识。习近平指出："对党绝对忠诚要害在'绝对'两个字，就是唯一的、彻底的、无条件的、不掺任何杂质的、没有任何水分的忠

---

[1] 中共中央文献研究室编.十八大以来重要文献选编（上）[M].北京：中央文献出版社，2014：80.

诚。"①做到对党绝对忠诚，既是干部队伍必须具备的政治品质和党性原则，也是新时期干部队伍建设的根本政治标准和要求。对党忠诚担当的干部，能够始终忠于共产主义远大理想、忠于党的伟大事业以及忠于党的组织，能够始终把增强"四个意识"作为检验自身工作的重要标尺，把坚定"四个自信"作为衡量自身政治定力的重要标准，把坚决做到"两个维护"汇聚成对党忠诚的强大精神力量。对党忠诚担当的干部，以"老实"作为忠诚的前提，以"纯粹"和"绝对"作为追求忠诚担当的最高境界，始终以党章为遵循，严格按照党章的要求重点加强个人在懂规矩、守纪律、知荣辱等方面的品德修养。

（2）建设一支为民服务的干部队伍

第一，心中有民，做忠诚的执政人。心中有民是践行党的初心、勇担党的使命的前提和基础，是习近平对焦裕禄为民意识和为官品质的精准概括。党的各级领导干部要坚定中国共产党的根本政治立场，要把焦裕禄"心中有民"精神作为忠诚执政的重要遵循，放下过去高高在上的官架子，切实构筑起一座与人民群众保持密切联系和贴心服务的桥梁。党的各级领导干部要守好为官公德，找准人民公仆的定位，在把人民群众的安危冷暖置于心中最高位置的基础上切实做到躬身为民，对人民群众的所思所盼要有一个全面而深入的了解，特别是针对人民群众反映比较多的问题要及时地进行研究并想办法、有计划地加以解决，这样才能在贯彻落实群众路线的过程中真正实现从"身入"群众向"心入"群众的彻底转变。

第二，谋利为民，做幸福的开路人。"为民谋利"是共产党人终生追求的价值取向。为民谋利的好干部不论职务高低，都应该把为人民谋利益、谋幸福的自觉性和坚定性融入干事创业的全过程。为民谋利的干部，要把"群众利益无小事"的观念彻底入心入脑，在与人民群众保持同舟共济、同甘共苦的过程中始终把最广大人民的根本利益放在心中首要位置。广大干部要在为民谋利中体现先进性，努力锻造为民谋利的头脑，练就符合时代要求的过硬本领，为做好幸福的开路人奠定坚实基础；要把攻坚克

---

① 中共中央纪律检查委员会，中共中央文献研究室编.习近平关于严明党的纪律和规矩论述摘编[M].北京：人民出版社，2016：24.

难的锐气和破解难题的信心切实运用到涉及群众利益的实际问题上；尤其要在社会利益格局深刻调整的过程中，兼顾人民群众的利益诉求，妥善处理和协调有关人民群众的利益问题，让人民共享全面深化改革的新成果，不断满足人民群众的新期待，在全面建成小康社会的关键阶段不断提升人民群众的幸福指数。

第三，情系于民，做群众的贴心人。干部与人民群众之间有一种天然的情感，干部队伍的根基夯实、血脉延续、力量凝聚都来源于人民。一切为了群众、一切相信群众、一切依靠群众，是我们党的根本立场和核心价值。对此，牢记宗旨、服务人民、情系于民，是检验党员干部是否脱离群众的试金石，也是干群关系是否密切的关键。"情为民所系"强调的就是干部对人民群众的感情问题。情系于民，做群众的贴心人，就是树立起正确的群众观，摆正自己的位置，克服高高在上的官僚主义作风，始终与人民群众心连心、同呼吸、共命运，与人民群众保持深厚的感情，发自内心的热爱人民群众，把人民群众当作自己的父母、兄弟姐妹一般。邓小平曾深情地说："我是中国人民的儿子。我深情地爱着我的祖国和人民。"[①]这种为民情怀是当前干部队伍所追求的最高情感境界。

（3）建设一支勤政务实的干部队伍

第一，做勤政敬业的表率。勤政敬业是干部为官从政最起码的职业道德，反映了一个干部的思想境界、党性修养、价值观念，也展现了干部干事创业的工作作风和从业精神。广大干部要不断增强勤政敬业的自觉性和坚定性，当好勤政敬业的典范，切实肩负起"为官一任、造福一方"的重任。勤政敬业，就是干部忠于职守，敬业奉献，不当"懒官"，能够正确把握勤政的科学内涵，在各自工作岗位上能够用最高的奉献精神来维护党的形象以及推进党的事业不断前进。勤政敬业的干部队伍必勤学，勤学能够在时代和社会发展的浪潮中不断更新陈旧的知识，克服"本领恐慌"，强化自身的执政能力，使自己的知识领域不断拓展和更新。勤政敬业的干部必须善于执政，善于执政就是善于从工作中积累经验，注重工作实效，敢于改革创新，有所作为，在满足中国特色社会主义事业发展的同时努力

---

① 中共中央文献研究室编.十六大以来重要文献选编（中）[M].北京：中央文献出版社，2006：152.

提高为人民服务的质量和水平。

第二，做求真务实的表率。求真务实是干部所具有的一种政治品格和红色基因，把求真务实作为干部队伍建设的标准是党和人民事业兴旺发达的关键。求真务实这一原则的坚持使干部队伍充满了朝气和活力。求真务实干部队伍的建设必须坚持真和实的原则，一方面，表现在广大干部能够解放思想，实事求是，在把握事物本质和富于创造性的基础上不断探索深化重点领域和关键环节攻坚克难的规律，以求真的作风破除阻碍推进治理能力现代化的诸多弊端，以实现党的事业高质量飞跃式发展。另一方面，表现在广大干部脚踏实地耕耘，务党和人民利益之实，真正做到深入人民群众之中增长政治智慧、锤炼政治品性，而不是把通民意、顺民心、惠民生、增民力仅仅停留在口头上、会议上和文件上。这样，求真务实这一优良作风才能在干部队伍建设中真正得以弘扬和发挥标准性效用。

第三，做真抓实干的表率。"空谈误国，实干兴邦。"真抓实干是干部干事创业的过硬品质。真抓实干，首在作风的转变，重在执行力的落实，根在实绩的体现。面向现在和未来，决胜脱贫攻坚、打赢现阶段的抗疫阻击战以及实现中华民族伟大复兴的美好蓝图离不开真抓实干。习近平强调，真抓才能攻坚克难，实干才能让中华民族伟大复兴的中国梦梦想成真。自古以来，真抓实干的干部在干事创业方面都有一股干劲和拼劲。一方面，真抓实干的干部表现在有着坚定的事业信仰，严格按照制度履行职责、行使权力、开展工作。党的干部在工作中一旦确定目标，能够沉下心来干工作，真抓实干钻业务；能够以锲而不舍的毅力、以踏石留印、抓铁有痕的劲头努力完成时代赋予的新使命。另一方面，真抓实干要有精益求精的标准，杜绝"形象工程"和"面子工程"，努力用匠心精神创造出经得起实践、人民、历史检验的实绩。

（4）建设一支敢于担当的干部队伍

第一，心中有责是干部的责任担当。心中有责，就是要把对民族、对党、对人民的责任担当扛在肩上，把担当作为成就事业的要领。习近平强调："有多大担当才能干多大事业，尽多大责任才会有多大成就。"[①]党员干部从事的事业是党和人民的事业，所以，党员干部要用担当的宽肩膀

[①] 习近平.做焦裕禄式的县委书记[M].北京:中央文献出版社,2015:8.

撑起党和人民赋予的历史使命，要摒弃只想当官掌权而不想干事、不想担责、不想出力的思想；要把"功成不必在我"的精神运用到尽心尽责干事的过程中，真正成为带领人民群众筑梦想、奔幸福的主心骨。建设心中有责、敢于担当的干部队伍；要促使党员干部牢记自己肩负的使命，让党员干部在全面深化改革的攻坚阶段切实担负起自己的责任，自觉投身到中国特色社会主义的伟大实践之中；要坚持学在深处、谋在新处、干在实处，真正做到想作为、敢作为、真作为，切实做到为人民谋幸福、为国家谋复兴。

第二，"五个敢于"是干部的原则担当。中国的发展已经站在新时代的历史起点上，前进道路上充满了困难与阻力。习近平对此明确要求："党的干部必须坚持原则、认真负责，面对大是大非敢于亮剑，面对矛盾敢于迎难而上，面对危机敢于挺身而出，面对失误敢于承担责任，面对歪风邪气敢于坚决斗争。"[①]面对大是大非敢于亮剑，表现在干部在重大的政治问题、原则问题和现实问题面前坚持正确的立场和保持鲜明的态度，"亮剑"的关键在于与"好人主义"划清界限。面对矛盾敢于迎难而上，表现在能够掌握处理风险和挑战等矛盾的科学方法。要依靠群众化解矛盾，要用民主的方式解决矛盾，要善于运用政策调节化解矛盾。领导干部只有在矛盾面前敢抓敢管、敢于碰硬，才能做出无愧于时代的业绩。面对危机敢于挺身而出，表现在面对重大风险和挑战的关键时刻不退缩，不畏惧，能够勇敢地发挥好精神旗帜的引领作用和中流砥柱的支撑作用。面对失误敢于承担责任，就是以坦荡的胸怀直面失误，敢于正视错误，这是对干部胸襟的真正检验。面对歪风邪气敢于斗争，就是在面对一切危害党和国家形象以及人民利益的歪风邪气面前依然勇敢地保持战斗状态，用敢于批评和较真碰硬的一身正气来压倒一切歪风邪气。

第三，增强政治领导本领和改革创新本领是干部的能力担当。敢于担当就必须要有成事的本领。全面增强执政本领是新时代习近平对全体党员干部提出的新要求。全面增强干部执政的能力担当、保持党的领导先进性的关键因素是不断增强政治领导本领和改革创新本领。随着中国特色社会主义进入新时代，我国发展面临的机遇和挑战已经不容忽视，领导干部

---

① 中共中央文献研究室编.十八大以来重要文献选编（上）[M].北京：中央文献出版社，2014：338.

政治领导本领的增强,体现在必须把"五大思维"(即战略思维、创新思维、辩证思维、法治思维、底线思维)作为核心,在政治方向引领、政治原则坚持、政治局面掌控、政治风险防范抵御等方面都具有超凡的执政能力和治理本领。增强改革创新本领,就是领导干部要敢于用新时代的思想观念去破除体制机制的诸多弊端,积极探索适合自身发展需要的新道路,不断提升驾驭全局、化解重大风险和挑战的素质与能力。各级领导干部要用胆识和气魄涉险滩、闯激流,用高超的本领汇聚起支持改革、参与改革的强大力量,在坚持统筹全国一盘棋的基础上积极寻求改革良方,把改革工作重点更多放到实际问题的解决上、可持续谋长远的发展上。

(5)建设一支清正廉洁的干部队伍

第一,领导干部要严以用权。"严以用权"是新形势下习近平针对干部队伍中的不良现象而对干部的政治品格作出的最基本最简洁的规范,也是广大党员干部为官从政的基本准则,更是实现中华民族伟大复兴中国梦的题中之义。

严以用权,就是要坚持用权为民。领导干部手中的一切权力都是人民赋予的,只能用来为党夯实执政基础、为国家谋取复兴、为人民创造美好生活,这样才能真正赢得百姓的信赖与支持。严以用权,就是要坚持依法用权。党纪国法作为权力的边界是不能逾越的。领导干部在任何时候都不能搞特权,不能用手中的权力谋取私利。严以用权,就是要坚持秉公用权。秉公用权是为官态度,更是为官标尺,秉公用权源于信仰力量,源于道德情操,更源于公心正义。另外需要指出的是,领导干部的严以用权必须让权力真正运行在"聚光灯"和"放大镜"下,才能真正使权力有了"紧箍咒"的约束,权力这把"双刃剑"才能在干部手中切实发挥出为人民谋福利的效用。

第二,领导干部要严以律己。严以律己是修身、用权的具体体现,同时也是"三实"(即谋事要实、创业要实、做人要实)的重要保证。严以律己在"三严三实"中具有重要的桥梁纽带作用,是中华民族的优良传统和共产党人的优秀政治基因。新时期加强干部队伍建设必须把严以律己作为规范干部廉洁行为的一条重要标准。党员干部能否严以律己,对于为政清廉政治生态的形成至关重要。领导干部的严以律己,在工作和生活中不是一种口号和修饰,而是在保持政治忠诚、组织服从、纪律严守、坦荡为官方面所展现出的一种政治本色。具体表现为心中有戒律,手中握戒尺,善于和勤于做好自省"功课",不断增强严守党的政治纪律和政治规矩的思想自觉和行动自觉,努力把"铁"这种特性和品质牢牢融于所应遵循的纪律和规矩之上,以促使自律精神不断强化,自我约束能力不断提高。领导干部只有真正做到严以律己,才能抵御住腐败侵蚀,经受住名利的诱惑和考验,从而固守老实为人、干净为官的从政本色。

第三,领导干部要严以修身。严以修身,不仅是中国古代优秀传统文化中所倡导的一种社会责任,更是当代党员干部安身立命、为官从政的终身必修课。新形势下严以修身又被赋予了新的时代内容与精神。严以修身就是党员干部把干净作为立身之本。"干净"就是要求领导干部严私德,严格规范自己的政治操守和履职行为,时刻保持人民公仆本色的纯正;能够在各种金钱、美色等庸俗化的诱惑面前做到一尘不染,在增强自我约束、坚守道德阵地、塑造高尚品质的基础上不断增强拒腐防变的免疫力。"干净"就是要求领导干部以正心为要。"正心"的关键是通过"修心"这一过程不断构筑起心灵的"防护堤",要通过"补钙铸魂"常态化来筑牢思想道德防线,始终通过对马克思主义理论知识的学习,从中不断汲取"政治营养"来促使内心的政治升华与纯洁。

2. 党的十八大以来基层党员干部队伍建设的成就

观照现实,党的十八大以来,在习近平干部队伍建设思想指引下,基层党员干部队伍的建设结合社会发展的现实与时俱进。围绕着事业发展这个中心工作,坚持"事业为上、人岗相适、人事相宜"的原则选任人才,通过培训不断提升基层党员干部的专业能力和专业精神,不断完善监督制度让整个队伍能够形成积极向上的良好竞争氛围。

(1)选拔标准更符合新时代要求

2019年3月,《党政领导干部选拔任用工作条例》(以下简称《条例》)对党员干部的选拔标准作出了更加细致、符合新时代要求的调整。选拔标准明确了"事业为上、人岗相适、人事相宜"的原则。这突出说明了,新时代党员干部的选拔要更加从实际工作的需要出发,选择专业能力、工作经验等更加适合岗位的干部,让干部可以发挥特长,更专业、高效地完成工作。另一方面，这样的选拔标准也更加符合群众的期待与需求。新的社会矛盾明确提出人民群众的物质文化需求日益增长，这就要求基层党员、干部要比过去更加专业，才能让工作真正满足群众的需求。

《条例》中明确"必须把政治标准放在首位"。相较于过去，《条例》结合了当前社会更加开放的现实情况，强调了政治标准的重要性。要选拔真正认同党的基本理论、基本路线和基本方略的人，只有这样才能让干部将全心全意为人民服务落到实处，才能保证基层党员干部能够理解党的方针政策，上下一条线，让政策真正为民服务，提升基层治理效率。

《条例》中特别提出要"树立注重基层和实践的导向"。进入新时代，基层群众生活水平、综合素质在不断提高，接收的信息也越来越多，这会给基层党员、干部的工作带来更大的挑战，同时也更加检验着基层党员干部的实际工作能力。因此，在基层实践工作中表现突出的干部，基本可以全方位证明自己的工作能力和态度。《条例》的这一变化恰好符合了当下的这一实际情况，通过选拔在基层实践中表现突出的人才，可以更好保证选拔出的干部具有敢于负责、勇于担当、善于作为的品质。

（2）基层党员干部选任渠道更多

党的十九大报告中提到要"坚持五湖四海，任人唯贤"。基层党员干部的选任也在不断扩大选任视野和渠道，让更多有才能、有担当的人可以在适当的岗位上发挥作用、实现价值。

一方面，部分高校教师、学生深入到基层工作中，在带领基层脱贫致富上发挥了更多的专业作用。比如山东农业大学农学院结合自身特长，每年选派3至5名青年骨干教师，到基层农业推广部门、乡镇政府、农业专业合作社等挂职锻炼。这一举措让高校教师获得成长的同时，也将更先进的农业种植知识带到基层，提高了基层党员、干部队伍的专业能力。

另一方面，村"两委"的一些优秀干部也通过一定的考核加入基层党员干部队伍中来，有利于基层党员干部更加深入群众。近年来，陕西、甘肃等多个省市都针对优秀村（社区）干部进行了定向招考，将其录用为乡镇机关公务员。通过这样的招考，降低了考试竞争力，给了解基层实际情况的这些村（社区）干部更大的发展空间，有利于基层党员干部队伍更加接近群众，了解群众的所思所想。

（3）党内主题教育活动丰富开展

党的十八大以来，党中央更加重视对党员干部的培养，尤其是思想教育和专业精神方面的教育活动以各种各样的形式发挥着作用。

从开展频率上看，党内主题教育活动更加频繁，更能及时针对不同阶段的问题开展对应的主题教育活动。如2013到2014年，针对党内一些干部存在形式主义、官僚主义、享乐主义和奢靡之风的情况，及时开展了党的群众路线教育实践活动；党的十九大以来，针对很多人忘记了党的出发点的情况，开展了"不忘初心，牢记使命"主题教育活动。这些活动由上到下层层展开，让基层党员干部及时发现自身问题，重新找回自己的"初心"和使命。

从活动形式上来看，更加创新，也更能运用一些接地气的方式进行教育，让教育活动深入地融入每一位基层党员干部的心中。比如学习软件"学习强国"的推广应用，让每一位基层领导干部都能在日常生活中运用一些零碎的时间学习，提高思想认识以及整体的素质修养，更好地为群众服务。"三严三实"专题教育中，将经常性的学习教育融入领导干部的工作中去，改变了过去分批次、划阶段、设环节的教育形式。"两学一做"教育活动中，总体上要求实现全覆盖、常态化、重实效的教育，将学习教育拓展向了广大党员而不是只有"关键少数"，教育方式上也提出要实现常态化、制度化，并且特别强调要进行教育方式的创新。在总结"不忘初心、牢记使命"主题教育活动的开展经验和成效之后，党的十九届四中全会提出要建立"不忘初心、牢记使命"制度。

从活动实效上来看，当前的主题教育活动不只关注理论的学习，更加注重实践上的落实以及践行，相较于过去实效上有了较大的提升。比如党的十八大以来党的群众路线教育活动，解决了超标配备公车和办公用房、滥建楼堂馆所、群众办事难、落实惠民政策缩水走样、拖欠群众钱款、奢华浪费建设、领导干部天价培训等问题，狠刹"舌尖上的浪费""车轮上的腐败""舞台上的奢华""会所中的歪风"[①]。由此可以看出，通过主题教育，基层党员领导干部公款吃喝等违反"四风"问题得到了很好的解

---

① 温红彦. 守护永不褪色的生命线［N］. 人民日报，2014-10-08.

决，取得了一定的实效。

综上，党内的主题教育活动有了一些成效，不再是单纯地开会、学习，而是能在多个时段、通过多种形式、深入实践地开展，更能将知识内化进基层党员干部的心中。

（4）对基层党员干部的监督制度逐步完善

"要加强对权力运行的制约和监督，让人民监督权力，让权力在阳光下运行，把权力关进制度的笼子。"①党的十九大报告中的这一论述，让更多监督基层党员干部的制度和法律相继建立，发挥着制约和监督作用。党的基层组织日常监督和党员民主监督有了更加具体的依据。2016年11月《关于新形势下党内政治生活的若干准则》正式施行，为党的基层组织日常监督和党员民主监督提供了具体的参考和依据，对于基层的一些工作有了具体的要求，其中就包括应对重大突发事件时，"领导干部必须深入一线、靠前指挥，及时协调解决突出问题，及时回应社会关切"②。在新冠肺炎疫情中，"深入一线、靠前指挥"就成为监督基层党员干部的一个准则，有些干部因为能够深入群众服务而被火线提拔，有的干部也因为不能坚守岗位得到免职等处理。党委（党组）的全面监督不断向基层推进，巡察监督。一些地区巡察工作不断与中央巡视制度对标，向上级实践看齐，利用巡察解决基层的一些实践问题，取得了一定的效果。

三、当前干部队伍建设中面临的主要问题

（一）身子进了新时代，思想还停留在过去

2020年1月8日，习近平向全党发出警醒："全党同志要跟上时代步伐，不能身子进了新时代，思想还停留在过去，看问题、作决策、推工作还是老观念、老套路、老办法。"③当前党组织在提拔任用干部时，论资排辈的观念与习惯依然存在，虽然整体状况经过试行落实相关的方针政策后较过去有所改善，但有的地方"开头气势足，后续动力小"，有的地方

---

① 习近平.决胜全面建成小康社会 夺取新时代中国特色社会主义伟大胜利——在中国共产党第十九次全国代表大会上的报告[N].人民日报，2017-10-28.
② 关于新形势下党内政治生活的若干准则[M].北京：人民出版社，2016：22.
③ 习近平.在"不忘初心、牢记使命"主题教育总结大会上的讲话[M].北京：人民出版社，2020：14.

"明文规定一套,实际执行一套",更有的地方仍将论资排辈看作是公平与稳定的象征,继续推崇执行。这些问题,归根结底还是在于"固守老观点,解决新问题",是"资历"与"台阶"这些固有观念在作祟。

辩证地对"论资排辈"的旧有观念进行总结分析是密切关注青年干部作用地位的关键步骤,只有充分认识到"论资排辈"的根源基础,才能以此为鉴,真正实现观念更新,形成优秀青年干部不断涌现的生动局面。当前不少机关单位提拔任用干部一是看资历,二是看经历,苦劳较功劳而言地位更高,优势更大。这其中很重要的原因便是保持队伍稳定,更好地实现老干部"传帮带"的指导责任。同时,"论资排辈"的观念为干部晋升提供了一个客观标准,一定程度上能够预防因提拔任用而产生的"权力寻租"与结党营私等负面影响,营造公平、服众的平衡氛围。

当今时代对干部的综合素质与核心竞争力有着很高的要求,"论资排辈"显然已经与时代要求不相吻合,已然成为青年干部队伍建设过程中的"绊脚石"。领导干部对新人求全责备,不敢放手,不予信任,总是带着挑剔审视的目光去挖掘寻找青年干部的负面缺点,不仅极大地打击"新鲜血液"对于"贯彻新理念,推进新做法"的热情与积极性,更让一部分中庸者身居要位,而能者则痛失机会和舞台,最终造成"老的干不动,小的没激情"的现实状况,从而危害到党和国家的事业。更为重要的是,这一种固化的旧观念广泛存在于青年干部队伍建设的全过程中,涉及认知、选拔、培养、监督等全链条环节,对党组织关于提拔任用青年干部所制定的一系列规章制度的贯彻落实造成了一定阻力,还使得选人用人机制的改革无法得到进一步持续推进。

在党的十九届四中全会上,党中央明确指出:"推进国家治理体系和治理能力现代化,是全党的一项重大战略任务"[①],青年干部选拔任用观念的现代化与国家治理能力现代化密切相关。只有在充分保障中老年干部的合理需求、严格确保公开透明用人机制的前提下,不拘一格、大胆使用优秀的青年人才,同时从岗位需求与实际能力出发,通过树立鲜明的实干实

---

① 中共中央关于坚持和完善中国特色社会主义制度推进国家治理体系和治理能力现代化若干重大问题的决定[N].人民日报,2019-11-06.

绩评价标准，打破青年干部的隐形"台阶"，"论资排辈"的旧有观念才会逐渐在实效的映衬下失去"市场"。

（二）选人用人上的不正之风并没有销声匿迹

2018年11月26日，在十九届中央政治局第十次集体学习时习近平发表了重要讲话，他指出，选人用人风气有了明显好转，但选人用人上的不正之风并没有销声匿迹，在干部队伍中变着法子拉关系、走后门的现象依然存在。在当前青年干部的选用工作中，"考公热"与"火箭式提拔"现象都暗藏着不正之风的潜在威胁，党组织需要采取有效措施对此扶正纠偏。

一方面，"考公热"现象背后折射出青年干部的选拔动机世俗化倾向。据有关数据统计，2020年国家公务员考试人数突破140万人，而目标招录仅仅为2.4万人，招录比高达60∶1。激烈的竞争意味着脱颖而出的人才无论是含金量还是竞争力都较过去更有优势，同时人才战略的成功落实也进一步推动政府治理的可持续发展能力。但是在"考公热"如火如荼进行的同时，对于应试者初心与目的的关注度却较过去呈现一种"失真"的状态，薄弱欠缺的公职意识对青年干部理想信念的树立与培养造成了不小阻碍。当前"考公热"呈现出强烈的功利性色彩，直接或间接引发青年干部上岗后"腐败滋生""碌碌无为""公权私用"等一系列问题，轻视关于党政干部公职意识与服务使命的普及教育，最终只会选拔造就出一批又一批只谈个人目标而不提社会价值的利己主义者。党政部门只有进一步宣扬公职精神与服务意识，完善公务员考试制度，对"一考定终生"制度进行改革，同时引入信念教育和思政审核等相关条例，把思想政治工作做在公务员考录工作前头，才能真正使得国家优秀的人才梯队发挥自身应有的突出作用。

另一方面，"火箭式提拔"现象为政治生态的污染提供了"温床"。提拔晋升是青年干部渴望发展的动力源泉，同时也是基层人才梯队培养机制的坚实保障。近年来，"火箭式提拔"现象逐渐兴起，快速提拔对打破"排资论辈"观念，积极善用青年人才起到积极作用。2020年2月全国防疫抗疫期间，湖北咸宁市崇阳县天城镇四级主任科员罗浩、安徽省首批援鄂医疗队淮北医疗队队长孙伟都因为在一线的担当表现得到火线提拔，合法合理的快速提拔不仅能发扬模范引领作用，更能使党政事业得到充分发展。但是,"火箭式提拔"也间接使得部分既得利益者有机可乘,进一步对政治生态进行污染。不公开不合理的提拔难以消解社会的质疑与舆论的对焦,含糊其辞的解释更是对广大青年干部的热情与动力造成一定的负面影响。党组织应该根据实际情况,公开破格选拔的依据和条件,并向公公展示任用对象的各方面详细情况,以"透明化"消除外界的疑虑与质疑;同时,针对舆论普遍存在的质疑要作出明确的反馈与跟进等后续一系列工作。人民群众的力量是无穷的,合理的舆论监督不仅能较好地检验提拔工作实际成效,还能有效地帮助党组织纠正用人问题上的不正之风。

(三)重"痕"不重"绩"、留"迹"不留"心"

针对当前关于青年干部的培育问题,习近平一针见血地指出:"现在,'痕迹管理'比较普遍,但重'痕'不重'绩'、留'迹'不留'心'"[①],强调要把广大干部从"文山会海""检查考核"等一些无谓的事务中解脱出来。对于"痕迹主义",江西省政协副主席刘晓庄将其生动形象地解释为:"写不完的材料、填不完的表格。"[②]过度的"留痕"要求,不仅耽误青年干部的培育工作,还容易令他们陷入形式主义的怪圈,迷失正确的工作方向,对党和国家的事业造成负面影响。

第一,"痕迹主义"不利于培育青年干部"为人民服务"宗旨意识。上面千把锤、下面一根钉。当今青年干部的日常工作时间常常被各类检查考核与各种报表填写所占据,并呈现"频率过高、多头重复"的特点,有时常常为了硬性指标而不得不加班加点,使广大青年干部疲于奔命,不仅无法使自身得到很好的磨炼与成长,更不能深入基层联系群众,动员群众、组织群众、凝聚群众。不少干部工作很勤奋,对自己要求也严格,但一到"大风大浪"来了就没主见了,很大程度上归根于在培养期间成天忙于写材料、填表格,而没有作调研、办实事。青年干部既承受着高压的身心压力,又没办法心无旁骛地挺身干实事,对于自身的提升磨炼与道路发展造成了很大的负面影响。

第二,"痕迹主义"使青年干部陷入形式主义、官僚主义的怪圈。由

---

① 中共中央党史和文献研究院,中央"不忘初心、牢记使命"主题教育领导小组办公室编.习近平关于"不忘初心、牢记使命"论述摘编[M].北京:党建读物出版社,中央文献出版社,2019:196.
② 转引自"痕迹主义"迷失干部工作方向[J].理论导报,2019(03):63.

于各类检查考核名目繁多,作为基层干部主力的青年干部无法切实统计,有时甚至上报虚假数据,助长了形式主义的不正之风,而重复填表成为形式主义官僚主义的典型代表。2020年防疫期间,有的地方市县十几个部门分别要求基层迅速填写上报一些内容相差无几的表格文件,但事实上却没有一个文件、一个部门帮助基层解决急需的哪怕一个口罩、一瓶消毒水的问题。①大量无意义的重复工作导致青年干部的时间被占用、精力被分散,"走过场、留痕迹"的工作形式对其信念、品质及本领的培养都造成极大的负面影响。同样,表面痕迹数据华丽,成绩斐然,实际效果却脱离一线,不察实情,这样的现象最终导致青年干部养成"假大空"的言行习惯,既无法获得人民的信任,更无法在关键的时刻挺身而出,为党和国家的事业作贡献。

第三,"痕迹主义"在电子政务中的负面作用对青年干部的培养造成消极影响。近年来,网络技术的不断发展带动了电子政务的兴起完善,线上工作群和政务 App 等工具平台逐渐成为青年干部工作监管与考核的重要抓手,为提升现代化管理水平提供高效便捷的助力。但受时间、空间等因素影响,"精致的工作痕迹"与"美化的工作材料"逐渐成为电子政务绩效评比中的关键点,"留痕工作"的评价取代了实际工作的成效。以照片、表格、档案、总结等一系列材料为主要依据进行监督评比,不仅极大耗费广大青年干部的时间精力,打击他们想办实事的积极性,同时还引发懒政怠政的不正之风,以华丽的汇报数据遮掩简陋的工作成果,编造假政绩、假口碑。

"痕迹主义"盛行要求党组织对于党员、干部尤其是青年干部的考核机制需要与时俱进地加以完善,要以工作实绩论高低,不以材料"痕迹"评长短。同时强化对青年干部的信念教育,培养其养成"脚下有泥"的工作作风,上下联动抓"三风"(即学风、党风、文风),坚决破除官僚形式主义。

---

① 让基层干部把更多精力投入到疫情防控第一线[N].人民日报,2020-02-07.

（四）不愿监督、不敢监督、抵制监督等现象不同程度存在

在党的十八届六中全会上，习近平指出："长期以来，党内存在的一个突出问题，就是不愿监督、不敢监督、抵制监督等现象不同程度存在……"①"圈子文化"盛行、监管部门"本领恐慌"与监管成效的区域间差异是阻碍监督水平提升的三个重要因素，对青年干部队伍的监督管理造成一定程度的负面影响。

"圈子文化"盛行是不愿监督的重要原因之一。近年来，随着经济的不断发展，少数党政干部出现思想滑坡的问题，依托手中的既得权力谋取个人利益，玷污党组织的先进性与纯洁性，其中典型的代表就是"圈子文化"的盛行，通过官官相卫，有恃无恐地在位谋利。青年干部作为党政部门的新生力量，成为各个"圈子"与"山头"争相追逐的附庸资源，不仅破坏党组织团结，污染政治健康生态，还对青年干部队伍的监管工作形成巨大挑战。"以权谋私""自行其是"的风气阻碍了青年干部的健康成长。

"本领恐慌"是不敢监督的重要原因之一。监管部门的人员构成、规章制度、措施手段都直接影响到监管工作的实效性，因此人才紧缺、制度落后与手段单一、任意缺失都将对青年干部的监管工作造成阻碍。当前监管部门出现新老交替的常态化现象，监管新人对于业务尚不熟悉，实战也缺乏经验，同时对自身的信念强化与自我审视还需不断培养，引发依赖上级、走马观花、马虎大意等问题；现阶段的规章制度呈现"滞后性"，无法满足处理现实案例的需求，特别是在与上级、同级、下次党委的合作与监督中缺乏明文规定，甚至出现不依法依规审查办案的行为，以较轻的提醒教育、诫勉谈话代替纪律处分，为规避合法监管提供借口；监管手段创新能力不足，满足于老一套的常规操作，未能有效与其他部门形成合力，部分中老年干部忽视互联网工具的学习，跟不上现实的办案速度，不仅影响工作效率，还会造成部分案情泄露。②

监管成效的区域间差异是抵制监督的重要原因之一。受经济发展水

---

① 习中共中央文献研究室编.习近平关于全面从严治党论述摘编[M].北京：中央文献出版社，2016：214.
② 康潇宇.素质和能力有何不足？[N].中国纪检监察报，2015-06-03.

平、行政管理效率及地区受重视程度的差异影响，不同地区在关于青年干部队伍监管的问题处理上存在明显差异。有的地区偏远，城市化建设进展缓慢，导致监管工作饱受地域人情的困扰，出现面对问题不愿动真碰硬的现象；有的地区由于发展水平有限，无法与时俱进地运用新手段、新方法对广大青年干部进行监管，而是以"一刀切"的懒政手段覆以盖之；还有的地区受行政管理水平的限制，监管工作只"监"不"管"，只讲从严不谈激励，处处限制青年干部、导致队伍变为"一潭死水"。这些问题都使得当前青年干部创业干事的精气神受到打击，同时也是部分青年干部抵制监管的重要原因。习近平强调，把一些干部不担当不作为归咎于从严管理，这是不对的。通过政策颁布、线上培训、人员借调等手段，提升各地监管水平，统一协调、科学有效地进行监管工作，有利于打造一支勇于担当、作风正派的新时代青年干部队伍。

第二章　不畏浮云遮望眼、乱云飞渡仍从容的坚定政治信念

在干部队伍建设中最重要的就是能力建设，而在干部干好工作所需的各种能力中，政治能力是第一位的。正如习近平在2020秋季学期中央党校（国家行政学院）中青年干部培训班开班式上的讲话中指出的："有了过硬的政治能力，才能做到自觉在思想上政治上行动上同党中央保持高度一致，在任何时候任何情况下都能'不畏浮云遮望眼'、'乱云飞渡仍从容'。提高政治能力，首先要把握正确的政治方向，坚持中国共产党领导和我国社会主义制度。在这个问题上，决不能有任何迷糊和动摇。"[①]而要把握正确的政治方向，首先要有坚定的政治信念，有了坚定的政治信仰，进而全面提高党员干部的政治本领，使党员领导干部在新时代担负起时代使命和政治责任。本章从党员干部的政治能力的内涵着手，阐述领导干部政治信仰建设的主要内容，探寻党员干部队伍政治能力提升的多元化路径，使领导干部不断提高政治敏锐性和政治鉴别力，增强政治自制力，始终做政治上的"明白人""老实人"，做党和人民的好干部，更好地担当与履行政治责任，顺利完成实现中华民族伟大复兴的历史使命。

一、党员干部的政治能力

党员干部的政治能力是党性素养与政治本领的统一。党员干部是开展党和国家工作的重要主体力量，在党的建设和社会发展大局中具有特殊重要性，肩负着重要使命。面对党的建设高标准、高质量要求，党员干部的

---

① 习近平在中央党校（国家行政学院）中青年干部培训班开班式上发表重要讲话强调：年轻干部要提高解决实际问题能力　想干事能干事干成事［N］．光明日报，2020-10-11．

政治能力就成为理解党建政治逻辑的重要标志。党员干部的政治能力主要是指党员干部把握政治大势、保持政治定力、驾驭政治大局、防范政治风险的能力,更加注重党员干部在具体政治实践中所呈现的政治本领与政治技能。结合党员干部的政治责任和开展政治实践所必需的政治素质来看,党员干部的政治能力主要是由其内涵所规定的多种能力要素构成的,各项能力要素始终贯穿党员干部增强党性锻炼和提升政治本领的政治要求,也就是说,区分党员干部政治能力的统一标准是由其在党的建设实践中所必需的政治本领和政治技能决定的。

政治能力是对党员干部政治素养和政治本领的核心概括,能够准确反映党员干部的政治历练程度和政治经验水平,更能够如实反映党员干部的政治信仰和政治担当。在新时代党的政治建设的政治规范中,提升党员干部的政治能力就是要加强党性锻炼,提高政治觉悟和政治能力、增强政治担当、永葆共产党人政治本色。党员干部的政治能力不是天生的,而是在自身不断学习、不断磨炼的过程中得以提升的,其中党性是支撑党员干部政治能力提升最重要的政治品格。党性是党的政治属性的集中体现,是党员干部立身、立业、立言、立德的根基所在。党员干部加强党性锻炼是提升自身政治能力的内在基础和内生动力,也就是说,党员干部政治能力的强弱正是其党性修养的外在表现。正如习近平所说:"党的高级干部要注重提高政治能力,牢固树立政治理想,正确把握政治方向,坚定站稳政治立场,严格遵守政治纪律,加强政治历练,积累政治经验,自觉把讲政治贯穿于党性锻炼全过程,使自己的政治能力与担任的领导职责相匹配。"[①]在推动党的建设各项事业发展的进程中,党员干部使命艰巨、责任重大,对自身政治能力的提升提出了更高要求,要深刻认识自己在加强党的政治建设中的特殊重要性和肩负的重大责任,强化政治担当。在推进党的建设伟大工程的战略征途中,提升党员干部的政治能力要系统谋划、统筹推进,从政治定力、政治方向、政治立场、政治责任等方面入手着力探索能力提升的有效路径。

---

① 习近平在省部级主要领导干部学习贯彻十八届六中全会精神专题研讨班开班式上发表重要讲话强调: 以解决突出问题为突破口和主抓手 推动党的十八届六中全会精神落到实处[N].人民日报,2017-02-14.

中国共产党的组织本位和性质宗旨决定了党员干部必须始终保持政治忠诚，这是党员干部党性修养的内在要求。以此来看，党员、干部的政治能力很大程度上是对其行为规范的政治要求，根本上是体现其政治立场的能力。对党忠诚、为党分忧、为党尽职、为民造福是共产党人的根本政治担当，爱党、忧党、兴党、护党是党员干部最基本的政治使命。在对党员干部政治能力的内涵描述上，更多的是体现党员干部政治行为的立场性能力，如保持政治定力、驾驭政治局面、把握政治方向、永葆政治本色等，无一不是对党员干部坚定政治立场的能力体现。共产党人的政治立场就是要坚持并强化党的宗旨意识，实现和维护最广大人民的根本利益，这是党员干部政治能力的核心。提升党员干部的立场性政治能力，是保持党员干部政治先进性的先决条件，也是强化党员干部党性锻炼的必然要求。也就是说，党员干部坚定政治立场，反映的是党员干部在具体实践中的党性立场和人民立场，是党性与人民性的高度统一。可见，党员干部立场性的政治能力，一方面源于党所代表的人民意志，另一方面来自党的自身建设所达到的政治效果，而提升党员干部的政治能力，是建立在党性与人民性高度统一基础上的政治能力建设规划，这就表明了党员干部政治能力建设必须包含夯实党的政治根基的立场性内容。

作为党的建设的重要政治主体，党员干部的政治能力首先表现在其意识层面的政治导向，直接表现为能否从政治上观察、分析、解决问题的能力。这种导向性政治能力的提升根本上取决于党员干部的政治意识是否牢固，是否能够自觉地在思想上、政治上、行动上维护党的政治领导，是否能真正坚持政治意识和大局意识来解决党内存在的实际问题。习近平强调，党的领导干部一定要树立世界眼光、战略思维，把方向、抓大事、谋全局，"始终把全局作为观察和处理问题的出发点和落脚点，以全局利益为最高价值追求，以世界眼光去认识政治形势……"[①]。从政治意识层面理解党员干部的政治能力，主要体现了党员干部自身所坚守的政治信仰和政治理想，这些观念性的要素要求党员干部在意识层面要牢固树立政治导向，既要对党员干部自身的政治行为设定政治标准，也要明确党员干部在

---

① 习近平.之江新语[M].杭州:浙江人民出版社,2013:20.

具体实现中的政治责任。简单来看,党员干部防范风险能力、政治把握能力、政治鉴别能力、政治免疫能力等能力要素都具有鲜明的导向性,这些能力要素都旨在引导党员干部用正确的政治要求规范行动、统一思想、指导实践,在养成良好政治素养的基础上真正去担当政治责任、践行政治使命。可见,党员干部导向性的政治能力通过对其政治认知层面进行本质改造,注重在实践中培养他们从政治上观察形势、解决问题的习惯与能力,进而锤炼党员干部的政治忠诚和政治自信,这就说明党员、干部政治能力建设必须包含树牢党员干部政治意识的导向性内容。

新时代党的建设的深度转型,一方面体现了党情国情世情的急剧变化,另一方面也对党员干部的职责履行提出了更高的要求。习近平指出:"是否具有担当精神,是否能够忠诚履责、尽心尽责、勇于担责,是检验每一个领导干部身上是否真正体现了共产党人先进性和纯洁性的重要方面。"[1]敢担当有作为,是党和人民对新时代党员干部的基本要求和殷切期盼。培育党员干部敢于担当的政治能力是推进新时代党和国家事业持续发展的重要动力,也是衡量党员干部的政治本领与岗位职责是否相适的重要标准。党领导中国特色社会主义建设事业的时代诉求迫切需要党员干部要有高度的政治敏锐性和政治判断力,党的领导干部要多维度提升自身的政治能力,确保自身的本领能够与新时代党和国家事业发展要求相适应,切实承担起执政兴国的政治责任。政治站位是体现党员干部能够敢于担当、善于担当的关键,是党员干部干事创业的"定盘星",党员干部只有始终做到与党同心同德,在大是大非面前旗帜鲜明,在风浪考验面前无所畏惧,在各种诱惑面前坚守底线,才能保证切实担当起应该承担的政治责任,才能在谋划推动工作时注重突出政治方向,处理解决问题时注重考量政治效应,确保各项工作都能实现政治效果和发展效益相统一。

---

[1] 习近平在中央党校春季学期开学典礼上讲话:认真落实胡锦涛同志重要讲话精神 扎实做好保持党的纯洁性格各项工作[N].光明日报,2012-03-02.

一、新时代加强领导干部政治信仰建设的主要内容

就现代政治社会而言，政治信仰是增强政治群体凝聚力的精神纽带，是推动国家发展与进步的重要因素。中国共产党自诞生之日起就有自己坚定的政治信仰，一百年来，党的政治信仰精神一脉相传，同时又与时俱进，不断创新。进入新时代，面对来自方方面面的严峻挑战，更需要进一步加强党的政治信仰建设，构建一个体现时代特色的科学政治信仰体系。只有在立根固本上下足功夫，党才会有强大的抵抗力和战斗力，以应对在意识形态领域的突出问题。习近平指出："我们共产党人的根本，就是对马克思主义的信仰，对共产主义和社会主义的信念，对党和人民的忠诚。"①对于中国共产党人来说，要做到立根固本，就是要坚定这份信仰、信念和忠诚，这是新时代党的政治信仰的重要内容。在《中共中央关于加强党的政治建设的意见》中，第二部分专门论述了新时代全党要坚定政治信仰，"牢固树立共产主义远大理想和中国特色社会主义共同理想，挺起共产党人的精神脊梁"②。从内容体系上看，新时代加强党员领导干部的政治信仰建设应包含三个方面：坚定的理想信念教育、忠诚干净担当的政治品格和以人民为中心的根本立场。这三个方面体现了新时代中国共产党人政治信仰"内化"与"外化"的统一，共同构成了党的科学政治信仰体系，为新时代党员干部队伍建设和领导干部能力培养提供了强大的精神动力。

（一）坚定的理想信念教育

理想，是人们对未来美好事物的向往和追求。信念是人们对某一客观事务的信任感，对它的正确性确定不疑，并竭力去实现和维护它。理想信念从根本上说是一种价值观念，是个人安身立命和精神寄托之本。作为党的干部，树立正确理想信念是沿着正确方向前行，树立正确奋斗目标的保证，也是获得对事业和生活执着追求和奋斗进取的精神力量，最终实现自己的人生价值和理想的保证。只有在正确的认知之上，不断去实践，去总结和升华，才能够形成正确的理想信念，才能给人们提供全面的、正确的

---

① 中共中央文献研究室编.十八大以来重要文献选编(中)[M].北京:中央文献出版社,2016:676.
② 中共中央党史和文献研究院编.十九大以来重要文献选编(上)[M].北京:中央文献出版社,2019:796.

指导，不断提供前进的动力。胡锦涛指出，具有坚定的马克思主义信仰和社会主义共产主义信念是"共产党人的政治灵魂，是共产党人经受住任何考验的精神支柱"①。习近平指出："好干部要做到信念坚定、为民服务、勤政务实、敢于担当、清正廉洁。"②由此可见，坚定的理想信念教育是提高领导干部政治能力的首要任务。

1. 马克思主义理论教育

马克思主义是保证我们党和国家各项事业不断前进的指明灯。习近平指出："马克思主义基本原理是普遍真理，具有永恒的思想价值……"③党的十八大提出了建设学习型创新型马克思主义政党的任务，要求党的领导干部做好表率，带头学习，首先就是要学习好马克思主义理论。

学习马克思主义，首先就是要阅读马克思、恩格斯、列宁的经典著作。一是学习理论知识。2013年在中共中央政治局第十一次集体学习时，习近平要求党的干部尤其是高级干部，要原原本本学习和研读马克思主义经典著作。党的干部认真学习和研究经典著作的原因在于：马克思主义理论的精髓和实质都蕴藏在马克思主义经典著作中，它不仅仅是马克思主义基本原理产生的母体，也是马克思主义理论孕育的本源。领导干部只有对这些经典著作进行阅读和研究，才能从源头上对马克思主义理论的整个体系进行较为准确的理解和把握，才能成为一名真正的马克思主义者。

习近平不仅对领导干部提出了阅读马克思主义经典著作的要求，还身体力行地为党的干部列出了具体的阅读书目，包括10卷本的《马克思恩格斯文集》和5卷本的《列宁专题文集》，并要求领导干部要精读、细读，真正下功夫读，要一心一意、全神贯注地学，而不是当成一项政治任务。在阅读时，切记不能自由化和模板化，既要学到本义和真义，又要避免教条化。

二是注重提高工作能力。习近平提出，党的领导干部学习阅读马克思主义经典著作，学习理论知识的同时，更要注重自身素质和能力的培养。马克思、恩格斯、列宁的经典著作，不但包含着思想家们吸收人类真理的

---

① 胡锦涛. 坚定不移沿着中国特色社会主义道路前进　为全面建成小康社会而奋斗——在中国共产党第十八次全国代表大会上的报告[M]. 北京：人民出版社，2012：49.
② 中共中央文献研究室编. 十八大以来重要文献选编（上）[M]. 北京：中央文献出版社，2014：337.
③ 习近平. 在纪念毛泽东同志诞辰120周年座谈会上的讲话[M]. 北京：人民出版社，2013：17.

理论成果，更体现着思想家们孜孜不倦探索科学理论的艰难过程和不懈的精神追求。阅读经典著作的目的，是要提升领导干部的思想高度和思想层次，转变领导干部的思维方式，以培养其与时俱进、把握未来的观察力和踏踏实实的工作作风。让其站得更高、看得更远，全面客观地认识世界和领会人类社会发展的规律，全面看待和分析国际和国内发展过程中出现的问题和矛盾，更好地解决工作中的问题。

其次，保持对马克思主义的信仰和共产主义的信念。习近平指出："我们干事业不能忘本忘祖、忘记初心。我们共产党人的本，就是对马克思主义的信仰，以中国特色社会主义和共产主义的信念……"[1]领导干部拥有对马克思主义的信仰和共产主义的信念，是其工作能够顺利开展、并经受住各种考验的精神力量。历史上，世界社会主义国家部分失败的教训已经说明，马克思主义政党不能放弃马克思主义信仰和共产主义信念，否则就会失去执政之基，就会顷刻间灰飞烟灭。另外，当前西方敌对势力始终对我们党进行政治攻击，力图使我们党自己改旗易帜，放弃马克思主义信仰和共产主义信念。因此，领导干部必须加强对社会思潮的辨析和引导，要在学习和工作中大张旗鼓地讲马克思主义、讲共产主义，对信念信仰保持永恒的追求。当前，注重马克思主义原理的学习教育对于中国特色社会主义理论体系的学习教育同样有着指导性的意义。就如同不认真研读黑格尔辩证法就无法真正理解马克思的辩证法一样，领导干部不认真阅读马克思主义的经典著作，也就无法理解中国化的马克思主义理论成果，无法认识到这个科学理论成果对指导党和国家各项工作的重要性。

2. "四个意识"教育

"四个意识"即政治意识、大局意识、核心意识、看齐意识，由习近平在2016年1月29日中共中央政治局会议上首次提出。"四个意识"具有丰富的思想内涵，是衡量我们各项工作的标尺，是推进全面从严治党的关键。党员干部要从讲政治、讲忠诚的高度把增强"四个意识"变成思想自觉，变成党性观念和纪律要求，并落实到具体的工作实践中去。因此，"四个意识"教育要作为干部党性教育的核心内容在当前和今后一个时期来开展。

---

[1] 习近平. 习近平谈治国理政（第二卷）[M]. 北京：外文出版社，2017：326.

（1）政治意识教育

政治意识是党组织和党员具有的政治思想、观点，以及对各种政治现象的态度。开展政治意识教育就是要教育党的干部在工作实践中坚持把政治规矩、政治纪律挺在前面，在思想上、政治上、行动上始终与党中央保持高度一致。政治意识教育的目的是不断强化党的干部对中国共产党的基本理论、路线、方针、政策等的认识，始终不忘记党的性质和宗旨，严格遵守党的政治纪律和政治规矩，自觉把党章党规当作自己行为的最高规范和准则。

政治意识教育主要从三个方面入手。一是开展政治立场和方向教育。始终坚持正确的政治方向是中国共产党能够带领全国各族人民推翻三座大山，带领中国人民走向独立，并成为党和国家事业领导核心的最重要因素。党要坚持的政治方向就是建设中国特色社会主义，最终实现共产主义。党性教育要教育引导党的干部始终坚持正确的政治方向，对党绝对忠诚，做政治上的明白人，立足工作岗位，敬业奉献，把共产主义的远大理想融入平凡工作中。二是开展党员身份意识教育。新形势下，要更加注重教育领导干部强化党的意识，牢记党员身份，时刻以共产党员的标准严格要求自己，时刻发挥好党员的先锋模范带头作用，带头弘扬社会主义核心价值观，无愧于共产党员的光荣称号。三是进行政治纪律和政治规矩教育。苏联共产党一夜之间轰然倒塌的历史教训告诉我们政治纪律的重要性。加强政治纪律和政治规矩，首先要树立党章意识，严格遵守党章这个总规矩。其次要严明党的政治纪律，明白政治规矩。知道哪些事能做，哪些事不能做，该请示汇报的就不能自作主张，该讲民主的就不能独断专行，切实把规矩立起守好。最后要对党忠诚，坚决拥护党的领导核心，坚决贯彻落实党的路线和各项决议。

（2）大局意识教育

树立大局意识就是要求既要看到自己工作实际，又要提高政治站位，自觉立足党和国家大局来思考问题、谋划工作，坚决贯彻党的路线、方针、政策和中央决策部署。不谋万世者，不足谋一时；不谋全局者，不足谋一域。自古以来，政治家们都非常重视大局意识与全局观念。在《中国共产党在民族战争中的地位》一文中，毛泽东对党员要有大局意识提出了明确要求:"共产党员必须懂得以局部需要服从全局需要这一个道理。"①

对干部的大局意识教育,首先就要解决什么是正确的大局意识。要有正确的大局意识就要坚持"四个服从",能够从战略高度把握时代特征,统筹国内国外两个大局,分析和认清发展大势和潮流,并将这种意识围绕国家发展的中心任务融入具体工作筹划中,推动经济社会全面发展。其次,自觉服从大局。就是要服从党和国家的根本利益、整体利益、长远利益,切实把本部门本单位工作同党中央决策部署结合起来,在面对复杂形势和繁重任务时,自觉服从大局要求,做到小局服从大局、局部服从全局。在当前,服从大局就是要坚决维护习近平总书记的核心地位、坚决维护党中央权威,立足社会主义事业发展的大局,坚决贯彻落实中央战略决策和总体部署。最后,还要坚决维护大局。当前,党面临的问题日益增多,面临的挑战也更加严峻,党的干部不能将自己的个人思想、个人行动与党的大局相抵触,更不能不顾大局,违背党的整体布局。干部要有"身在兵位、胸为帅谋"意识,从思想上、行动上维护大局,坚持从大局和全局出发观察问题、理清思路、谋划事情,善于在大局和本职岗位中找准位置、明确方向。只有这样,党的事业才能不断向前发展,国家才能兴旺发达、长治久安。

(3)核心意识教育

当前中国政治经济的"核心"就是以习近平同志为核心的党中央,树立核心意识,就是要更加坚定地维护以习近平同志为核心的党中央权威,旗帜鲜明地捍卫核心,以高度的政治敏锐性和鉴别力面对大是大非,坚决与各种敌对势力和歪风邪气作斗争,在思想上、行动上自觉与核心保持高度一致,同向同行。第一,党的干部核心意识教育的本质就是要尊崇和维护核心,就是要教育干部认同核心、坚持核心、维护核心,让全党更加紧密地团结在一起,带领人民群众为实现党和国家事业发展努力奋斗。党的十八届六中全会指出,一个国家、一个政党,领导核心至关重要。像我们这样的大国大党,党要始终成为坚强有力的马克思主义政党,成为坚强有力的领导力量,必须有一个核心,这个核心就是中国共产党。这是中

---

① 毛泽东选集(第二卷)[M].北京:人民出版社,1991:525.

国人民在长期实践中作出的历史性的选择。只有坚持党的领导，才能始终保证中国特色社会主义事业的方向。第二，坚决维护党中央权威。要通过教育，让党的干部认识到党的集中统一是党的力量所在，只有坚决维护党中央权威，才能最大限度地激发全党和全国各族人民的创造热情，万众一心、众志成城，不断取得新的胜利。第三，坚决维护习近平总书记这个核心。中国这样的大国和中国共产党这样的大党，如果没有一个坚强的领导核心，是不可能凝聚全党、全国人民的力量共同推进党和国家各项事业发展的。党的十八大以来，在习近平带领下，中国取得了中国特色社会主义伟大事业和党的建设新的伟大工程的新胜利，实现了党和国家事业的继往开来。党的十八届六中全会的一个重要贡献就是确立了习近平在党中央、在全党的领导核心地位，这是全党的高度共识，是党和国家根本利益所在。

（4）看齐意识教育

看齐就是要坚持目标一致，齐心协力。树立看齐意识要求全体党员要坚决地、自觉地、主动地、经常性地向党中央看齐，向习近平总书记看齐，确保党和国家的事业沿着正确方向前进。放眼世界，任何一个政党，要想在国家政治舞台上有所作为，就必须要求自己的党员，特别是党的干部严肃纪律，在党作出决定后不能为所欲为，必须保持高度一致。中国共产党作为马克思主义执政党，其性质及其承担的责任使命决定了它必须有铁的纪律，全党同志必须有自觉的看齐意识，必须与党中央的决策部署保持高度一致。

对党的干部的看齐意识教育主要要解决看齐的自觉性和真抓实干的精神。从历史经验来看，坚持向中央看齐，向党的理论和路线方针政策看齐，才能形成全党集中统一的大局面，才能形成坚强的战斗力，从而赢得中国革命和改革的胜利。当前，党建的建设面临复杂的社会环境和严峻挑战，经济发展的同时，思想观念和意识形态也出现多元化趋势，这对中国共产党执政提出了新的挑战。从党的干部队伍看，一些领导干部由于放松了对自己的主观世界和客观世界的改造，党的观念淡化，党性意识弱化，理想信念动摇，在党不言党，在党不为党，不讲政治规矩和政治纪律，贪图安逸享受，作风不实，脱离群众，精神懈怠，能力不足等现象不断出现，这些问题对中国共产党提出了新的严峻挑战。如何在复杂的环境中保持党的先进性，纯洁性，提高干部领导水平和执政能力，增强抵御风险和拒腐防变能力，是我们面临的大考验。所以，在党性教育中必须把看齐意识作为必修课，要通过看齐意识教育和引导党的干部站稳政治立场，辨明政治方向，做到思想上的清醒和政治上的明白，在行动上积极作为，令行禁止。

3. "四个自信"教育

中国特色社会主义道路自信、理论自信、制度自信、文化自信是"四个自信"的主要内容。"四个自信"是坚定理想信念的具体体现，也是培养坚定理想信念的支撑。党的十八大以来，党中央立足国情实际，把握时代潮流，顺应人民期待，在新的实践基础上大力推进理论创新，创造性提出并深刻阐述了"中国梦"这一重大的治国理政战略思想。实践证明，没有党的坚强领导，中国梦就不可能实现。党的干部作为实现中国梦的带头人，尤其需要对我们的道路、理论、制度、文化无比自信，无比坚定。

（1）道路自信教育

道路问题关乎党和国家前途命运，关乎革命和建设事业兴衰成败。毛泽东在延安时期就强调，政治方向就是指导全国人民要走的路。在近代中国的历史上，我们因为走错走偏，受到了惨痛教训。中国人民先后经历了资产阶级的改良主义、资产阶级革命，都纷纷以失败告终。中华人民共和国成立之前，我党经受了各种各样"左"或者右的错误，让中国革命备受挫折。中华人民共和国成立后，"大跃进"、人民公社化运动和"文化大革命"也使得中国社会主义建设发展受阻。反观之，只有中国共产党坚定不移走中国特色社会主义道路的时候，我们国家的事业才蒸蒸日上。

中国共产党走什么样的路不是主观臆断出来的，更不是凭空产生，它是中国共产党在认真总结世界各国历史经验教训，深刻反思中国革命历程的基础上，遵循社会发展规律，带领中国人民从长期的革命实践中艰苦探索出来的，是人民的选择，也是历史的选择。从新民主主义革命胜利成功开辟了中国人民自己的革命道路，到深刻总结社会主义建设的经验教训、实行改革开放并探索出中国特色社会主义道路，再到如今，立足中国国情和实际提出实现中华民族伟大复兴的中国梦和协调推进"四个全面"战略布局和"五位一体"整体布局，历史和现实反复告诉我们，中国必须坚持走中国特色社会主义道路才能让我们走向民主富强，实现人民幸福。回顾中国共产党成立一百年来、新中国成立七十多年来的不懈奋斗历程，才会让我们倍加珍惜来之不易的和平和对这条道路的信心。

（2）理论自信教育

现在我国步入改革发展的攻坚期和深水区，各种矛盾凸显，艰巨性、复杂性前所未有。受经济全球化、信息网络化影响，各种思想文化的交流交融交锋更加频繁，一部分党的干部在复杂多变的国际国内形势面前，缺乏自我学习、自我辨别的能力，对党的理论特别是马克思主义中国化最新理论不学习、不了解，导致信仰缺失，出现对党的理论不自信，甚至产生怀疑的现象。马克思强调："理论在一个国家实现的程度，总是决定于理论满足于这个国家的需要的程度。"[①]回顾建党一百年和建国七十多年的历史，党和国家正是始终坚持以马克思主义理论为指导，才取得了新民主主义革命胜利，实现了民族独立，人民当家做主，建立了社会主义制度，实现了国家民族繁荣昌盛。改革开放四十多年来，中国共产党始终坚持立足中国具体实际，在工作实践中不断丰富和发展马克思主义，形成了中国特色社会主义理论这一马克思主义中国化的最新理论成果，正是在这一伟大理论的指引下，中国共产党才能带领中国人民自信地面对改革发展进程中一系列的艰难险阻和严峻挑战，创造了经济建设和社会发展的骄人成绩。因此，在党性教育中，不断加强对马列主义、毛泽东思想以及中国特色社会主义理论的教育是党的干部重拾理论自信，解决好党要信党问题的内在需要。

对干部的党性教育主要从理论和实践两个方面入手。在加强理论教育方面，要通过加强理论学习，不断深化对马列主义、毛泽东思想和中国特色社会主义理论体系的思想认识，让干部从理论上认识到，马克思主义体现了科学性与革命性的统一，毛泽东思想是中国化的马克思主义，它是在结合中国具体国情基础上对马克思主义的继承和发展；中国特色社会主义理论体系，是党面对改革开放以后不断变化的世情、国情和党情，坚持实事求是，与时俱进，在认真总结国际共产主义运动经验教训基础上对马

[①] 中共中央马克思恩格斯列宁斯大林著作编译局编. 马克思恩格斯选集（第一卷）[M]. 北京：人民出版社, 1995: 11.

克思主义的又一次升华和飞跃。这一体系是科学的、完备的、开放的、具有强大的生命力，足以指导中华民族实现伟大复兴。从实践层面，通过党史、世界政治和形势等的教育，站在实证角度，让党的干部深入理解党的理论体系正确顺应了世界发展趋势，正确应对了面临的各类机遇和挑战，这一理论体系是对中国建设和改革发展实践中正反两方面经验的归纳总结，深刻揭示了社会发展规律，对我们如何加强党的建设，推进社会主义建设，推进改革开放指明了前进方向。如此通过理论和实践两方面的理论教育的结合，可进一步坚定党的干部理论自信，并在社会改革发展进程中对这一理论体系不断丰富、发展和升华。

（3）制度自信教育

制度自信是对包含政治制度、经济制度、文化制度和社会制度等在内的一种积极肯定的心理状态。对人类美好社会制度的不懈追求，通过科学揭示社会制度变迁规律，引领社会前进的方向和道路，是马克思主义政党与生俱来的品质。这种制度自觉和自信体现了马克思主义政党的先进性，体现了制度自身的巨大优势，同时也是推动我国社会进步的强大动力。如果没有对于制度的自信，我们的事业就会发展受阻，甚至停步不前。

制度自信来源于制度本身的科学性、合理性和创新性。中国共产党实行的是集体领导和最广泛的民主集中制，中国是当今世界上组织与动员能力最强大的国家，可以组织和调动千百万党员与人民群众为共同的事业奋斗。党具有这样的政治优势，关键在于我们有中国特色社会主义制度保驾护航，能够围绕建成富强、民主、文明、和谐的社会主义现代化国家的目标为国家发展作出长远规划，并尽快落实重大计划、完成重大任务，并在为实现全体人民共同富裕不懈努力，同时也被证明是最大程度实现好、维护好和发展好了最广大人民的根本利益。我们坚信，这个受到14亿多人口拥护的政治制度必定能够持续维护党的执政地位，能够持续为国家前进注入动力。

（4）文化自信教育

文化自信中的"文化"主要包括三个层面，一是中华优秀的传统文化，二是中国革命文化，三是社会主义先进文化。正如习近平所说的那样："如果不珍惜自己的思想文化，丢掉了思想文化这个灵魂，这个国家、这个民族是立不起来的。"① 从某种角度讲,"文化"就是"文明",中华文化就是中华文明。中华民族具有上下五千年的灿烂文明,千百年来优秀的思想文化体现为中华民族世代传承的世界观、人生观和价值观,并已经融入国人灵魂深处,构成中国人独特的精神世界,成为中华民族区别于其他民族的独特标识。中国共产党在领导中国革命取得胜利的伟大实践过程中,形成了井冈山精神、长征精神、延安精神等鲜明独特、奋发向上的革命文化。进入新时代,中国共产党承前启后、继往开来,在继承和发展中华民族优秀传统文化和红色革命文化的基础上,提出了许多新理念新思想,孕育了具有中国特色的社会主义文化,有力提升了国家文化软实力,为建设和发展中国特色社会主义奠定了建设的思想文化基础。因此,我们的文化既有积淀,又有发展,既有传承,又有创新。这也就不难理解为什么习近平要在道路自信、理论自信、制度自信之后,创造性地拓展出"文化自信",并且认为文化自信是其他三个"自信"的基础。这是从文化的角度来诠释中国特色社会主义的根基性和主体性,进一步凸显了文化根基和文化本质,是对中国特色社会主义进行更加明确而开阔的文化建构。

因此,对干部的文化自信教育,要从内化正心入手。一方面要加强对中华传统文化、中国革命文化和社会主义先进文化的教育。党的干部是党的执政骨干,也是社会文化传承发展的推动者和执行者,领导干部能否坚定文化自信,能否有文化自强的责任担当,在很大程度上影响着社会文化的发展繁荣。因此,要通过教育引导党的干部不断提升自身的文化积累,深刻把握文化自信的基本内涵和时代特征,同时坚持学以致用,在具体工作实践中彰显文化的影响力。另一方面,深刻理解社会主义先进文化的独特内涵与时代价值,使党的干部在面对不同价值观的文化冲击时,能够以对中国文化高度自信姿态从容应对。要教育引导干部能够从全局和战略的高度深刻把握文化自信的重大意义,高举文化大旗,以高度的文化自信为道路自信、理论自信和制度自信提供坚强支撑。

---

① 习近平. 在纪念孔子诞辰2565周年国际学术研讨会暨国际儒学联合会第五届会员大会开幕会上的讲话[M]. 北京: 人民出版社, 2014: 9.

4.共产主义远大理想教育

理想信念是人重要的精神层面的生活。人与动物的不同就在于，人不仅要生存，还要探寻生存的意义。探寻意义本质上属于一种价值判断。价值判断有时候可以以经验为依据，"因为看见而相信"，但更多的时候，需要靠逻辑的推理、科学的演绎、哲学的判断等方式，是"因为相信而看见"。党员干部是有着自己的信仰和价值追求的，这个信仰就是马克思主义，就是对共产主义的执着追求。党员干部树立共产主义的理想信念首先以价值观的认同为前提，因为，就目前来看，资本主义的发展还存在着自身的优势，共产主义的实现也要具备一定的政治经济文化条件，需要经历相当长的一段时间。开展共产主义远大理想教育，不能仅仅从现实的角度去思考，而是要从价值追求的层面去获得更大认同和理性支持。否则党员干部就很难真正地理解和践行共产主义理想。

（1）开展共产主义的重要性教育

人类社会从原始社会开始不断发展，是否就真如福山所言，资本主义的"自由、民主"是人类的终结？这显然是不符合社会发展的趋势和规律的。共产主义正是在这个意义上，通过揭示人类社会的现实和未来走向，科学阐释了人类历史的发展规律，即资本主义由于自身不可避免的缺陷，即日益扩大的社会生产与生产资料私有制之间不可调和的矛盾，必将导致资本主义被共产主义所代替，这是历史发展不可避免的规律。可以说，共产主义远大理想就是在揭示一种社会发展的规律，历史不会停止前进，更加先进的社会制度必将取代原有的落后社会制度，这个规律不是人为可以改变的，而是历史发展的必然趋势。

（2）开展共产主义的必然性教育

共产主义是怎样的？在没有真正实现它之前，谁也不能准确地概括出来，但是马克思、恩格斯对它形象的说明，却可以让我们窥见它的本质："在共产主义社会里，任何人都没有特殊的活动范围，而是都可以在任何部门内发展，社会调节着整个生产，因而使我有可能随自己的兴趣今天干这事，明天干那事，上午打猎，下午捕鱼，傍晚从事畜牧，晚饭后从事批判,这样我就不会使我老是一个猎人、渔夫、牧人或批判者。"①共产主义社会究竟是怎样,马克思、恩格斯不可能在他们那个时代就能断定或者给共产主义社会一个很清晰的界定和描述。显然,世界的发展已经完全超越马克思、恩格斯的想象,不光是经济全球化,还有信息全球化,世界的快速变化使人们的生活方式发生了翻天覆地的改变。今天,人们已经能在虚拟的网络世界里完成工作、娱乐、交往等活动。但是不管世界如何变化,马克思、恩格斯通过形象描述,所揭示的共产主义的本质没有变化,即共产主义作为人类发展至今最为高级的社会形态,同资本主义对人的"异化"相比,对人的彻底解放才是最为根本目标。共产主义的根本目标,是实现人的全面而自由的发展,人既不被物质奴隶、也不被劳动异化,人是自由的、人与人是和谐的,人与自然是合一的。"这种共产主义,作为完成了的自然主义,等于人道主义,而作为完成了的人道主义,等于自然主义,它是人和自然界之间、人与人之间的矛盾的真正解决,是存在和本质、对象化和自我确证、自由和必然、个人和类之间的斗争的真正解决。"②

(3)开展为共产主义远大理想奋斗的教育

任何理想和主义在真正实现之前,都可能被认为是幻想。共产主义不是理论家在书斋里发现的,不是学者头脑中的"发明",它是在发现资本主义无法克服的自身缺陷后,探求人类社会发展规律而形成的理论体系。共产主义远大理想一旦形成,它的价值就凸显出来。它的价值就在于它的方向性和目标性,正是这样一个远大的目标,才能引导无数党员干部为之孜孜以求、奋斗终身,才能激发千万党员干部充满改天换地的豪情壮志。共产主义远大理想教育,就是在党员干部心中种下的一颗种子,经过时间的磨砺,等待它长成参天大树。共产主义不是遥不可及或无法实现的乌托邦,而是人类追求更加幸福、更加自由、更加全面的自我的必由之路,是社会制度向更高级别迈进的更高级阶段,是人类文明发展的必然趋势。这个趋势势不可挡,只有党员干部坚信并为之践行,共产主义才能真正地实现。

---

① 中共中央马克思恩格斯列宁斯大林著作编译局编.马克思恩格斯文集(第1卷)[M].北京:人民出版社,2009:537.
② 中共中央马克思恩格斯列宁斯大林著作编译局编.马克思恩格斯全集(第42卷)[M].北京:人民出版社,1979:120.

开展共产主义理想信念教育意义重大、影响深远，必须把它作为党员干部理想信念教育内容中的重要组成部分加以重视，因为它是理想信念教育中的终极部分和最高理念，有着统领的作用，离开共产主义远大教育，就会失去教育内容的高度和终极价值的追求。

5. 社会主义共同理想教育

党的十二届六中全会第一次正式提出"共同理想"这一概念，指出"建设有中国特色的社会主义，把我国建设成为高度文明、高度民主的社会主义现代化国家，这就是现阶段我国各族人民的共同理想"[①]。社会主义共同理想是在实现共产主义远大理想过程中的阶段性目标，是结合中国现阶段国情的理想目标。它是马克思主义中国化的最新成果，凝聚全社会的力量，共同建设现代化国家，反映了中国最广大人民的根本利益。

（1）社会主义共同理想的内涵教育

社会主义共同理想就是要建设社会主义现代化国家。在新时代背景下，首先要实现"两个一百年"的目标，即"到中国共产党成立100年时全面建成小康社会；到新中国成立100年时建成富强民主文明和谐的社会主义现代化国家"[②]。对党员干部开展社会主义共同理想内容的教育，本质上要坚定党员干部对建设社会主义现代化强国的信心和决心。党的十九大报告指出，当前，国内外形势正在发生深刻复杂变化，我国发展仍处于重要战略机遇期，前景十分光明，挑战也十分严峻。在困难和挑战面前，社会主义共同理想能否发挥其共同愿景作用，传播社会主义核心价值观，这些与作为执政党的党员干部是否对共同理想坚定和执着，有着密切联系。党员干部要明确共同理想的内涵和意义，并和全国人民一起，为社会主义共同理想而贡献自己的力量。

（2）社会主义共同理想的科学性教育

社会主义共同理想是中国社会发展的共同目标，是凝聚社会各方力量的思想基础。共同理想是运用马克思主义的世界观和方法论，对当前中国发展道路、发展方向、发展方式等科学规划的理论体系。马克思主义是科

---

① 中共中央关于社会主义精神文明建设指导方针的决议[M]. 北京：人民出版社，1986：8.
② 习近平. 习近平谈治国理政[M]. 北京：外文出版社，2014：44.

学的，但它不能提供具体而现成的模式，需要运用辩证唯物主义和历史唯物主义的方法，创立更符合现实和实际的发展模式。社会主义共同理想搭建了与共产主义崇高理想相互承接的阶梯，从而带领我国人民按照既定目标不断前进。开展社会主义共同理想教育就是让广大党员干部通过不断的学习和实践，对其价值和科学性有更加深刻的认识和理解，从而坚定社会主义共同理想的信念。

通过社会主义核心价值观教育和中国梦教育，坚定党员干部的社会主义共同理想。社会主义核心价值观是社会主义意识形态的本质体现。社会主义核心价值观从三个层面，即国家、社会、公民个人三个方面，凝练出代表社会主义本质的"关键词"，是凝聚民族复兴的强大力量，有助于增强党员干部的价值判断力和道德责任感。开展中国梦教育，建设更加强大的中国，是中国人民的共同理想、共同价值追求和价值目标。党的十九大报告提出："实现'两个一百年'奋斗目标、实现中华民族伟大复兴的中国梦，不断提高人民生活水平，必须坚定不移把发展作为党执政兴国的第一要务……"[①] "两个一百年"指明了当代中国和人民奋斗的方向，表达了我们党想要带领人民实现民族复兴的伟大历史使命的发展目标。党员干部要将中国梦作为自己奋斗的方向和目标，将个人梦融入中国梦的时代浪潮之中，深刻理解中国梦所承载的中华民族要改写近代中国困难的命运和形象，真正的富强、兴盛起来，在世界的舞台上展现中华民族的风采。

（3）激发党员干部为社会主义共同理想奋斗

社会主义共同理想的实现，最终是要依靠人，人才是最大的生产力。开展共同理想教育就是要激发党员干部的内在动力。列宁曾深刻地指出：建设的任务要比革命的任务更加困难，"这第二个任务比第一个任务更困难，因为解决这个任务决不能靠一时表现出来的英勇气概，而需要在大量的日常工作中表现出来的最持久、最顽强、最难得的英勇精神"[②]。社会主义共同理想的实现，依靠着党员干部的奋斗精神、大公无私精神、严于

---

① 习近平. 决胜全面建成小康社会 夺取新时代中国特色社会主义伟大胜利——在中国共产党第十九次全国代表大会上的讲话[M].北京: 人民出版社, 2017: 29.

② 中共中央马克思恩格斯列宁斯大林著作编译局编译. 列宁全集（第37卷）[M].北京: 人民出版社, 1986: 15.

律己精神、以身作则精神等。党员干部要心中有国家，心中有人民，将共同理想与个人理想相结合，通过共同理想将个人理想提升到更加崇高的境界，让自己拥有宽广的胸怀。要大力弘扬和宣传那些为国家、为人民甘于奉献和勇于担当的优秀党员干部，使每一名党员干部都能弘扬共产主义精神，以强烈的政治责任感、历史使命感、时代紧迫感和强烈事业心，敢拼、敢闯、敢尝试，为中华民族的伟大复兴而干出一番事业。

（二）忠诚干净担当的政治品格

忠诚干净担当是对新时代党员干部的基本要求，也是中国共产党人政治信仰的践行要求。习近平曾经提出，要成为一名好干部，除了要接受党组织的培养外，更重要的是需要自身的努力，"从干部自身来讲，要不断改造主观世界、加强党性修养、加强品格陶冶，老老实实做人，踏踏实实干事，清清白白为官，始终做到对党忠诚、个人干净、敢于担当"①。2015年12月，习近平在全国党校工作会议上指出，要实现两个一百年奋斗目标和中华民族的伟大复兴，最关键的是要培养一支"具有铁一般信仰、铁一般信念、铁一般纪律、铁一般担当的干部队伍"②。2018年，习近平在全国组织工作会议上进一步明确了新时期党的好干部的政治标准，要具有忠诚干净担当的政治品格，并强调："贯彻新时代党的组织路线，建设忠诚干净担当的高素质干部队伍是关键。"③忠诚干净担当的政治品格体现了共产党人的政治立场、价值追求和道德风范，体现了党员干部做人做事做官的高度统一，是中国共产党人政治信仰外化于行的实践要求。

1. 对党忠诚是为政之魂

忠诚作为一种信念、一种品质、一种追求，它可以提升思想境界，激发内在动力，规范行为方式，保持正确方向，是个人发展之本、立世之基，也是一个民族乃至一个国家的凝聚力、团结力和战斗力赖以存在的基础。对于党员干部来说，忠诚不仅是一种宝贵品质，更是一种责任和

---

① 中共中央宣传部编.习近平总书记系列重要讲话读本[M].北京：学习出版社，人民出版社，2016：110.
② 中共中央宣传部编.习近平关于全面从严治党论述摘编[M].北京：中央文献出版社，2016：139.
③ 中共中央党史和文献研究院编.十九大以来重要文献选编（上）[M].北京：中央文献出版社，2019：562.

第二章　不畏浮云遮望眼、乱云飞渡仍从容的坚定政治信念

要求。习近平多次强调，能否做到对党忠诚，是衡量党员干部是否有政治信仰的关键。对党忠诚是中国共产党人的政治品格，是党最鲜明的政治优势。领导干部要做到忠诚干净担当，忠诚始终是第一位的。

对党忠诚是为政之魂。要始终做到忠诚于信仰、忠诚于组织、忠诚于人民、忠诚于事业，这是对政治信仰的责任担当，也是检验共产党员政治品格的重要标尺。在党员的入党誓词中，"对党忠诚、永不叛党"是对党员提出的最根本的要求。忠诚于党是党员的根本政治标准，是党的事业顺利发展的坚强政治保证，是每一个共产党员必须遵守的政治纪律和政治规矩，是守纪律、讲规矩的第一要义。做到对党忠诚要从三个方面努力：一要始终坚持党的理想信念不犹疑、政治信仰不动摇，这是忠诚于党的首要条件。科学、崇高的政治信仰是共产党人的立身之本，为了保证党在实现中国梦的道路上顺利前行，每一名党员都要自觉补足精神之"钙"。党员、干部要带头强化理论武装，着眼于树立理想信念和强化党性观念，使马克思主义理论能够入脑入心。党员干部只有在理论上保持清醒，政治上才能做到坚定，才能坚持正确的政治方向，增强政治敏锐性和鉴别力，在知党、爱党、信党中增强"四个自信"。二要认真贯彻党的路线方针政策。在党的路线方针政策和重大问题上与党中央保持高度一致，这是党对每一名党员忠诚度的基本要求。我们要以坚强的党性原则贯彻党的各项方针政策，并引导民众形成自觉行动，确保中央的大政方针在全国得到全面落实；要以实事求是的态度贯彻党的路线方针政策，确保中央的大政方针结合各地实际得到落实；要以创造性的精神贯彻党的路线方针政策，团结和带领广大人民群众统筹推进"五位一体"总体布局和"四个全面"战略布局，确保中央的大政方针在各地得到真正落实。三是严守纪律规矩，自觉遵守党的章程和各项法规制度。党的纪律是各级党组织和党员必须遵守的行为准则，集中体现了党的意志，也是贯彻执行党的路线方针政策的有力保证。纪律严明是党不断发展壮大的重要保证，也是党的重要政治和组织优势。党员忠诚于党，必须自觉遵守党的各项纪律，包括党的政治纪律、组织纪律和廉洁从政纪律等。进入新时代，面临复杂的形势和艰巨的任务，党更需要加强纪律建设，使党员、干部对党的纪律怀有敬畏之心，真正成为守纪律、讲规矩的合格党员，从而不断增强忠诚意识。一名中国

共产党员政治信仰是否坚定，最根本的是看他对党是否忠诚，只有做到了这一点，才能以信仰铸造忠诚，以忠诚升华信仰，才能为党和人民的事业奉献一切。

2. 个人干净是立身之本

干净是党员干部保持清正廉洁必须坚守的底线，也是保持党的先进性和纯洁性的客观要求。"廉者，政之本也。"①古往今来，清正廉洁是一种重要的从政品德和政治伦理，是从政者的立身之本。习近平指出："一个人能否廉洁自律，最大的诱惑是自己，最难战胜的敌人也是自己。"②党员、干部要坚守干净这一立身之本，把干净作为修身做人的行为准则和为官用权的警世箴言，时刻保持自我警醒、自我教育、自我约束。党员干部若不能守住个人干净的"底线"，必然带来政治上的腐败、生活上的腐化、道德上的堕落、法纪上的失范。做到个人干净需要从以下几个方面来努力。

一要加强马克思主义理论学习。党性修养是以党员自身理论修养的不断提高为前提和基础的。许多事实表明，如果党员不认真学习马克思主义理论，就无法真正领会马克思主义的精髓，更不会运用马克思主义理论改造主观世界，无法实现对马克思主义的真懂真信真用，也就难以完成改造客观世界的任务。在新的历史时期，面对各种诱惑，党员干部要自觉运用马克思主义的科学世界观，树立起坚定的政治信仰。只有这样，才能把握住自己，守得住清贫、耐得住寂寞、经得住考验，时时处处严格约束自己。

二要不断提高共产主义道德修养。道德修养是人们为了培养优良的道德品质而进行的自我教育、自我完善的过程，具有规范性、自律性、渗透性的特征。共产主义道德要求党员要有无私奉献、开拓进取的精神，要识大体顾大局，强化全局意识。作为党员干部，要修好共产党人的"官德"，应该按照"为民、务实、清廉"的要求，积极实践共产主义道德规范，在实践中善于反思，及时发现自身不足。同时，还要重视"慎独"和细节，在工作和生活中都能做到自重、自省、自警和自励。

---

① 《晏子春秋·内篇》

② 中共中央纪律检查委员会，中共中央文献研究室编. 习近平关于党风廉政建设和反腐败斗争论述摘编[M]. 北京：中央文献出版社，中国方正出版社，2015：145.

三要增强遵守国家法律的自觉意识。党员干部必须强化法治意识，树立法治观念，认真学法，真正懂法，严格依法，严肃执法，善于用法，筑牢廉洁从政的法治屏障。共产党员要不断提高遵守法律、依法办事的自觉性，要习惯在法律约束下作决策，严格依法办事，以实际行动努力做遵守法纪、廉洁自律的楷模。

3. 敢于担当是成事之要

敢于担当是一种境界，也是一种责任。评价党员是否合格的标准，重要的一点就是看其是否有责任感和担当意识。敢于担当应成为党员的重要精神品质，要发扬这一优良传统，增强敢于担当的意识，提升敢于担当的素质，提高敢于担当的能力，在难题面前敢于开拓，在矛盾面前敢抓敢管，在风险面前敢担责任。"干部就要有担当，有多大担当才能干多大事业，尽多大责任才会有多大成就。"[①]敢于担当是党的先进性的鲜明体现，也是共产主义者应有的精神状态和历史责任感。中国共产党人在改革开放四十多年的历程中，正是凭着时不我待的责任意识，舍我其谁的担当精神，才能不断推进中国特色社会主义事业的发展。进入新时代，就更加要求党员、干部要树立勇于干事、敢于担责的作风。

习近平用"五个敢于"对共产党员敢于担当的政治品格的内涵做了高度凝练，要求党员干部"面对大是大非敢于亮剑，面对矛盾敢于迎难而上，面对危机敢于挺身而出，面对失误敢于承担责任，面对歪风邪气敢于坚决斗争"[②]。这五个方面为党员践行敢于担当的品格提出了具体要求。因此，党员干部要按照敢于担当的要求，坚定党的信念和宗旨，积极响应党的号召，主动担负起实现中国梦的时代使命，敢于直面各种矛盾、困难和问题，锐意进取、大胆探索、攻坚克难。纵观党的历史，正是因为共产党人始终拥有敢于担当的品格，才使党内政治生活充满了正气与活力。进入新时代，党员干部更要保持坚强的党性和坚定的信念，用自己的一身正气压倒一切歪风邪气，从而让敢于担当的优良作风成为常态，营造风清气正的政治生态。

---

① 习近平. 做焦裕禄式的县委书记[M]. 北京：中央文献出版社，2015：8.
② 中共中央文献研究室编. 十八大以来重要文献选编（上）[M]. 北京：中央文献出版社，2014：338.

(三)以人民为中心的根本立场

以人民为中心是中国共产党人在新时代坚持和发展中国特色社会主义的根本立场,是党全心全意为人民服务宗旨的集中体现,也是中国共产党人的政治信仰、初心使命的集中反映。人民立场是中国共产党人在革命、建设和改革中始终坚持的根本立场,从"为人民服务"到"以人为本",再到"以人民为中心",这些思想都彰显了党"为民"理念的不断发展。党的十八大以来,习近平多次在讲话中强调"以人民为中心"的思想,并将这一思想作为党的工作导向,扩展到思想文化、物质生产等各个领域。中国共产党是一个代表中国最广大人民根本利益并为实现这一利益而不懈奋斗的政党。在我国经济体制处于转型转轨的历史阶段,各种利益面临重大调整,如何在诸多利益调整面前,始终做到将人民利益放在首位,在实际工作中坚持人民至上的理念,坚持以人民为中心的根本立场,是摆在全体党员面前的一个重大课题。新时代共产党员要做到以人民为中心,就要牢固树立以人民为中心的权力观、群众观和利益观,在思想和行动上自觉坚持党的人民立场,做人民群众满意的公仆。

1. 树立以人民为中心的权力观

权力就是权力主体为实现一定的利益而作用于客体的政治力量。而权力观就是人们对权力的来源、性质和使用的基本看法和态度。对于中国共产党人来说,能否正确认识和对待手中的权力,不仅是衡量一个党员领导干部合格与否的基本尺度,也是检验其是否树立了正确世界观、人生观的重要标准。共产党员只有真正把为最广大人民群众谋取最大利益,建设中国特色社会主义、实现共产主义作为人生追求的目标、衡量人生价值的标准,才能真正地为人民掌好权、用好权,才是真正地坚守了以人民为中心的根本立场。

共产党员要树立正确的权力观,主要解决好权力从哪里来,为谁掌权、如何掌权的问题,也就是权力主体和权力目的的问题。按照马克思主义的权力观,共产党员要做到权为民所赋,权为民所用。作为权力的主体,人民群众是权力的委托者,共产党员是权力的受托者,因此权力的使用要回归于人民。共产党人行使权力的目的就是要为人民谋利益。树立以人民为中心的权力观,把权力视为为人民服务的手段,自觉抵制拜金主义、享乐主义、极端个人主义的影响,做到一身正气、一尘不染,就能够成为一个人民爱戴的掌权者。要正确对待和使用权力,自觉为民尽责、为国竭力、为党分忧,摆正自己和人民的关系,明白手中所掌握的权力是人民所赋,行使权力的目的只能是为最广大人民谋利益,唯此才能做到政治信仰不动摇、理想信念不淡化。

2. 树立以人民为中心的群众观

共产党员要做到以人民为中心,必须在工作实践中自觉树立正确的群众观。人民群众不仅是历史的创造者,也是影响历史发展与变革的关键因素。人民群众通过劳动创造物质和精神财富,在此前提下,人类社会得以进步和发展。群众的历史地位和作用,决定了先进的马克思主义政党必须坚持以人民为中心的群众观,做到依靠群众、造福群众、植根群众,全心全意为人民群众谋利益。

习近平多次强调党与人民群众的密切关系,指出:"我们党来自人民、植根人民、服务人民,党的根基在人民、血脉在人民、力量在人民。"①党和国家事业的发展离不开人民群众对党的信赖、拥护和支持,党要经受住"四大考验"和"四大危险",就必须依靠人民群众,密切联系群众。群众路线是党的根本路线,党的事业取得的成功与人民群众的支持有着密不可分的关系。党所作出的一切决定,都是从人民的根本利益出发。党深入到人民群众中,在实践中总结经验,并将人民群众的根本需求作为出发点,总结出一系列的执政政策和思想。因此,党在实际工作过程中,不仅要直接参与到人民群众的日常生活中,同时还要在群众工作中不断地发现新的问题,并及时寻找到解决问题的方法。

中国特色社会主义进入新时代,会出现一系列的新情况、新问题,这就对党的群众工作提出了新要求。因此,党员干部要增强对群众工作的认知,深刻认识到群众工作的重要性和紧迫性,特别是要集中精力解决党在群众工作中存在的一些突出问题。如个别党员、干部在工作中缺乏服务观念,与人民群众之间无法建立良好的关系,违背群众愿望、侵害群众利益等。在工作中,党员干部要始终站稳群众立场,融入群众的现实生活中,

---

① 中共中央文献研究室编.十八大以来重要文献选编(上)[M].北京:中央文献出版社,2014:309.

汲取群众的智慧和力量；要站在群众的前面，以身作则，当好表率和向导；要增进对人民群众的感情，坚持权为民所用、情为民所系、利为民所谋。

3. 树立以人民为中心的利益观

利益观是由人的世界观、人生观、价值观所决定的。中国共产党人的利益观建立在马克思主义科学世界观基础之上，党的任务和使命就是为人民谋利益，党的一切方针和政策都要以"人民满意不满意""人民赞成不赞成""人民拥护不拥护"为最高衡量标准。

坚持一切为了人民，一心一意为人民谋利益，这是中国共产党人的利益观。在新的历史条件下，随着市场经济的发展，经济成分、就业方式和分配方式日益多样化，社会利益主体日趋多元化，利益矛盾复杂多样。如何正确处理多样化的利益关系，为正确树立共产党人的利益观提出了崭新命题。有的党员看到社会上很多人富起来，感到心理失衡，觉得自己吃了亏，总想着攀比仿效，总琢磨着给自己找好出路，个人利益至上，忘记了维护人民的利益。个别党员利欲熏心、唯利是图，最终走上了犯罪的道路。这是对人民的不忠，是对人民的背叛。党员干部要自觉树立正确的利益观，时刻将人民利益摆在首位。所有工作的出发点及归宿，都是为了维护人民的根本利益。在实际工作过程中，要正确处理好各方利益的关系。在面对利益抉择时，要以人民的利益为主，不可因为自身的私利而对人民利益造成损害。

总之，新时代党员干部树立正确的权力观、群众观和利益观，就要始终心系群众、服务群众，时刻坚守以人民为中心的根本立场，永葆思想上的纯洁性、信仰上的坚定性，在任何时候、任何条件下都能经受得住历史和人民群众的考验和检验。

二、探寻党员干部队伍政治能力提升的多元化路径

（一）着力拓展党员干部政治能力提升的实践路径

新时代，加强党的政治能力建设，既要着力推进广大党员的党性教育和能力锻炼，树牢广大党员的政治自觉和党性意识，使其永葆共产党人的政治本色；又要强化对广大党员干部的政治历练，不断积累党员干部的政治经验和认识，切实提高广大党员干部的履职能力和实践本领。广大党员

干部要善于从政治上分析问题、解决问题，主动融入党内政治生活的洗礼和改造，自觉接受政治实践的磨炼，从而练就过硬的政治本领，确保党员干部政治能力建设出实效。在一般性能力的基础上，党员干部还必须根据党的政治建设的目标定位，尝试将自身具备的专业化能力有效运用于党的政治建设的具体实践，从而不仅确保自身能力素质的丰富和完善，同时还能助推党员干部坚定执行党的政治路线，承担起执政兴国的政治责任，经受各种政治考验，防范各种政治风险，始终做到与党同心同德。

1. 要不断增强党员干部的党性意识，夯实党员干部政治能力提升的"定心力"

党性是共产党人最根本的政治属性，政治能力是党员干部最关键的能力，党性意识是基于相关政治实践的锻炼而形成的关于党的本质特性、价值功能以及发展路线的系统认识。党员干部应当"时刻想到自己是党的人，是组织的一员，时刻不忘自己应尽的义务和责任，相信组织、依靠组织、服从组织，自觉接触组织安排和纪律约束，自觉维护党的团结统一"①。加强党性意识的培养对于每一个党员干部来说，都是必须解决好的重大政治课题，广大党员干部只有自觉加强党性修养和党性锻炼，才能永葆共产党人的政治本色，才能牢固树立和践行"四个意识"，坚定"四个自信"，做政治上的明白人。

在加强党性的基础上提高政治觉悟和政治能力，是广大党员干部始终如一的政治要求，也是新时代强化党员干部政治素质的必要条件。广大党员干部要坚定理想信念，提高党性修养，自觉用党的理论创新成果武装头脑，在党性意识支撑下树牢政治信仰，在政治能力保障下提升政治觉悟。在"不忘初心、牢记使命"的政治引领下，锤炼党员干部的党性是党的政治能力建设的一项重要任务，为了永葆共产党人的政治本色，就需要不断夯实广大党员干部立身、立业、立言、立德的政治根基，不断养成忠诚担当、廉洁作为的党性原则和政治品格，从而真正强化党员干部的政治能力，修炼好共产党人的"心经"，明确党员干部的政治身份。当前，锤炼对党忠诚的政治品格，关键要落实到增强"四个意识"、坚定维护核心，

---

① 中共中央文献研究室编.十八大以来重要文献选编（上）[M].北京：中央文献出版社，2014：767.

向党中央看齐，这是对广大领导干部的第一政治要求。这就要求党员干部在大是大非面前态度鲜明、立场坚定，在政治立场、政治方向、政治原则、政治道路上同以习近平同志为核心的党中央保持高度一致。因此，要强化党员干部的政治意识和核心意识，提升党员干部的党性修养，始终做到在思想上认同核心、在政治上维护核心、在行动上紧跟核心。要牢固树立党员干部的纪律意识和规矩意识，将党的初心使命自觉融入党员干部的日常工作中，自觉做到不被噪音所扰、不被利益所惑、不被暗流所动，始终保持强大的政治定力。

2. 要不断增强党员干部的政治本领，奠定党员干部政治能力提升的"助推力"

一定意义上，党员干部的政治能力就是党员干部政治本领的核心内容，党员干部只有不断增强政治本领，党的政治能力才能得到有效保障。"政治上靠得住"和"业务上有本领"是新时代党员干部干事创业的最根本保证，提高党员干部的政治本领，必须服务于和服从于党的政治能力建设的目的。增强党员干部政治本领的基础保证是强化理论学习，要立足本职工作岗位，干什么学什么，缺什么补什么，苦练基本功。能力提升最直接的途径就是学习，同理，党员干部政治能力提升最基础的是提升党员干部的政治学习能力。"各级领导干部要加快知识更新、加强实践锻炼，使专业素养和工作能力跟上时代节拍，避免少知而迷、无知而乱，努力成为做好工作的行家里手。"[①] 能力型的党员干部既是时代所需，也是党的建设科学化发展的必然要求，同时间接提出了党员干部政治能力提升的重要任务。

要加强不同领域党员干部间的交流，既要加强上下垂直交流，也要加强部门之间、单位之间、行业之间党员干部的交流力度，全面拓展党员干部的视野和工作方法，进而整体提升党员干部的素质和能力。要不断强化党员干部的能力培训，让党员干部及时学习新思想、新方法、新经验，注重能力培训过程的知识交叉学习，对不同领域中的能力运用实践进行联结学习；要深入开展党员干部的组织能力培训，动员党员干部积极参与政治实践，主动在政治实践中提升自身政治本领和政治素养。加强理论学习是

---

① 习近平. 在庆祝中国共产党成立95周年大会上的讲话[M]. 北京：人民出版社，2016：25.

党员干部政治能力提升的基础性途径，不学习或学习力度不够，党员干部的政治能力就难以提升，因此，要加强党员干部的理论学习，用党的理论创新新成果武装头脑，着力提升政治素养，切实提升党员干部运用党的指导思想体悟党的政治建设逻辑、体察党的政治实践过程、体会党的政治能力建设的水平。在党的政治能力建设的实践中，党员干部必须勤于学习、善于学习，不断掌握新知识、熟悉新领域、开拓新视野，努力提升个人应变能力、决断能力、适应能力以及协调能力，要紧密结合政治能力提升的实践诉求，进一步激发党员干部队伍建设的体制机制活力，在多重政治实践中提升党员干部的政治分析本领、政治谋划本领、政治执行本领、政治斗争本领，引导广大党员干部树立政治思维和底线思维，始终保持政治立场不移、政治方向不偏、政治能力不弱。此外，要不断加强党员干部的政治历练，创造性地使"讲政治"与党员干部的职责履行和本领增强联系起来，成为我们党强身健骨，始终保持战斗力的看家法宝。

3. 要不断增强党员干部的政治觉悟，深化党员干部政治能力提升的"决断力"

敢于担当是党员干部的基本要求，是职责所系、使命所在，也是党员干部政治觉悟的深刻体现。党员干部的政治觉悟决定了其政治行为的择取，也就是说，只有提高政治觉悟，党员干部的政治行为才能找到"准星"，才能切实担当起应该担当的责任。党员干部要牢固树立党章意识，自觉筑牢政治信仰，始终坚定理想信念，用崇高的政治理想指导党员干部践行初心使命，站稳政治立场。此外，提升党员干部的政治觉悟，要有尽职履责的责任担当，是提升党员干部政治担当能力的内在要求。

要构建先进的党内价值体系，坚定理想信念，强化宗旨意识，注重教育引导广大党员干部自觉践行党内价值体系，使之成为具有共识性的价值理念和稳定性的行为方式。要扎实开展党内政治教育，促进党内学习教育常态化，教育引导广大党员干部自觉向党组织靠拢，坚定执行党章党规的相关要求，自觉捍卫党的权威和集中统一领导，不断增强党员干部的"四个意识"和政治能力。要培育积极健康的党内政治文化，及时清除党内存在的不良风气和政治乱象，引导广大党员形成正确的政治认知，自觉排除思想上、认识上的各种干扰和困惑，不断增强科学把握形势的政治预见力和准确识别政治现象的政治判断力,把党员干部的政治觉悟不仅体现在政治上的看齐、追随,还要变成日常的行为准则,进而形成自觉奉行的信念理念。要不断细化对党员干部管理的相关要求,明确党员干部的权责分配与岗责定位,自觉承担相应的政治责任,在岗位职责履行过程中主动提升自身的政治能力,努力做到党的政治建设与党员干部的各项业务工作紧密结合、相互促进。

4. 要不断增强党员干部的服务能力,激活党员干部政治能力提升的"能动力"

党员干部是党和国家事业的中坚力量,是实现党的宗旨使命的行动主体,同时也是服务供给的重要主体。习近平强调:"把对党忠诚、为党分忧、为党尽职、为民造福作为根本政治担当,永葆共产党人政治本色。"① 在党群关系中,党员干部一直都是联结党群的中坚力量,既是维系党群关系动态和谐的重要主体,也是处理党群矛盾的主要责任人,因此,增强党员干部的服务能力既是其业务能力的重要体现,也是其政治能力的重要衡量标准。

要尝试建立党员干部联系群众、服务群众的分析预判机制,动态了解党员干部在各自岗位上的服务能力,有针对性地补充党员干部服务能力提升过程中的不足和"短板",更好地促进党群关系和谐化。要让党员干部时刻牢记为民服务宗旨,加强对党员干部的培训和教育,增强党员干部的业务能力和服务意识,使其能够根据不同的要求,调整具体的服务策略,适时地化解党群矛盾和更好地解决发展难题。要提高党员干部的政治站位,确保政治和业务融为一体、有机统一,积极开展党员干部能力培训和知识教育,克服党员干部的"本领恐慌",不断提升党员干部的服务能力。要在政治实践中不断强化党员干部的服务意识,保证党员干部要以身作则、敢于担当,主动为群众谋实事、解难题,把为民服务作为职责履行的第一要务,努力强化为民服务本领,努力做好引导群众、团结群众、组织群众、服务群众的工作。要在监督党员干部责任履行、联系群众上下功

---

① 习近平. 决胜全面建成小康社会 夺取新时代中国特色社会主义伟大胜利——在中国共产党第十九次全国代表大会上的报告[M].北京:人民出版社,2017:63.

夫、要成效，确保党员队伍先锋模范作用得到有效发挥，更好地肩负起组织、凝聚、服务群众的职责，进而强化党员干部的政治沟通能力。要正确引导党员干部服务供给的动机，为其供给优质服务创造有利的条件，并尝试建立党员干部服务能力的激励机制，切实发挥其在密切党群关系中的主体作用，真正激发党员干部为党和国家、为人民群众服务的热情。要着力培养具有奉献精神和为民情怀的党员干部，激活党员干部干事创业的主动性和创造性，在政治能力建设过程中不断明确新时代党员干部的角色定位和政治责任，并在集中性政治教育中拧紧理想信念的"总开关"，把群众认可作为评价党员干部政治能力的重要评价标准，在群众路线实践中真正提升党员干部的政治能力。

（二）着力健全党员干部队伍政治能力提升的保障体系

提升党员干部队伍的政治能力一直是中国共产党加强自身建设的重要经验和优良传统，习近平强调："党的干部是党和国家事业的中坚力量。"[①] 随着新时代全面从严治党向纵深发展，党员干部队伍作为重要行政主体和政治力量，是引领地区发展、壮大组织力量、体现执政优势、密切党群关系的"领头雁"。因此，提升党员干部队伍的政治能力就成为当前党的政治能力建设的重要内容和政治责任，需要广开视角、主动作为，积极探索党员干部队伍政治能力提升的有效路径和方法选择，进一步拓展广大党员干部的成长空间。

1. 净化用人生态，完善党员干部队伍政治能力建设的制度规范体系

用人生态是政治生态的重要"湿地"，要匡正选人用人风气，形成风清气正的用人生态。党组织是净化用人生态的责任主体，也是完善用人制度、规范用人环境的制度主体。要把党组织建设的价值目标和党员干部队伍政治能力建设的基本诉求统一起来，形成党组织培养党员干部，党员干部支撑党组织发展的良性运作机制，完善党员干部队伍政治能力建设的制度规范体系。

---

① 习近平. 决胜全面建成小康社会 夺取新时代中国特色社会主义伟大胜利——在中国共产党第十九次全国代表大会上的报告[M]. 北京：人民出版社，2017: 64.

（1）加强对党员干部政治实践的监督和纪律约束

党组织要加强对党员干部队伍的日常监督管理，强化党员干部的规矩意识，增强纪律观念，构建全时态、广覆盖、多渠道的党员干部日常监管体系，引导党员干部合理确权、规范用权、严防错权。党组织要增强和执法执纪部门间的协调联动，实时监管党员干部履职过程中的行为表现，建立党员干部能力成长档案，进一步完善党员干部队伍选用过程中的预防、监督、查处、追责并重的制度链条，统筹做好党员干部培养选拔工作。要进一步健全完善党的组织体系，统筹党员干部选育管用，优化党员干部的能力成长路径，吸引广大党员干部自觉向党组织靠拢，为党的事业发展和改革创新汇聚强大力量。

（2）要严格规范党员干部选用程序和能力提升的制度保障

党组织要严把党员干部队伍的"入口关"，始终坚持党管干部原则，认真执行党的干部政策法规，严格把握各级干部任职资格条件，严格控制领导职数，做细、做实基干部选拔任用的各项程序和环节，形成不同层级党员干部能力提升的规范要求和目标体系。要在党组织的考核评价体系与干部队伍的工作操作体系之间建立反馈机制，准确评判党员干部政治能力的发展状态，以党建的新态势、新要求提高党员干部队伍的专业化能力，促进干部队伍人岗相适和合理配置。党组织要完善党员干部队伍的进退留转机制，及时做好干部选任考察工作，选优配强党组织的"带头人"，把准干部选用的"风向标"，带头履行干部使命责任，促进党组织干部队伍结构持续优化，根本上优化党员干部队伍的能力结构和政治素养。

2. 加强干部激励，健全党员干部队伍政治能力建设的正向激励体系

习近平提出："要建立崇尚实干、带动担当、加油鼓劲的正向激励体系。"[1]干部激励是激发党员干部干事创业积极性的"动力源"，是稳定党员干部队伍的重要保证，是发展壮大党员干部队伍的"强心针"。党组织要积极探索正向激励的方法途径，形成严管与厚爱相结合的正向激励机制，旗帜鲜明地为敢于担当、踏实做事、不谋私利的党员干部撑腰鼓劲，

---

[1] 习近平在全国组织工作会议上强调:切实贯彻落实新时代党的组织路线 全党努力把党建设得更加坚强有力[N]. 光明日报, 2018-07-05.

努力为党员干部的政治本领创造更为广阔的实践空间和成长平台,让广大党员干部安身、安心、安业。

(1) 统筹多元激励,理顺不同激励维度的内在关系

党组织要综合运用政治激励、精神激励、物质激励等多元激励机制,注意区分不同激励机制的价值导向和特征表现,立足不同领域、层级、年龄、专业、岗位党员干部的特点,开展分层分类的差别化激励,构建正向激励长效机制,进一步激发党员干部队伍提升政治能力的积极性和主动性。党组织要注意协调正向激励和反面激励间的差异,加强短期激励和长期激励间的目标统筹,增进精神激励和政治激励间的彼此关联,促进不同维度的激励机制与党组织的目标诉求共促共进,从各个层面体现激励党员干部队伍的正向效应,真正促动党的政治能力建设实践。党组织要对各项激励政策严格把关、严格审核,强化对激励机制的执行约束,实现差异性和公正性的有机统一,确保不同维度的激励机制合法合规运行,使各个领域、各个层级的党员干部都能接受党内政治关怀,切实增强自身政治能力提升的内生动力。

(2) 坚持严管厚爱,有效解决党员干部队伍的多样化需求

坚持严管与厚爱并行的激励机制是党组织充实党员干部人才库的必然要求,要把关心爱护党员干部作为党组织政治建设的重要政治任务,保证党员干部"质量齐备"。习近平指出:"对广大基层干部要充分理解、充分信任,格外关心、格外爱护,多为他们办一些雪中送炭的事情。"[1]党组织要严把用人导向,推行职务职级并行制度,建立干部职业管理制度,完善干部薪酬动态调整机制,健全干部精神激励和荣誉表彰制度,主动为广大基层干部排忧解难。[2]此外,党组织要着力体现干部选用过程中的导向激励,完善考评体制,强化考核结果运用,实现激励考评与专业培养的有机统一,健全干部晋升机制,实现干部的自我需求和职务升降的正态协同,不断创造新的能力成长的机会和平台,完善党员干部政治能力建设保障机制,充分激发广大党员干部的工作热情。

---

[1] 中共中央文献研究室编.十八大以来重要文献选编(上)[M].北京:中央文献出版社,2014:352.
[2] 杨立平.强化正向激励机制 激发干部担当有为[N].学习时报,2016-07-25.

3. 夯实组织基础，建设党员干部队伍政治能力建设的组织吸纳体系

"党的干部是党和国家事业的中坚力量。"[①]必须充分发挥党的组织优势，着力建设一支忠诚干净担当的高素质干部队伍。党组织要积极践行新时代党的组织路线，牢牢抓住"干部队伍建设"这一根本，始终坚持党管干部原则，认真对标好干部标准，将加强党员干部队伍政治能力建设的实际要求内化为夯实党的组织基础的重要力量。

（1）要考准、考实党员干部的政治表现

党组织要把准选人用人的正确导向，把好干部标准作为考量党员干部的"试金石"，精准识别干部的政治素养、仔细甄别干部的政治觉悟、合理辨别干部的政治表现，为干部选用提供标准规范和科学依据。党组织要加强对广大干部队伍的统一领导，压实党员干部在各自岗位上的政治责任，把发展基础薄弱的地区作为锻炼考核党员干部的主战场，多方印证党员干部的政治表现，准确判断党员干部的综合素质和政治能力。党组织要加强与党员干部的有机联系，既要优化服务地区的人力资源，也要注重经常性、近距离、有原则地接触干部；既要不断优化党组织领导班子，也要选优配强各单位的干部结构，把党的组织优势和党员干部队伍的人力优势结合起来，共同提升广大党员干部的政治本领和综合能力，带动地区发展。

（2）要切实增强党组织的组织吸纳

党组织要进一步强化组织力，把党建服务延伸到党员干部队伍的日常生活，为党员干部成长提供资源和优质条件，把想干事、能干事、会干事、干成事的优秀人才吸纳到党员干部队伍中来，切实壮大党员干部队伍的整体实力。要不断扩大党组织的组织覆盖和工作覆盖，加强党建工作和党员干部队伍日常工作的紧密衔接，肩负起教育干部、管理干部、监督干部的职责，帮助党员干部在党建引领中提升自身业务能力。此外，党建工作要重视培育干事创业的良好氛围，大力弘扬党的优良作风，加强作风建设，引导广大党员干部坚定理想信念、筑牢政治自律、强化政治担当，着力增强党员干部队伍对党组织的认同力和向心力。

---

① 习近平. 决胜全面建成小康社会 夺取新时代中国特色社会主义伟大胜利——在中国共产党第十九次全国代表大会上的报告[M]. 北京：人民出版社，2017：64.

4. 提升政治能力，构建党员干部队伍政治能力建设的专业培训体系

政治能力综合反映了领导干部把握政治方向、驾驭复杂风险、稳定政治局面的能力，集中体现了干部队伍统筹大局、谋划事业、推动工作的能力。党组织要重点培养党员干部的政治素质，将政治能力各项要素具体化，建立系统的党员干部能力表现清单，建立完善党员干部队伍信息管理库，逐步健全党员干部政治能力考评的信息档案管理，将其作为干部选育管用的重要依据。要结合干部能力提升需求构建干部培训体系，创新培训方式，全面提升党员干部队伍的专业化能力。

（1）要加强党员干部队伍教育培训专业化程度

党组织要把干部专业化培训纳入党的组织建设的行动规划，培训内容要突出实务培训和专业能力的相互协同，重点加强干部的任前培训、任职培训和业务培训，使党员干部队伍的专业领域更加宽广、专业能力更加精细、专业结构更加立体。党组织要加强对干部队伍的针对性培训，培训要求要紧密结合地区发展战略需要，加强对干部队伍的能力帮扶、知识传播、理念引导，尽力弥补党员干部的能力"短板"和经验盲区，不断提高专业培训的针对性和实效性。党组织要发挥资源整合优势，积极引进外部培训资源，注重汲取先进培训经验，主动开辟新型培训渠道，帮助广大党员干部开阔眼界、更新知识，提升素养，进一步提高专业培训与社会发展需求的契合性。

（2）要注重分类培训与专项培训的有机结合

党组织要注意区分培训层次，理性审视党员干部的能力结构和素养水平，探索建立党员干部队伍工作实效评估监测机制，有针对性地实施精准培训，有效解决党员干部能力水平参差不齐的现状。区分培训层次时要坚持需求导向，把组织需求、岗位需求、个人需求有机结合起来，进一步细化培训方案，结合党员干部专业素养进行精准"滴灌"，满足党员干部成长发展的各自需求。党组织要在分类培训的基础上进一步强化专项培训力度，增强党员干部适应新形势新任务的信心和能力，协助广大党员干部克服"知识恐慌""本领恐慌"，切实提升实践本领。此外，要进一步优化党员干部专业培训的体系结构，抓好教育培训这一基础，明确知识培训这一重点，优化培训载体，搭建培训平台，全面加强党员干部队伍的专业思

维、专业素养、专业能力。

　　总之,加强党员干部队伍政治能力建设是新时代党的建设总要求的题中之义,是落实全面从严治党战略的重要举措。党组织作为管党治党的重要政治主体和首要责任主体,要求必须建设一批对党忠诚、敢于担当、作风扎实的党员干部队伍,肩负起党的政治责任。在党员干部队伍建设"专业化""高素质"的目标导引下,党组织要重点强化干部队伍的能力建设,主动优化队伍结构和人岗配置,健全党的组织体系,规范干部选用机制,严格落实党的干部政策,着力解决党员干部队伍的能力"短板"和经验弱区、盲区,协助广大党员干部主动适应新形势新要求新任务,忠诚履行在全面从严治党、推进中国特色社会主义伟大事业中的政治责任,为提升党组织的组织力、强化政治功能提供坚实的人才队伍保障。

第三章　纸上得来终觉浅、绝知此事要躬行的考察调研宗旨

调查研究是中国共产党人始终坚持和重视的工作方法，是中国革命和建设取得巨大成就的一大法宝。党的十七届四中全会审议通过《中共中央关于加强和改进新形势下党的建设重大问题的决定》，指出调查研究是进行党的建设的基本方法。我国当前正处在全面深化改革的攻坚时期，现代化建设和党的建设都面临很多新问题和新挑战，调查研究仍然是新阶段发现问题、解决问题的重要途径。在新时期搞好调查研究不仅是工作方法上的要求，而且是关系中国特色社会主义事业成败的关键环节。

习近平在2020秋季学期中央党校（国家行政学院）中青年干部培训班开班式上指出："年轻干部要提高调查研究能力。调查研究是做好工作的基本功。一定要学会调查研究，在调查研究中提高工作本领。新时代的领导干部要秉持纸上得来终觉浅、绝知此事要躬行的考察调研宗旨，不断提升自身的调查研究能力。调查研究要经常化。要坚持到群众中去、到实践中去，倾听基层干部群众所想所急所盼，了解和掌握真实情况，不能走马观花、蜻蜓点水，一得自矜、以偏概全。对调研得来的大量材料和情况，要认真研究分析，由此及彼、由表及里。对经过充分研究、比较成熟的调研成果，要及时上升为决策部署，转化为具体措施；对尚未研究透彻的调研成果，要更深入地听取意见，完善后再付诸实施；对已经形成举措、落实落地的，要及时跟踪评估，视情况调整优化。"[①]

本章首先阐述了调查研究的重要意义，明确了调查研究在领导干部能

---

① 习近平在中央党校（国家行政学院）中青年干部培训班开班式上年轻干部要提高解决实际问题能力　想干事能干事干成事[N].光明日报，2020-10-11.

力培养中的重要作用；其次，系统梳理了习近平关于调查研究的四大原则；最后，根据习近平调查研究思想提出了提高调查研究成效的实践路径。

一、中国共产党对于调查研究地位和意义的诠释

（一）调查研究是马克思主义中国化和大众化的桥梁

中国共产党是完全在马克思主义指导下建立的政党，因而运用马克思主义来解决中国所面临的实际问题成为必然，但马克思主义的基本原理只有结合中国的具体实际并加以本土化，才能真正地发挥作用。诚然，中国特殊的国情决定革命、建设和改革等诸多问题在马克思主义的经典著作中没有现成的答案可寻，也没有现成的外国经验可资借鉴，面临着全世界共产主义者所没有遇到过的任务，要想取得中国革命、建设和改革的胜利，绝不能靠躺在马克思主义经典著作上过日子，必须在马克思主义的立场、观点、方法的指导下，自己去摸索中国的国情，去把握中国社会发展的逻辑。我们党一系列独创性的理论不是从天上掉下来的，也不是从哪本书上照抄照搬过来的，而是以马克思主义之矢射中国革命之的的结果，是将马克思主义的基本原理与中国具体实际结合的结果。马克思主义的基本原理与中国的具体实际相结合，一方面是运用科学的理论指导实践，解决问题；另一方面是总结实践经验发展理论，实现创新。中国新民主主义革命、社会主义革命和社会主义建设的历史经验证明，调查研究是理论与实际相沟通的桥梁，是马克思主义中国化的必然途径。江泽民指出："我们党过去领导全国人民走出了一条有中国特色民主革命和社会主义道路，现在又走出了一条有中国特色的社会主义现代化建设道路，最根本的是把马克思主义的基本原理同中国的具体实际结合起来，运用马克思主义的立场、观点、方法，正确地认识中国的国情，创造性地解决革命和建设中的问题。这个结合的过程，始终是以调查研究为前提、为依据的。也就是说，是在调查研究的基础上，实现并不断深化马克思主义基本原理同中国具体实际的结合和统一的。"①

---

① 中共中央文献研究室编.江泽民论有中国特色社会主义（专题摘编）[M].北京:中央文献出版社，2002: 646.

1. 调查研究促进中国共产党人深入了解中国的社会状况

马克思主义中国化的内涵之一是要对中国社会的历史和现状有深刻的了解，而调查研究则是认知中国社会历史和现状最有效的方式，是马克思主义中国化的先决条件。马克思主义基本原理和中国具体实际相结合被实践证明是解决中国革命问题的唯一正确的原则，但这一原则一开始就遭到教条主义者的反对。教条主义者是思想上的"懒汉"，他们不去研究中国的特殊国情，不去探索中国革命的特殊规律，而是把马克思主义经典著作奉为圭臬，认为从这些著作中可以找到解决中国革命问题的现成答案。在中国革命的进程中，经验主义者虽然也对革命造成了损失，但教条主义所造成的危害时间更长、后果更严重。把马克思主义教条化，把共产国际的决议和苏联经验神圣化，在当时是一种国际思潮，盛行于国际共产主义运动中。中国的教条主义者曾经掌握党的最高领导权，又得到共产国际的支持，几乎把中国革命引上了绝路。为了坚持马克思主义和中国革命实际相结合，毛泽东等老一辈无产阶级革命家花费极大的精力同教条主义进行斗争，很多关于调查研究的论述，正是同教条主义斗争的成果。毛泽东在党内最早提出了"马克思主义中国化"这一思想及命题，是中国共产党党内大力倡导调查研究的杰出代表，无论在调查研究的实践方面，还是调查研究的理论方面，毛泽东都作出了突出的贡献。

为了分清敌我，认清中国民主革命的特点，找到中国革命的新道路，毛泽东对中国各阶级进行了调查研究，发表了《中国社会各阶级分析》和《湖南农民运动考察报告》等调查研究文章，其中对中国各阶级的特点及对待革命的态度做了详尽的阐述，以此为依据制定了新民主主义革命总路线和正确的土地革命路线。毛泽东调查研究得出的结论是：中国的无产阶级是中国革命最基本的动力，是中国革命的领导阶级，代表新的社会生产力，是近代中国最进步的阶级；中国的农民阶级不仅是无产阶级的同盟军，而且是中国革命的主力军。这一论断既继承了马克思主义关于工农联盟的思想，又从中国具体的革命实际出发，发展了这一思想。中国的农民阶级内部又可分为富农、中农及贫雇农，由于占有土地的状况不同，决定各个阶层对待革命的态度也不尽相同，因而在制定土地革命路线时根据不同阶层的革命态度采取相应的政策。在调查研究中，毛泽东对中国的资产阶级也有了深刻的认知。中国的资产阶级分为两部分：一部分是官僚资产阶级，带有封建性、买办性和垄断性，是新民主主义革命的对象；另一部分是民族资产阶级，这是个带有两面性的阶级，一方面它同帝国主义和封建主义有矛盾，具有革命性，另一方面它在经济上、政治上与帝国主义和封建主义又有着千丝万缕的联系，具有妥协性，因此对这一阶级必须采取又联合又斗争的策略，作为新民主主义革命的动力加以对待。正是对中国阶级状况的深入调查与科学分析，使中国共产党在不同时期提出不同的统一战线政策和土地政策，保证革命的顺利进行并不断取得胜利。新民主主义革命时期如此，社会主义革命时期亦然。在制定党在过渡时期总路线时，采取何种方式改造资本主义工商业是个很复杂的问题，时任中央统战部部长的李维汉为找到此问题的答案深入到资本主义工商业较发达的上海、南京等城市调查研究，并向中央提交了《资本主义工业中的公私关系问题》的调查报告①，其中指出：中国特殊的国情决定中国资产阶级的特殊性，根据马克思主义的关于和平赎买的设想，结合我国实际，可以采取国家资本主义的形式实现对资本主义工商业的社会主义改造，把资本主义的私有制改造为社会主义的全民所有制。这一报告为制定党在过渡时期的总路线奠定了基础。在马克思主义中国化的进程中，认清和把握中国的社会状况和特殊国情是先决条件，调查研究促进了中国共产党人对中国具体实际的了解，提供了大量的第一手材料，为形成正确的决策作准备。

2. 调查研究促进了中国化的马克思主义理论的创新

马克思主义理论的形成是与调查研究紧密联系在一起的，具有社会实践的本质特征，马克思主义理论的丰富和发展同样要与一定的历史条件、时代背景和社会实际相联系才能实现。加强马克思主义在实践中的理解和运用，不断吸收先进经验，创新的马克思主义理论才具有现实的指导意义。中国共产党的早期领导人李大钊曾强调调查研究对马克思主义在中国传播与发展的重要意义，他指出："我们……应该细细的研考马克思的唯物史观，怎样应用于中国今日的政治经济情形。"②马克思主义中国化不是

---

① 李维汉.关于《资本主义工业中的公私关系问题》给中央并主席的报告[M]//中共中央文献研究室编.建国以来重要文献选编（第四册）.北京：中央文献出版社，1993：212-216.

② 中国李大钊研究会编注.李大钊文集（第4卷）[M].北京：人民出版社，1999：376.

简单地从理论到理论的过程,而是从实践到理论的过程,即在中国广大人民群众实践的基础上,运用马克思主义的立场、观点和方法解决中国的具体实际问题过程中,对产生的独创性经验进行提炼和升华,以创新的思想和理论丰富和发展马克思主义,被毛泽东称为"使中国革命丰富的实际马克思主义化"。除了对于实践经验的提炼,马克思主义中国化还包括对历史经验的总结。对中国几千年文明积淀的历史经验进行马克思主义的总结与概括,丰富中国化的马克思主义理论的内容是马克思主义的历史主义者应该肩负的责任。因此,中国化的马克思主义理论是在深入理解和把握中国的历史和现实、发展特点和规律的基础上,把马克思主义的理论与中国的实际有机结合的结果。

中国化的马克思主义理论的形成与发展过程,是马克思主义与中国实际不断结合、不断创新的过程,调查研究在这个过程中不断提供先进的经验,具有中国作风和中国特色的理论成果相继出炉。新民主主义革命时期,中国共产党人通过对中国各阶级状况的调查研究,认识到农民在中国革命中的作用,中国革命实质是农民革命,应该深入农村,发动农民开展武装斗争,同时通过对阶级矛盾和民族矛盾的调查研究,认识到红色政权存在和发展的原因和条件,是军阀割据和反动政权之间长期分裂和战争的结果,随后又把小块红色政权的建立同夺取全国胜利联系起来,形成了"农村包围城市,最后武装夺取城市"的革命新道路理论,指明了新民主主义革命胜利的途径,而且贯穿于该理论中的毛泽东思想活的灵魂——实事求是、群众路线和独立自主体现了调查研究的精髓,因此调查研究拓宽了马克思主义中国化的道路,中国化的马克思主义的理论成果——毛泽东思想日臻完善。"文化大革命"结束后,中国化的马克思主义理论发展停滞了一段时间。党的十一届三中全会前后,邓小平对国内外经济社会发展情况进行大量的深入调查研究,了解到中国和世界发展的差距,开始试验和推广经济体制改革和对外开放等战略举措,并提出"摸着石头过河"这一形象表述调查研究思想的重要论断,随后形成的"一个中心、两个基本点"的党的基本路线、社会主义本质论、社会主义初级阶段理论、社会主义市场经济理论等思想,形成了第二次历史性飞跃的中国化的马克思主义理论——邓小平理论。新的历史时期,中国化的马克思主义理论形态更加丰富，如"三个代表"重要思想、科学发展观、习近平新时代中国特色社会主义思想，建设社会主义新农村、构建社会主义和谐社会、实现中华民族伟大复兴的中国梦等一系列战略构想，同样是在深入调查研究的基础上所作的重大理论创新。

3. 调查研究为马克思主义中国化和大众化积蓄力量

中国共产党通过调查研究加深了与基层民众的联系，尤其是与农民群众的联系。中国农村人口占绝大多数的特殊国情表明，只有得到广大农民群众的拥护和支持，发挥农民的主力军和同盟军作用，才能真正实现马克思主义的中国化和大众化。为了使马克思主义中国化的理论成果深入人心，需要通过调查研究到基层民众中去宣传党的理论和政策，赢得基层民众的支持与理解，身体力行地加入革命和建设队伍中，成为中坚力量。中国共产党进行调查研究的方向是知识分子与工农相结合，知识分子到工人和农民的生产生活实际中去体验，才能实现理论与实际的有机结合。毛泽东曾在全国宣传工作会议上强调："知识分子既然要为工农群众服务，那就首先必须懂得工人农民，熟悉他们的生活、工作和思想。我们提倡知识分子到群众中去，到工厂去，到农村去。"[①]承担领导工作的干部及搞理论工作的知识分子深入实际调查研究，挖掘广大群众的智慧和潜力，为实现社会改革提供依据，保证决策的正确性和科学性。邓小平对改革开放有过评价："我们改革开放的成功，不是靠本本，而是靠实践，靠实事求是。农村搞家庭联产承包，这个发明权是农民的。农村改革中的好多东西，都是基层创造出来，我们把它拿来加工提高作为全国的指导。"[②]除了家庭联产承包责任制，很多重大决策都是通过调查研究集中群众智慧的结果，如开放经济特区和沿海城市、建设社会主义新农村、构建社会主义和谐社会等。通过调查研究激发了群众的积极性和创造性，赋予马克思主义中国化和大众化持续的支持力量和群众基础。中国共产党在调查研究中，尤其延安时期大兴调查研究之风以后，逐渐形成了调查研究的惯性及注重实际、联系实际的优良品质，毛泽东、刘少奇、周恩来、张闻天等老一辈无产阶

---

① 中共中央文献研究室编.毛泽东文集(第七卷) [M].北京: 人民出版社, 1999: 272.
② 邓小平.邓小平文选(第三卷) [M].北京: 人民出版社, 1993: 382.

级革命家身体力行地深入实际调查研究,成为推进马克思主义中国化进程的中坚力量。同时党中央印发各类有关调查研究的制度、文件及发表社论文章,设立调查研究机构,组织各种类型的调查团,使各级领导干部开阔了视野,学会了结合实际灵活运用马克思主义的理论和观点,提高了分析问题和解决问题的能力,拓宽了马克思主义中国化和大众化的途径。张闻天率领的延安农村调查团是其中的典型代表,经过13个月零7天的调查研究,取得了丰硕的成果,包括《贺家川八个自然村的调查》《陕甘宁边区神府县直乡八个自然村的调查》《碧村调查》《杨家沟地主调查》(后改名为《脂县杨家沟调查》),并收集了很多乡镇经济状况的材料,形成了向中央汇报的调查研究报告《出发归来记》。调查研究展现了中国共产党人注重社会实际的优良品质,同时密切了与群众的关系,保持了中国共产党在人民群众心中的良好形象和地位。

(二)"调查研究是我们党的传家宝"

习近平强调:"调查研究是我们党的传家宝,是做好各项工作的基本功。"①回首中国共产党自诞生以来将近一百年的奋斗发展历程,我们不难发现,全党调查研究工作做得好、做得深、做得实,党制定的路线方针政策就越科学、越实用、越有效,党的领导工作就越得民心。相反,全党调查研究工作做得弱、做得浅、做得虚,甚至于忽视调查研究,党的决策和方针就容易失当,就会走弯路,进而影响党和国家的发展大业。我们要努力坚持并不断加强调查研究,学好用好调查研究这个"传家宝"。

1. 调查研究是坚持中国共产党宗旨的必要基础

中国共产党从诞生之日起便同人民群众保持血浓于水的亲密联系,始终代表着最广大人民群众的根本利益,急人民之所急,忧人民之所忧,设身处地地为人民群众着想,真正地为群众办实事、办好事,始终与人民群众打成一片。习近平指出:"每个人的工作时间是有限的,但全心全意为人民服务是无限的。"②"群众在党员干部心里的分量有多重,党员干部在

---

① 中共中央政治局召开民主生活会:以认真学习贯彻习近平新时代中国特色社会主义思想 坚定维护以习近平同志为核心的党中央权威和集中统一领导 全面贯彻落实党的十九大各项决策部署情况为主题进行对照检查[N].人民日报,2017-12-27.
② 习近平.习近平谈治国理政[M].北京:外文出版社,2014:5.

群众心里的分量就有多重。"①党的根本宗旨决定了开展调查研究工作的价值追求和终极目标。搞好调查研究工作必须充分重视党的宗旨教育和群众路线教育，联系群众，团结群众，组织群众，服务群众，充分发挥人民群众在调查研究中举足轻重的作用。调查研究必须以密切联系人民群众为基础，从人民群众丰富具体的社会实践中把握实情，掌握实况，收集第一手资料，了解民情，反映民意，解决民困。调查研究要公而忘私，把党和人民利益放在第一位，始终将人民当作力量之源，始终将服务人民作为终极目标。调查研究的价值取向和中国共产党的根本宗旨具有同一性，调查研究的过程就是贯彻和落实中国共产党宗旨的具体过程和必要基础，只有不断巩固和强化调查研究工作中的价值立场和宗旨意识，才能切实加强深入实地的积极性、深入群众的自觉性、深入基层的主动性，才能坚守人民群众立场，解决人民群众所急所怨，使我们党的各项决策和政策符合客观实际，符合客观规律，符合人民意愿。

2. 调查研究是中国共产党贯彻群众路线的重要途径

人民群众是推动历史不断发展前进的力量，这就要求我们在实践和工作中要努力践行群众路线。以往的历史经验和当下的现实都表明，自觉践行和贯彻群众路线，始终保持党同人民血浓于水的紧密联系是中国共产党永葆活力与生机的重要法宝之一，也是我们党从几十人发展为八千多万人的制胜法宝。中国共产党立足于人民、发展于人民，人心向背是影响我们党继续发展和进步的重要因素。进入新时代，我们党在推进社会发展前进的过程中仍然面临一些困境和考验，有些问题还比较棘手，无论何时何地何、种情况下，都需要我们坚定不移地抓好、落实好群众路线。习近平十分注重发挥人民的首创精神，在调查研究实践中特别注重运用群众路线的工作方法。"马克思主义执政党的最大危险就是脱离群众。"②调查研究实践与贯彻群众路线紧密相连、息息相关。调查研究为中国共产党贯彻群众路线提供了重要途径，群众路线能够为调查研究工作的顺利开展提供有效指导和科学方法。调查研究需要深入实地、深入一线的了解情况，分析问

---

① 习近平.之江新语[M].杭州:浙江人民出版社,2007:146.
② 中共中央文献研究室编.十八大以来重要文献选编（上）[M].北京:中共文献出版社,2014:308.

题。真实情况从群众中来，亟待解决的问题从群众中来，使经过分析研究制定的科学决策到群众中去，调查研究的成效最终由人民群众来评价和检验。当前，我们党面临着脱离群众的重大危险，为此党中央高度重视、积极应对，并实时开展了党的群众路线教育实践活动，努力实现了调查研究与贯彻群众路线的有机结合，切实增强了为人民谋利益的本领。

3. 调查研究是增强中国共产党执政能力的有效手段

时代在向前发展，国家在快速进步，社会面貌日新月异。新机遇、新科技、新知识层现迭出，令人眼花缭乱，新挑战、新矛盾、新冲突日益凸显，让人措手不及。与此同时，我国改革已进入攻坚克难的关键期，所面临的问题都是杂问题、难问题、愁问题，所碰触的都是关于"奶酪"的敏感问题。如何协调好各方面的复杂利益，处理好各种难题，解决好多样性矛盾是摆在我们党面前十分艰巨的任务。面对严峻形势、应对艰难挑战、解决好复杂问题对中国共产党提出了更高的执政要求，需要中国共产党不断增强执政能力，提高执政本领。然而，当前我们党面临着"能力不足"的危险、"本领恐慌"的问题，如果畏缩不前、原地踱步、不求上进，那将是十分危险的。习近平指出："调查研究多了，基层跑遍、跑深、跑透了，我们的本领就会大起来，我们的认识就会产生飞跃，我们的工作就会做得更好。"①只有通过深刻的调查研究，才能从根本上保证党的路线方针政策和各项决策的正确制定与贯彻执行。调查研究是一举多得的有益创举，是主观见之于客观的实践活动，有利于我们党了解下情，从源头上找到问题和矛盾所在，化解各类难题。各种形式的调查研究实践能够为群众解决实际问题，密切党群干群关系，从群众丰富多彩的社会实践中汲取灵感和智慧，有助于涵养求真务实的工作作风和为民服务的优良作风。广大党员和领导干部在调研过程中能够放下官架，打掉官气，做好官样，真正成为人民的公仆和勤务员，切实增强执政能力和执政本领，提高为人民服务的水平。

---

① 习近平. 干在实处走在前列——推进浙江新发展的思考和实践[M]. 北京：中共中央党校出版社，2006：534.

（三）"调查研究是谋事之基、成事之道"

习近平强调："调查研究是谋事之基、成事之道。没有调查，就没有发言权，更没有决策权。"①这一论述鲜明地阐述了调查研究对领导干部而言的重大意义。

1. 调查研究是认识和改造世界的重要法宝

实践的观点是马克思主义认识论最具代表性的鲜明观点，这里所说的实践与习近平在多种场合、多次讲话中所提到的调查研究有异曲同工之妙。科学真理性作用的发挥以调查研究实践为重要途径和手段。马克思主义的辩证唯物主义、历史唯物主义世界观和方法论要求我们的领导工作和领导干部必须始终坚持和不断加强调查研究。"经常开展调查研究，非常有益于促进领导正确认识客观世界、改造主观世界、转变工作作风、增进同人民群众的感情，有益于深切了解群众的需求、愿望和创造精神、实践经验。"②不作调查、不搞研究得出的观点是主观的，对事物的认识是感性的，站在办公室里，坐在办公椅上，看看材料，听听报告，翻翻书本，拍拍脑袋而形成的想法和决策是不够成熟、不够科学、不接地气的，容易空想从而导致主观认识脱离客观实际，造成决策失误。有些领导干部往往片面追求拍脑袋、做决策的急功近利式工作成果，忽视对客观实际情况的全面了解和客观分析，缺乏必要的调查研究实践，没有用好调查研究这一重要法宝。我们的领导干部在岗位上既要有鞠躬尽瘁的奉献精神，又要学会运用调查研究这一科学的工作方法。从具体的调查研究实践中察得实情、明得实况，获得正确的感性认识和第一手资料，通过认真的分析概括、总结研究这些资料进而形成科学理性认识，从实践中来到实践中去，用科学的认识指导不断变化发展的实践，从而取得更好的实效，收到事半功倍的成效。领导干部学好用好调查研究这个认识和改造世界的珍贵法宝是十分必要的。

---

① 习近平. 在党的十九届一中全会上的讲话[N]. 人民日报, 2018-01-01.
② 中共中央宣传部编. 习近平总书记系列重要讲话读本（2016年版）[M]. 北京：学习出版社，人民出版社，2016: 289.

2. 调查研究是科学决策的重要前提

决策是发现问题后，基于一定材料和客观基础对各因素进行综合衡量后制定的有利于解决问题、达到特定目标的一种行为和管理活动。领导干部作为决策活动的重要参与者和行为主体，在决策过程中发挥着不容小觑的主体决定作用。其决策科学与否，直接影响到问题是否能够顺利解决，预定目标能否顺利完成，某些重大决策甚至能够影响整个国家的发展前途。科学正确的决策绝不是轻而易举、简单想想就能产生的，它存在于人民群众丰富深厚的实践中，产生于深入实地、深入群众、深入一线的调查研究实践过程。习近平认为："正确的决策离不开调查研究，正确的贯彻落实同样也离不开调查研究。"① 领导干部不管从业经验多么丰富，无论干什么类型的工作，无论出身学历多高，都必须坚持和不断贯彻落实调查研究。领导干部在作决策之前需要深入基层、心入基层的进行调查研究，获取一手资料，了解下情，熟悉实况。关于调查研究和科学决策的关系，习近平鲜明地指出："没有调查就没有发言权，没有调查就没有决策权。"② "调查研究的过程就是科学决策的过程，千万省略不得、马虎不得。"③ 这些论述充分阐释了调查研究与科学决策的紧密联系——调查研究是科学决策的重要前提，是科学决策产生的重要基础。脱离了调查研究实践所作的决策容易主观臆想，容易不符合实际，容易跑偏出错。领导干部应当始终坚持调研开局、调研起步、调研决策，把调研活动贯穿于决策的全过程，切实提高决策质量，努力提高决策的科学性、有效性、实用性，使决策更好地符合民意，顺应民心，服务人民。

（四）调查研究是自我完善提高的重要方法

习近平强调："调查研究是做好领导工作的一项基本功，调查研究能力是领导干部整体素质和能力的一个组成部分"④，"调查研究的过程，是

---

① 中共中央党史和文献研究院,中央"不忘初心,牢记使命"主题教育领导小组办公室编.习近平关于"不忘初心,牢记使命"论述摘编[M].北京:党建读物出版社,中央文献出版社,2019: 218.
② 中共中央党史和文献研究院,中央"不忘初心,牢记使命"主题教育领导小组办公室编.习近平关于"不忘初心,牢记使命"论述摘编[M].北京:党建读物出版社,中央文献出版社,2019: 211.
③ 习近平.之江新语[M].杭州:浙江人民出版社,2007: 154.
④ 习近平.谈谈调查研究[N].学习时报,2011-11-21.

领导干部提高认识能力、判断能力和工作能力的过程"①。领导干部不是万能的，不是全才，不是神通广大的，不一定什么事情都清楚，什么问题都了解，难免会有知识盲区和工作难区，难免会有不足之处和需要改进的方面。领导干部也需要不断学习新知识，不断增强工作能力，不断提高工作本领以适应现实需要。调查研究是领导干部不断完善提升自己的重要途径。一方面，领导干部在调查研究中要保持谦虚务实的作风，虚怀若谷，密切联系群众，以人民群众为师，从人民群众的首创精神和丰富实践中获取灵感，汲取人民群众卓绝的智慧，更好地提高自我，完善本领。另一方面，调查研究能力是领导干部工作本领强弱最直观最鲜明的彰显和表现。知屋漏者在宇下，知政失者在草野。领导干部在调查研究过程中，亲自深入实地，深入基层，同各行各业的人员打交道，把握不断变化发展的客观事物的情况，切身体会、感知民众疾苦，切实增强人民情怀，带着问题下去，带着答案回来，对事物有自己的客观分析和判断，有一个基本调查和研究的过程。在这一过程中，领导干部既要调用自己既有的知识和能力素质，又要不断学习以弥补自己欠缺的知识和提升能力素质，提高调查研究能力以适应和满足客观实践活动的需要。各级领导必须学好调查研究这一本领，才能在实际工作中做到刨根问底，敢于亮剑，真正有所作为，这些本领和能力是很难从书本、材料和文件报告中学到的，只能在亲身实践中察觉，在实际工作中提高和完善。

二、调查研究的原则

"原则"即言行所依据的准则或标准。调查研究作为一种具有目的性和明确指向性的社会实践活动，其开展也应当遵循一定的原则。通过系统梳理和仔细研读习近平关于调查研究的一些重要论述，不难发现他对于领导干部开展调查研究工作提出了很多要求和标准，可以简明扼要地概括为四大原则，即实事求是原则、问题导向原则、厉行节约原则、人民至上原则。

---

① 习近平. 谈谈调查研究[N]. 学习时报, 2011-11-21.

（一）实事求是原则

实事求是是党和人民事业兴旺发达的获胜法宝，对领导干部的人格塑造发挥着无可比拟的关键作用。习近平指出："全党同志一定要把实事求是贯穿到各项工作中去，经常、广泛、深入开展调查研究，努力把真实情况掌握得更多一些、把客观规律认识得更透一些……"[①]在整个调查研究过程中要始终坚持和秉承实事求是重要原则，按照实事求是的基本要求开展各项具体活动和工作。调查研究过程中坚持实事求是基本原则的基础在于知"实事"，即全面客观了解事物和情况，关键在于"求是"，即树立求真务实的工作作风，探求事物的本质和规律。这两方面的工作是实事求是原则在调查研究实践中的基本要求和具体表现。

1. 全面客观了解情况

习近平强调："坚持实事求是，最基础的工作在于搞清楚'实事'，就是了解实际、掌握实情。这就要求我们必须不断对实际情况作深入系统而不是粗枝大叶的调查研究，使思想、行动、决策符合客观实际。"[②]调查研究的重要目的就是了解把握事情的全貌，找到问题的症结所在，厘清解决问题的思路，作出科学有效的决策。全面客观了解情况是调查研究顺利进行的基本要求和重要基础。因此，开展调查研究要注重调研对象的全面性、广泛性、多样性，全方位、宽领域、多渠道、多层次地调查情况，了解现状：既要调查机关单位、领导干部，也要兼顾基层组织、普通群众；既要深度挖掘调查点，又要合理统筹调查面，做到点面结合，大中有精；既要到先进发达的地方去归纳概括成功经验，又要到落后贫乏、问题较多、状况不良、矛盾尖锐的地方去解剖问题，吸取教训。基层、群众、农村地区、贫困地区、少数民族地区更应该成为领导干部开展调研实践的重中之重，要着重花心思、精力去观察、把握实情。此外，全面客观了解情况还要求领导干部在调查研究过程中要摆正调研立场，端正调研态度，避免形式主义作风。在增强调研意识和频率的同时也要牢牢掌握调研活动的主动权，如此，才能得到从文件、会议、报告材料中很难得到的新资料、

---

① 中共中央宣传部编.习近平总书记系列重要讲话读本（2016年版）[M].北京：学习出版社，人民出版社，201：290.
② 习近平.坚持实事求是的思想路线[N].学习时报，2012-5-27.

新情况、新问题，才能获得新思路、新见解和新收获，开创领导工作新局面。

2. 树立求真务实的工作作风

求真务实的工作作风同时代的先进性相契合，在具体工作中求实、求真，也是落实实事求是原则的应有之义。整个调查研究过程中一刻也不能背离求真务实的基本要求，否则调研就容易失真造假。习近平指出："调查研究必须坚持实事求是的原则，树立求真务实的作风，具有追求真理、修正错误的勇气。"[①]"主要领导同志要带头学习、带头调查研究、带头检视问题、带头整改落实，发挥表率作用。"[②]求真务实是一个要求领导干部说实话，听实情，出实招，办实事，求实效的过程。所谓"说实话"，即领导干部要如实掌握基层和地方的实际情况和存在矛盾，向上一级负责单位汇报时遵循客观、公正、真实的基本要求，敢于暴露问题，展现矛盾，不唯喜、不唯权、只唯实。所谓"听实情"，即领导干部在下基层考察时要善于听取民众真实声音，虚心接受他们不同的意见，不能只听喜和乐，也要听忧和愁，不躲避问题，不逃避矛盾，真正触及问题，把握矛盾。所谓"出实招"，即领导干部在调研时不能预设调子，要深入实地获取真实情况，在此基础上作出正确判断，得出科学结论，坚决反对造假。所谓"办实事"，即领导干部要从小事做起，从自我做起，调研过程中力戒只喊口号、扯嗓子、说空话，避免调研沦为形式，真正为人民群众办实事。所谓"求实效"，即领导干部要注重调研成果的转化运用，摒弃调研结束就万事大吉的想法，调研后得出的科学决策要狠抓落实，注重后期问题整改效果，加强适时回访和追踪，不沽名钓誉、好高骛远，追求真切实在的成果和绩效。领导干部如果在调研实践中都能认真贯彻求真务实的作风，真正追求说实话，听实情，出实招，办实事，求实效，那么各项工作实效就会得到大幅提升，有力避免了因应付形式主义而做的无用功。

---

① 习近平. 谈谈调查研究[N]. 学习时报, 2011-11-21.
② 习近平在内蒙古考察并指导开展"不忘初心、牢记使命"主题教育时强调：牢记初心使命贯彻以人民为中心发展思想　把祖国北部边疆风景线打造得更加亮丽[N]. 人民日报, 2019-07-17.

（二）问题导向原则

问题是实践的起点、创新的起点。习近平在许多讲话中都贯穿着"问题导向"的重要理念和原则。习近平认为调查研究"要有明确的目的，带着问题下去，尽力掌握调研活动的主动权"①。"调查研究要紧扣人民群众生产生活，紧扣经济社会发展实际，紧扣全面从严治党面临的现实问题，紧扣贯彻落实党的十九大精神需要解决的问题。"②围绕"四个紧扣"相关问题开展调查研究，才能在实践过程中找准方向，把握时代脉搏，举最广大人民群众之力谱写新辉煌，共圆中国梦！

1. 紧扣人民群众生产生活

人民群众是调查研究对象的重要组成部分和关键主体，调查研究过程中最不能忽视和轻视的就是人民群众。人民群众的生产生活实践为开展调查研究提供了丰富素材和广阔领域，是反映民情民意的重要窗口。人民群众的生产生活中蕴含着丰富的智慧和精神宝藏，能够给予我们科学决策的灵感和不懈努力奋斗的动力。调查研究要不断强调和始终坚持"以人民为中心"的工作导向，紧抓人民最关心的问题，密切关注人民群众生产生活中的迫切需求，把人民群众在生产和生活中遇到的难题、麻烦和困扰作为我们调研工作的重点、难点和方向，不断改善和提升人民群众的生活质量与水平，不断提高和增强人民群众的生产质量与效率，不断提高和强化人民群众的幸福感与满足感。通过调查研究实践，能够收获积极肯定的民评民说民赞，切实减少民苦民痛民愁，切实帮助群众解决困难，努力维护群众的主体地位，不断强化党的服务意识。

2. 紧扣经济社会发展实际

进入新时代，我国经济社会取得突破性发展，取得前所未有的发展成果，但是仍然存在一些问题和挑战：人民生活水平相对较低，有待进一步提高；城乡、区域发展不协调、不充分；社会公共事业发展不够完善；社会主义市场经济体制有待完善；意识形态领域面临严峻挑战；生态文明建设道阻且长；国家安全危机潜在，等等。经济社会中存在的问题彰显了

---

① 习近平. 谈谈调查研究[N]. 学习时报, 2011-11-21.
② 中共中央党史和文献研究院, 中央"不忘初心, 牢记使命"主题教育领导小组办公室编. 习近平关于"不忘初心, 牢记使命"论述摘编[M]. 北京: 党建读物出版社, 中央文献出版社, 2019: 219.

经济社会改革与发展的焦点与重点,是我们工作的重中之重,也是我们在工作中需要着力解决的重点。我们需要对这些实际问题进行调查研究,弄清问题和矛盾的来龙去脉,摸清问题的主次先后,抓好主要矛盾,统筹大局,做好战略安排与部署,通过调查研究,找到切实解决这些棘手问题的实在方法。调查研究中只有紧紧扣住经济社会发展中所面临的这些实际问题,才能有的放矢,把握正确方向,取得调研实效,促进经济社会健康持续发展。

3.紧扣全面从严治党面临的现实问题

中国共产党作为执政党,党的口碑和作风对党的前途和未来发展具有深远影响。面对复杂多变的发展形势,中国共产党必须加强自身的建设,增强党的战斗力和凝聚力。习近平从历史的、全局的、世界的角度多次强调从严治党的必要性和迫切性。全面从严治党是"四个全面"战略布局的重要组成部分,其他战略举措都不能脱离全面从严治党,党的建设、党要管党、从严治党是关键。就目前来看,党员领导干部队伍主流是好的,但作风不实、宗旨意识不强、办事效率不高、自律意识不强、精神懈怠等问题不同程度存在,照本宣科、骄奢淫逸、溜须拍马、贪污腐化等现象依然存在。我们必须以全面从严治党过程中面临的这些现实问题为重大导向和现实抓手,对复杂广泛的党情、官情、民情进行深入、全面、细致、准确的调查研究,通过调查了解,及时有效地把握领导干部亟须改进的问题,对症下药,提高领导干部整体工作能力和基本素质,及时准确地找准党建方面的"硬骨头",甩开膀子去攻克难题,增强我们党的领导能力和执政水平。

4.紧扣贯彻落实党的十九大精神需要解决的问题

习近平指出:"经过长期努力,中国特色社会主义进入了新时代,这是我国发展新的历史定位。"[①]进入新时代,我们遇到新的困难和挑战,需要解决的问题和困难愈来愈复杂,愈来愈尖锐。党的十九大报告是经过多个部门认真、严密、细致调查研究,虚心听取多方面意见后慎重起草的,

---

① 习近平:决胜全面建成小康社会 夺取新时代中国特色社会主义伟大胜利——在中国共产党第十九次全国代表大会上的报告[N].人民日报,2017-10-28.

对我国未来社会发展作出许多科学重大的战略部署，呈现了新战略、新矛盾、新要求、新目标等，为进一步完善社会主义指明前进方向，提供新颖的发展思路。有明确目标任务固然重要，这是现代化建设事业取得胜利和可喜成绩的基础，抓好贯彻落实也不能忽视和大意。学懂弄通是前提，落实是关键。通过调查研究，锤炼"千磨万击还坚劲"的意志品质，增强履行职责，干好工作的责任感，团结人民再创中华民族新辉煌；通过调查研究，不折不扣、正确地贯彻落实党的十九大及系列会议精神，提高思想站位、政治站位，不断推进新的历史变革；通过调查研究，准确把握新时期发生的根本性、历史性变革，未雨绸缪，做好防范化解重大风险工作；通过调查研究，为进一步完善中国特色社会主义提供新框架、新灵感、新举措，在狠抓落实、解决问题中开辟社会发展的新局面。

（三）厉行节约原则

习近平继承和发扬勤俭节约的中华传统美德，反对一味的物质和特权享受，在全党全社会大力倡导勤俭节约，鼓励各级领导干部坚定走亲民近民路线。党的十八大闭幕后，党中央就颁布了改进领导干部工作作风的"八项规定"，其中就包含了改进调查研究、厉行勤俭节约等多方面的严格要求。在十八届中央纪委二次会议上，习近平进一步强调："要坚持勤俭办一切事业，坚决反对讲排场比阔气，坚决抵制享乐主义和奢靡之风。"[①]调查研究中坚持厉行节约的原则，既有利于提高各级领导干部的党性修养，也有助于涵养中国共产党的为民情怀，真正做到接地气、为民忧、为民愁、为民喜、为民乐。

1. 轻车简行不扰民

"八项规定"第一条中特别明确指出，各级干部在地方和实地开展调研实践中要减少陪同人员，简化接待工作，改进警卫工作等，为干部队伍开展具体工作提出低标准要求，进一步规范了调研工作。领导干部下基层调研的出行规模和场面看似是表面性的、无关紧要的事情，实际上能够反映很多问题，造成许多不好的影响。领导干部如果在调研过程中豪车成

---

① 习近平在十八届中央纪委二次全会上发表重要讲话强调：更加科学有效防地治腐败 坚定不移把反腐倡廉建设引向深入 [N]. 人民日报，2013-01-23.

排，层层陪同，走迎宾红毯，处处清场闭馆，有大规模群众迎送，便容易滋生高高在上、脱离群众的情结，显官样子、摆官架子、不接地气，只会疏远与人民群众的距离，导致群众不敢说实话、不愿说实话、不会说实话的恶劣影响，那么调查研究的实效也会锐减。此外，领导干部的出行规模和场面是领导干部自身作风和素质的有力彰显。过于铺张、过于高调、过分强调待遇和接待规格，是典型的官僚主义思想，表明领导干部喜欢戴官帽、打官腔、摆官威，表面道貌岸然，实则装腔作势，敷衍塞责，既损害了领导干部队伍的良好形象，又会让群众觉得官气十足，甚为反感。领导干部深入地方开展调研要本着为民服务的原则，厉行节约的原则。

2. 粗衣恶食俭率下

经济在发展，社会在进步，生活条件在提高，生活质量在改善，仍然需要我们继续弘扬艰苦奋斗和勤俭节约的优良传统。随着生活水平的不断提高，有些党员干部在参加公务活动和调研活动时，贪图享受、铺张浪费、生活奢华，热衷于超规格接待，喜欢住星级酒店，吃"满汉全席"和八珍玉食，喝"琼浆玉露"，穿着上讲究名贵和档次，甚至于有的生活放荡，作风不检点。凡此种种，群众看在眼里，记在心里，对此十分不满，意见很大。此种形势下，改进党员干部作风，提倡节俭显得十分迫切。中央"八项规定"中明确要求"不赠送各类纪念品或土特产，不安排宴请，不上高档菜肴，自助餐也要注意节俭"，这些明文规定对纠正某些领导干部安于享乐的特权思想具有强大的震慑和约束规范作用。

（四）人民至上原则

人民群众是调查研究的重要客体，调查研究必须以密切联系人民群众为基础。习近平强调，调查研究"不仅要'身入'基层，更要'心到'基层"[①]。调查研究过程中领导干部与人民群众的关系，领导干部对人民群众的态度和情感是影响调查研究成效的重要因素。党群、干群关系处理得好，联系得多，调查研究工作就进行得顺利，更容易取得成功；反之，党群、干群关系处理得差，联系不够，调查研究工作就进行得不顺，不容易取得实效。调查研究工作的开展应当以人民群众为根本立足点和着眼点，

---

① 习近平. 谈谈调查研究[N]. 学习时报，2011-11-21.

更要牢固树立"四民要旨"——始终坚持民愿民盼是方向,民惠民富是目标,民心民力是依靠,民意民声是依据,始终把维护最广大人民群众的利益作为我们调查研究工作的终极目标,必须密切而深刻地了解把握人民群众的需求与希冀,尊重人民群众的创造精神,从人民群众丰富多彩的生产生活实践中吸取经验,进而增强执政本领和领导本领。

1. 坚持人民利益至上

中国共产党作为具有先进性的执政党,始终代表群众的根本利益,切实维护群众利益,保障人民群众当家作主。习近平认为,调查研究"只有公而忘私,把党和人民利益放在第一位,才能真正做到实事求是"①。调查研究过程中也要努力遵循为民服务这一基本要求,把维护好群众的切身利益当作我们开展调查研究的努力方向和奋斗目标。习近平强调:"为群众办实事,要扎扎实实,坚持不懈,久久为功。"②群众最盼、最急、最忧、最怨的问题往往与群众的切身利益密切相关,都是关乎民生民计的重要问题,应当成为我们调研的重点和难点。领导干部下基层搞调研不能凌驾于人民群众之上,不能搞特权思想和特殊待遇。在调查研究实践中要始终强化和坚持人民利益至上的要求和原则,学会从人民群众的角度和立场来换位感受民间冷暖,深入思考问题。始终将人民群众放在首位,摆在心头,在调研实践中才能真真正正地身入基层,心入基层,取得可喜的调研实效。

2. 坚持人民智慧至上

习近平特别指出:"人民群众有着无尽的智慧和力量。"③调查研究过程中要重视发挥群众的积极作用,鼓励他们勇于表达自己的意见,主动向群众请教,以群众为师,时刻关注群众的需求,把人民满意度作为衡量工作实效的重要指标。习近平告诫领导干部搞好调查研究,一定要从群众中来、到群众中去,广泛听取群众意见,从人民群众的社会实践中获得正确认识。④党和人民的关系就如同学生和老师的关系,我们的广大党员、广大领导干部要像学生一样如饥似渴地学习,像小学生一样谦逊,像对待老师

---

① 习近平. 谈谈调查研究 [N]. 学习时报, 2011-11-21.
② 习近平. 摆脱贫困 [M]. 福州: 福建人民出版社, 1992: 14.
③ 习近平. 习近平谈治国理政(第二卷)[M]. 北京: 外文出版社, 2017: 52.
④ 人民日报评论部. 习近平讲故事 [M]. 北京: 人民出版社, 2017: 122.

那样恭敬地对待人民群众,从人民群众那里汲取优渥的精神食粮和宝贵的决策灵感。群众的真实想法和意见是我们调查研究工作的重点,群众的创新精神和新奇想法我们要虚心对待,想要顺利开展工作,想要取得实效一定要虚心诚恳地向群众请教,广泛听取群众意见,集群众之智慧和伟力作出科学决策,解决现实难题,切实增进人民福祉。

三、提高调查研究成效的实践路径

习近平指出:"调查研究,是对客观实际情况的调查了解和分析研究,目的是把事情的真相和全貌调查清楚,把问题的本质和规律把握准确,把解决问题的思路和对策研究透彻。"①这一重要论述明确说明了领导干部开展调查研究的重要目的和所要达到的预期目标,通过具体的调研实践拨开层层迷雾,进而把握客观事物的真相,认清问题的本质,理顺解决问题的思路,作出科学有效的决策。实际工作中,我们不仅要强调调研,更要注重调研实效,使调研成果真正发挥功效,发挥实效。

(一)调研工作务求"深、实、细、准、效"

习近平指出:"调研工作务求'深、实、细、准、效'。"②"深、实、细、准、效"是调查研究过程的基本要求,也是开展好调查研究工作的重要保障。进入新时代,要想做好调查研究工作,各级党员和领导干部必须要在"深、实、细、准、效"上使足力气,下足功夫。这五字"要诀"逐级推进,环环相扣,相互制约,相互作用,构成了比较系统有序的调查研究体系。深刻理解和把握这五字"要诀",对新形势下顺利高效开展调查研究实践至关重要。

1.所谓"深",习近平指出:"就是要深入群众,深入基层,善于与工人、农民、知识分子和社会各界人士交朋友,到田间、厂矿、群众和社会各层面中去解决问题。"③"深"是开展调查研究工作的基本前提。领导干部如果习惯于坐在办公室里隔空指挥,喜欢通过电话下指示,热衷于批示文件作指导,如此一来取得的工作实效是事倍功半的,甚至是微弱的,

---

① 习近平.谈谈调查研究[N].学习时报,2011–11–21.
② 习近平.之江新语[M].杭州:浙江人民出版社,2007:1.
③ 习近平.之江新语[M].杭州:浙江人民出版社,2007:1.

其消极影响是显而易见的，容易形成一些歪风邪气，群众对此怨声载道。信息通信技术迅猛发展的条件下仍然需要领导干部亲自出门下基层作调研。领导干部只有走出办公室，走出文山会海，深入到基层，贴近群众、贴近生活、贴近实际，才能通过自身的切实体验和丰富实践看到在办公室难以看到的景象，与群众面对面沟通交流才能知悉他们内心的真实想法，如实获得第一手的考察调研资料，以便作出科学有效的决策。

2. 所谓"实"，习近平指出："就是作风要实，做到轻车简从，简化公务接待，真正做到听实话、摸实情、办实事。"①调查研究想要有实效，务实是内在要求。广大领导干部在调查研究过程中要牢固树立求真务实的工作作风，不贪虚功，不务虚名，务人民群众利益之实，务解决问题之实，发扬实干兴邦的精神、坚定做出实效的决心，杜绝空谈口号、扯破嗓子的形式主义表现。领导干部要着力提高自己的认识水平，努力增强自己的党性修养，坚决反对特权享受和特权思想，用真心、用真情参与到调查研究实践中，真正地观民情、体民意、察民生，真正地通过调查研究为人民群众解决所忧愁的问题，真正地通过调查研究为人民群众办实事，切实维护人民群众的利益。

3. 所谓"细"，习近平指出："就是要认真听取各方面的意见，深入分析问题，掌握全面情况。"②调查研究想要有所实效，做"细"是重要保障，主要体现为调研对象主体构成的多元化和调研对象主体意见的多样性。领导干部要尽可能地跑遍任职范围。习近平特别强调："当县委书记一定要跑遍所有的村，当市委书记一定要跑遍所有的乡镇，当省委书记一定要跑遍所有的县市区。"③调研对象主体既要包括干部又要包括群众，既要包括农民又要包括工人、知识分子、企业家、军人、个体户等；既要包括青壮年人也要包括老年人；既要包括机关单位也要包括基层组织；既要包括先进发达的地区也要包括落后贫穷的地方，确要保证调研对象主体的多元化也要有全面性和层次性；既要听取调研主体的顺耳言也要听取他们的逆耳言；既要请群众反映情况也要请群众提出意见；既要听群众报喜，

---
① 习近平. 之江新语[M]. 杭州：浙江人民出版社，2007：1.
② 习近平. 之江新语[M]. 杭州：浙江人民出版社，2007：1.
③ 习近平. 习近平谈治国理政（第二卷）[M]. 北京：外文出版社，2017：144–145.

也要听群众报忧；既要看取得的成绩也要发现存在的问题和不足，确强调调研对象主体意见的多样性也要有全面性和辩证性。只有这样，才能尽可能地把握事情的全貌，弄清问题所在，详细地摸清底细，掌握实况，进而提高调查研究的成效。

4. 所谓"准"，习近平指出："就是不仅要全面深入细致地了解实际情况，更要善于分析矛盾、发现问题，透过现象看本质，把握规律性的东西。"① "准"也是调查研究工作取得成效的重要保障。这就要求领导干部在开展调查研究工作的时候既要树立系统思维和大局意识，全面客观了解实情和情况，又要尽量避免调查行动的盲目性和无目的性，防止出现螃蟹吃豆腐现象——吃得不多抓得太多；既要细致深入的掌握情况，又能通过事物的表象抓住问题的本质和规律，一语中的，不泛泛而谈或夸夸其谈，更不能一叶障目，不见泰山。各级领导干部要学会在深刻细致把握实情实况的基础上抓主要矛盾和矛盾的主要方面，抓问题的本质，积极探求事物发展的规律性，树立问题意识，坚持问题导向，带着问题走下去，突出和强化重点，切中要害，对症下药，有的放矢，精准调研，如此一来才能不断提高调研水平，收获意想不到的调研成效。

5. 所谓"效"，习近平指出："就是提出解决问题的办法要切实可行，制定的政策措施要有较强操作性，做到出实招，见实效。"② "效"是调查研究所要追求达到的终极目标和努力方向，也是衡量调查研究水平高低的重要依据。调查研究工作开展的成效如何，并非看调查研究的场面有多大，涉及范围有多广，也并非看持续时间有多长，动员人数有多少。调查研究所追求的并不是冠冕堂皇、风风火火的一些外在形式和做派，所取得的实际效果，发挥的实际效能，真正解决的实际问题更具有说服力和实用性，这些才是衡量调查研究水平高低的重要依据和评判标准。各级党员干部在实际调研中要努力提高工作实效，必须注重调研成果的运用和转化，充分利用好调研得到的第一手资料，经过仔细斟酌，反复比较，制定实效性、操作性较强，成本较低的解决问题的最优对策和举措，大力倡导

---

① 习近平. 之江新语[M]. 杭州：浙江人民出版社，2007：1.
② 习近平. 之江新语[M]. 杭州：浙江人民出版社，2007：1.

和发扬"钉钉子"精神,努力使思想与行动统一到全面建成小康社会的战略部署上来,把各项工作抓好、贯彻好、落实好。

(二)建立和完善制度,保证调查研究经常化

用制度来保障实现调查研究的常态化是习近平关于调查研究思想的一大创新之处,对新时代党员领导干部能力培养有着重要的指导意义。习近平指出,要"建立和完善制度,保证调查研究经常化"[①]。他进一步指出,制度"要在实践中不断健全完善,切实抓好贯彻落实,使调查研究真正成为各级领导干部自觉的经常性活动"[②]。制度的健全和完善是调查研究工作实现规范化开展的十分重要的表现,一系列的规章制度为广大领导干部始终坚持和不断加强调查研究提供重要保障和行为规范。制度的建立完善程度和调查研究的水平成效紧密相关。一般来说,制度建设越完善,落实越到位,调查研究成效越显著。调查研究的开展不是一步到位的,不是一蹴而就的,也不是立见成效的,是一个复杂艰辛、循序渐进的过程,需要各级领导干部以身作则、抓好落实,需要发扬"钉钉子"的精神,保持一股"咬定青山不放松"的韧劲,脚踏实地,坚忍不拔,久久为功,持之以恒,乐此不疲,推动调查研究制度化、常态化、科学化,切实提高调查研究的成效,推进工作不断向前发展。

1. 坚持和完善先调研后决策的重要决策调研论证制度

习近平指出,开展调查研究工作要"坚持和完善先调研后决策的重要决策调研论证制度"[③]。这一制度首先明确了调研和决策二者之间的先后关系——先调研后决策,调研和决策二者关系紧密,不可分割。调查研究是科学决策的重要前提,是科学决策过程中不可或缺的重要组成部分,必须贯穿决策的全过程,决策脱离了调查研究的实践就失去了科学基础。这种关系具有内在稳定性和内在规律性,不能被更改,一旦颠倒顺序,所作的决策就容易出问题。这一制度也为领导干部开展工作提供了基本程序遵循。有些领导干部在实际工作中,在解决问题时,在作出决策前往往为了

---

① 习近平.谈谈调查研究[N].学习时报,2011-11-21.
② 习近平.谈谈调查研究[N].学习时报,2011-11-21.
③ 中共中央宣传部编.习近平新时代中国特色社会主义思想三十讲[M].北京:学习出版社,2018:337.

图省事、求速度，把决策过程简单化、片面化、孤立化，不调研就决策，导致决策实效不佳甚至出现失误。有些领导干部轻调研、重决策，调研前预设调子，在调研过程中片面注重符合预设调子的信息材料，更为善于阿谀奉承、溜须拍马的下属提供弄虚作假的机会，使下级揣摩上级心思、准备几手材料，这样得到的调研资料容易失真，妨碍调研的科学性、准确性和真实性。决策的主体是人，是领导干部。领导干部在作出决策时囿于主观因素和所处外界环境的限制难免会带有主观性和随意性，作出的决策可能缺乏科学性和真理性，使决策效果大打折扣。为了有效减少和尽量避免这种决策的盲目性和失误，领导干部需要通过深入实地的调查研究，把握事情全貌，了解问题缘由，在掌握真实可靠资料的基础上才能作出决策，才能真正地解决现实问题。

2. 坚持和完善领导机关、领导干部的调研工作制度

习近平指出，开展调查研究工作要"坚持和完善领导机关、领导干部的调研工作制度"[①]。领导干部在调查研究工作中应当发挥模范带头作用和榜样示范作用，要尽可能地多抽时间下去调研，多在任职范围内跑跑。习近平认为："领导干部要带头调查研究，拿出一定时间深入基层。"[②]领导干部亲自作调研意义重大：一方面领导机关、领导干部经常深入地开展调查研究工作能够为领导班子其他成员和其他下属提供榜样，作出示范，有利于带动全社会范围内大力开展调查研究；另一方面领导干部通过作调研，与群众零距离地紧密联系，了解实际情况，更容易与基层领导班子成员有相似的所见所闻，对事物的认识更容易统一，对许多问题的意见与见解更容易达成一致共识，进而作出科学决策。因此，领导干部务必要认真落实这一制度要求。

3. 坚持和完善领导干部的联系点制度

习近平指出，开展调查研究工作要"坚持和完善领导干部的联系点制度"[③]。领导干部联系点是为方便党员干部和广大人民群众相互交流、彼此

---

① 习近平. 谈谈调查研究[N]. 学习时报, 2011-11-21.

② 中共中央宣传部编. 习近平新时代中国特色社会主义思想三十讲[M]. 北京: 学习出版社, 2018: 337.

③ 习近平. 谈谈调查研究[N]. 学习时报, 2011-11-21.

了解，拓展民主决策和监督渠道而设立的"据点"。领导干部联系点是领导干部密切联系群众的重要纽带，也是了解实情、科学决策的关键渠道。领导干部要不断坚持和完善这一制度，以增强领导集体的感召力、向心力和凝聚力。领导干部要经常深入联系点进行调查研究，以身作则，充分发挥示范作用，以谦逊的态度、具有亲和力的形象，时时为群众做表率。要密切关注各个联系点，永远把群众放在心上，用诚意同人民做朋友，用真情同人民拉家常，通过与群众促膝长谈、推心置腹，适时、高效、无误地把握基层群众的所念、所想、所盼。习近平还进一步提到了"蹲点调研、解剖'麻雀'"的调研方式。那些认为信息化时代蹲点调查"老掉牙"、蹲点调查早过时的想法是不正确的。尽管当今信息通信技术十分发达，也无法取代接触鲜活的人、事、物所带给人的启示。当下，多开展一些蹲点调查，增设一些领导干部联系点仍然十分必要。领导干部要充分落实好、利用好联系点，以联系点为桥梁和媒介加强与群众的交流，进而不断提升调查研究实效。

（三）实现调查和研究的有机结合

调查研究，从字面上看，既要有调查又要有研究，必须包括调查和研究这两个基本环节。调查是前提，研究是重点，两者紧密结合，相辅相成，不能分离。开展调查研究工作，开好头固然重要，而收好尾也不容忽视。习近平针对领导干部开展调研工作的现状作出过一定的评价，明确指出："有调查不够的问题，也有研究不够的问题，而后一个问题可能更突出。"[①]不调查只空想、深调查浅研究、只调查不研究的调查研究收效是微弱的，甚至是作了无用功。习近平进一步强调："调查结束后一定要进行深入细致的思考，进行一番交换、比较、反复的工作，把零散的认识系统化，把粗浅的认识深刻化，直至找到事物的本质规律，找到解决问题的正确办法。"[②]我们必须认识到，调查只是手段，把收集到的资料研究透、运用好才是目的，把问题真正解决好才是目的。因此，调研过程中我们要始终坚持调查与研究的密切结合，实现调查和研究的有机结合，反对只重调

---

① 习近平. 谈谈调查研究[N]. 学习时报, 2011-11-21.
② 习近平. 谈谈调查研究[N]. 学习时报, 2011-11-21.

查、轻视研究或轻视调查、只重研究的两种错误倾向。只调查不研究，那么调查就会丧失存在价值，只研究不调查，那么研究就会缺乏客观基础，无从谈起。开展调查研究必须做到调研并重、调而有研、研以致用，如此才能收到事半功倍的效果。

（四）与时俱进拓展调查研究的方式方法

调查研究是进行社会科学研究必不可少的重要环节，作为一门追求实效的科学，不仅需要有明晰的目的，设计具体的调查研究内容，制定细致缜密的调查研究计划，而且需要把握和采用合理的调查研究方法。因此，领导干部在开展调查研究工作时要注重综合运用多种方法，实现传统调查方法和现代调查方法的结合。习近平指出："调查研究方法也要与时俱进。要适应新形势新情况特别是当今社会信息网络化的特点，学习、掌握和运用现代科学技术的调研方法。"[1]社会发展蒸蒸日上，科技发展一日千里，我们必须要尽快适应时代的这种大发展，以现代化的信息技术为依托，以新媒体、互联网、大数据为基本媒介和工具，熟悉并掌握一些时尚先进的现代调查研究方法，比如电话调查、网络调查、系统调查、抽样调查，等等，掌握新型信息技术，不断提升获取信息的能力，多方面、多渠道地了解事物、把握情况，实现传统调查研究方法和现代调查研究方法的优势互补，不断提高调查研究工作的效率，不断提高调查研究工作的科学性、准确性，进而提高调查研究工作的质量和实效。

---

[1] 习近平. 谈谈调查研究[N]. 学习时报, 2011-11-21.

第四章　运筹帷幄之中、决胜千里之外的科学决策机制

在全球化的背景下，如何强化执政能力，全面提升执政者的整体素质，已成为各国政府机构运行的重要课题。在我国积极推进现代化的过程中，各种新的行业和产业不断出现，在很多情况下，需要政府的合理领导和规划，这对于领导干部的科技决策能力提出了更高的要求。一直以来，党和政府对领导干部决策能力都给予高度重视，万里同志在1986年发表了《决策民主化和科学化是政治体制改革的一个重要课题》的重要讲话，首次比较全面系统地指出实现制度化、科学化、有效化的领导干部决策的重要性和迫切性；党的十四届四中全会明确提出，建立健全领导、专家、群众相结合的决策机制、逐步完善民主科学决策制度的必要性和重要性；之后党的十五大、十六大、十八大都先后对国家领导干部决策能力进行了更为深刻、透彻的阐述，不仅强调了科学化、民主化、法制化决策对国家经济发展的重要性，而且还明确指出建立一套健全的决策机制和决策问责制度的必要性。

习近平强调，年轻干部要提高科学决策能力。做到科学决策，首先要有战略眼光，看得远、想得深。领导干部想问题、作决策，一定要对国之大者心中有数，多打大算盘、算大账，少打小算盘、算小账，善于把地区和部门的工作融入党和国家事业大棋局，做到既为一域争光、更为全局添彩。要深入研究、综合分析，看事情是否值得做、是否符合实际等，全面权衡，科学决断。作决策一定要开展可行性研究，多方听取意见，综合评判，科学取舍，使决策符合实际情况。①

---

① 习近平在中央党校（国家行政学院）中青年干部培训班开班式上发表重要讲话强调：年轻干部要提高解决实际问题能力　想干事能干事干成事[N].光明日报，2020-10-11.

基于此，本章主要从决策能力的概念和构成入手，阐述了提升领导干部决策能力的必要性、领导干部决策能力的构成等问题，并从提升领导干部自身素质、完善决策体制、构建决策协调机制等三个方面探讨了进一步提升领导干部决策能力的有效途径，以期培养领导干部运筹帷幄之中、决胜千里之外的科学决策能力，以保证决策取得良好成效，战胜新时代行政决策所面临的困难和挑战。

一、决策能力的概念和构成

（一）决策能力的概念

"能力，通常指完成一定活动的本能。包括完成一定活动的具体方式以及顺利完成一定活动所需要的心理特征。决策能力是属于能力的一种，指人们面对问题时，为实现预定的目标，根据科学的决策原理、遵循科学的决策程序并采用正确的决策方式方法制订最优方案并付诸实践的能力。"[1]在当今社会化大生产的环境下，在建立社会主义市场经济的过程中，科学决策是现代领导者应当拥有的最主要、最基本的一种工作能力。另外，笔者还要引入"胜任力"（competency）这个词来佐证决策能力这一概念。据相关资料显示，胜任力一词来源于拉丁语"competere"，含义是"适当的、正确的"，是由美国著名的组织行为研究者戴维·麦克利兰（David McClelland）提出的。旧有的智力测试、知识储备测试、应急能力测试已不能完全测试出社会个体的综合素质，而麦克利兰提出的胜任力指标能充分体现出被测者的综合素质。1973年麦克利兰便在其《测量胜任力而非智力》一书中明确了"胜任力"的基本内涵，其中也包括了本章所涉及的"决策能力"这一概念。据麦克利兰的观点，胜任力与高效的工作业绩密切相关，并具备定量可测性——其可测指标包括知识、经验、专业技能、人品气质和目的动机等内容，是社会中个体的基本属性。而决策力是胜任特征的核心之一，是决定他人行为与表现的关键因素，体现在基层政府工作中，便是决策所带来的影响。

---

[1] 张春光,仲鸿生,施宝富,主编.现代领导者能力通论[M]北京:学苑出版社,1993:23.

（二）基层干部决策能力的构成

按照胜任力理论，基于胜任力的基层干部的决策能力构成主要应包括三个级层。"第一级层是基础部分，是各级各类组织通用的工作胜任能力，即在组织核心价值观的基础上总结出的若干行为描述，是基层领导都应当具备的知识、行为能力和个人特质。第二级层是中坚部分，是职系通用胜任力，即一个职系内的各个岗位都需具备的工作胜任能力，是区别于其他职系的通用能力，并且职系内不同岗位在这些通用能力上的要求是不一样的。第三级层是顶层，是岗位技术工作胜任能力，它是区别于职系内部其他岗位特征的胜任力。"①

笔者通过对基层干部的岗位分析，结合各级政府对基层干部的岗位要求，通过对干部的知识水平、行为能力和个人特质进行分析，借以对形成基层干部科学决策能力的结构性因素进行分析。

1. 思维能力。它是指通过人的大脑对感性认识获取的信息进行加工制作，借以形成概念、判断和推理，认识事物的本质和规律的能力。

2. 调研能力。即为了认识客观事物的规律，总结真理性结论而对所获取信息的加工整理、逻辑分析、综合提炼的能力。

3. 预测能力。即以科学知识为基础，依据过去和现在的数据、资料，借助一定的现代科技手段，通过思考、推理和分析，对事物未来的发展进行估计和推测的能力。决策只有建立在预测的基础上，才会具有可靠性。

4. 多谋善断的能力。是指决策者在决策过程中应具备的智慧、同时善于决断的能力。

5. 驾驭信息的能力。即决策者通过各种方式、途径获取信息，处理和利用信息的能力，是决策者获取相关信息的数量与质量、加工处理信息的程度与水平、运用和实践信息的效率与效益的综合反映。在通常情况下，决策的准确性与决策所需要信息的质量和完整性是成正比的，决策的过程实际上就是一个信息的采集、加工和转换的过程。

6. 运用智囊的能力。即借助和发挥智囊团组织和智囊人物的优势进行科学决策的能力，包括组织和选择智囊人物、借用智囊技术、运用智囊方

---

① 张浩编. 新编基层领导工作手册[M]. 北京：蓝天出版社，2004：88.

法等三方面的内容。

7. 组织实施能力。是指围绕预期的决策目标，制定切实可行的方法措施，组织和动员参与实施的各方发挥各自的能量，有步骤地率众达标的能力。

8. 权变能力。即正确洞察并适应客观环境、形势的推移变化，因时、因事、因人制宜，及时采取相应对策，实施相应行为的能力。

二、提升领导干部决策能力的必要性

毛泽东曾将领导干部的责任归结为：出主意和用干部两部分。笔者认为，所谓"出主意"是指针对某一特定事件制定方针政策，为工作的顺利开展确定方向；"用干部"是指在具体工作中对人事方面进行决策，为决策的执行和实施提供有力保证。可以说，决策贯穿领导干部工作的整个过程，对其职能的发挥起着十分重要的作用。领导干部领导水平的高低，关键在于其能否及时并适时发现和解决问题，发现和解决问题的过程归根究底就是决策—执行决策—再决策—再执行决策的一个不断循环过程。进一步提升领导干部的决策能力，对领导干部工作的顺利展开和取得良好成效具有十分的必要性。

（一）决策是领导干部的基本职能

决策是领导干部最基本职能的重要体现，可以说领导干部这一职务就是专门为决策而设定的，只要领导干部存在，就一定会有决策。决策是领导干部的基本职能具体体现在以下几方面。

首先，领导干部的工作主要围绕着决策展开。决策属于领导干部日常工作中所从事的一项经常性的重要活动，不管是国家政府机关，还是国有或私营企业，任何部门、任何层次的领导干部都需要对出现在其权限范围之内的各种问题进行处理，所以在一定意义上来说，领导干部的工作就是决策。

其次，决策贯穿领导干部活动的始终。我国当前领导干部在实际工作中的主要任务就是不断发现并解决出现在工作中的各种问题。换言之，我国领导干部当前的工作就是一个不断进行决策—执行决策的循环过程，所以说决策是保证领导干部取得良好工作成效的最基本手段。

再次，决策能够为领导干部履行各项职能奠定基础。从本质上来说，领导干部的责任就是在制定各项工作战略，拟定工作规划并确定政策的同时，辅以组织管理，完成对其下属干部的合理使用，而这些最基本职能的实现都要以决策为基础。只有进行科学合理的决策，才能够保证工作有条不紊地推进。

最后，决策的正误对领导干部事业的发展起到决定性作用。具体而言，领导干部所作的决策其实是对未来事业方向的一种提前规划和指引，正确的决策不仅能够为国家治理和未来经济的发展带来积极的影响，而且还能为领导干部个人事业带来巨大的成就；而错误的决策不仅会让国家遭受相应的损失，而且还会阻碍领导干部个人事业的顺利发展。也可以说，决策是决定领导干部未来事业发展的主要因素。

通过以上分析，我们不难看出，决策与领导干部的基本职能之间存在着十分密切的关联，决策不仅贯穿领导干部所有领导活动的始终，而且还涉及领导干部活动的各个领域。因此，提升领导干部决策能力，在实现领导干部基本职能方面很有必要。

（二）提升领导干部决策能力是践行科学发展观的重要内容

1. 科学发展观与提升领导的决策能力的内在联系

深入贯彻和认真落实科学发展观的过程就是有效提升领导决策能力，加强干部执政能力建设的一个过程。从科学发展观对党的执政要求和内涵上来看，贯彻和落实其精神与提升领导决策能力与目标是一致的，都是要做到在政治经济同步发展的基础上，不断提高人民群众的精神和物质水平，促进社会的全面进步。

2. 提升领导的决策能力是科学发展观深刻内涵的体现

科学发展观作为我党提出的科学的、具有时代特色的理论意义和实践意义的指导思想，对各级领导干部的决策能力，也提出了更新更高的要求。科学发展观的深刻内涵揭示了经济社会发展的客观规律，同时也让我国各级政府认识到，只有按照客观规律来办事，谋大计、策发展，才能真正把各项工作做好。实践证明，如果能正确认识事物的发展规律，并且能科学合理地运用它的话，经济社会发展就能比较顺利，决策后的效果也就比较好。这就要求各级干部特别是基层县域干部必须加强各方面的理论学习，认识和把握客观世界的规律，运用好的理论思维能力，加强自身的综合理论素养，把从实际工作中总结的实践经验提炼成指导整体全面工作的理性认识，从而实现、维护和发展好人民的根本利益，促进全社会的和谐发展。

3. 提升领导的决策能力，推进科学发展观的具体落实

在党的十六届四中全会上，中央多次强调，改革和完善决策机制，推进决策的科学化、民主化。完善重大决策的规则和程序，通过多种渠道和形式广泛集中民智，使决策真正建立在科学、民主的基础之上。所以，作为国家路线、方针、政策的具体执行者和落实者，基层领导干部理应不断加强理论学习和实践探索，树立科学决策的指导思想，遵循科学的决策程序，才是科学发展观切实得到贯彻落实的根本保证。

（三）全面建成小康社会对提高领导决策能力提出了新的更高的要求

全面建成小康社会不仅是党和国家当前的最大奋斗目标，而且还代表着我国各族人民根本利益的最终归属。近年来，随着我国经济的飞速发展和行政工作环境的日趋复杂化，导致影响领导干部决策的相关因素也越来越多，而全面建成小康社会对提高领导干部决策能力提出了新的更高的要求，具体体现在以下几个方面。

首先，要求领导干部作决策更加科学、准确。要想实现全面建成小康社会的发展目标，那么首先就要明确小康社会的概念；然后再确定应该采取什么样的措施，如何建设小康社会；这一系列的决定都需要我国领导干部来决策。只有领导干部将国家政策、专家建议、民众意见和自身理解有效结合在一起，才能够为小康社会赋予一个科学合理的定义，才能够进行小康社会的全面建设工作。由此可见，全面建成小康社会要求领导干部的决策更为科学、精准。

其次，要求领导干部作决策更加民主、合法。众所周知，一个具有高度责任感的领导，他所作出的任何决策都是能够得到广大民众支持的，主要是因为其在决策过程中充分遵循了民主原则。而社会主义民主的进一步扩大，不仅能够让广大民众的基本权益得到更好的保障，同时对实现社会的公平正义也具有积极的推动作用。全面建成小康社会要求各地政府不仅要加强文化建设，让全民文明素质得到进一步的提升，而且还要进一步加

强对社会事业的推进，让广大民众的生活得到全面改善。而这些要求都是通过领导干部来实现并推进的，所以领导干部在具体工作中要想满足这些要求，就必须提升自身决策能力，保证各项决策的民主性和合法性。

通过以上论述，我们不难发现，领导干部要想较好地响应党和国家提出的全面建成小康社会要求，那么就必须对自身决策能力进行必要的提升。进行决策时，不仅要对我国基本国情有一个清晰透彻的了解，而且还应该将基层民众的所需所求和国家政府的具体要求有效结合，然后借助充分的调查研究，吸取专家学者的智慧，在节约能源资源、保护环境的基础上做出正确、有效、具有较强可行性的决策。只有将全面建成小康社会的要求融入整个决策过程，分析利弊，才能够有效避免决策的失误，让工作取得良好的成效。

（四）决策随着社会的发达程度的彰显愈发重要

决策的重要性会随着社会发达程度的不断彰显而进一步提升。"火车开得快，全凭车头带"，从这句俗语中我们就可以看出领导干部的重要性。当今社会是一个集科技和信息发展为一体的多元化复杂型社会，随着市场经济结构的不断变化，决策者在经济发展和各项工作进程中的重要性日益凸显，而领导干部被喻为行政工作中的"领头羊"，为广大人民谋求福利的"公仆"，其工作成效不仅影响到国家的治理和发展，而且对广大民众的切身利益有着至关重要的作用。在社会如此发达的今天，一个很普通的决策失误，就可能导致国家经济损失上亿元。所以说，社会越发达，决策失误所导致的经济损失就越大，决策也就越发显得更加重要。

通过以上分析，我们不难看出，提升领导干部决策能力不仅是实现领导干部基本职能的最基本途径，而且对全面建成小康社会具有积极的促进作用。同时，提升领导干部的决策能力也是顺应时代发展需求，在事业中取得成功的关键。准确来说，提升领导干部决策能力其实是一项综合性工作，一方面需要我们花费较多的精力来学习马克思主义理论，尤其是中国特色社会主义理论的最新成果，在对现代科学技术和先进现代管理知识有较强了解的前提下，为贯彻并落实习近平新时代中国特色社会主义思想打下坚实的基础；另一方面，则需要我们在工作上树立正确的政绩观，在端正工作指导思想的同时，大力弘扬求真务实的工作精神，对领导作风和工作作风进行深刻的认识和转变，在建立健全科学决策机制的基础上，进一步完善我国领导干部决策管理制度，进而防范并避免由于决策失误而带来的各种损失。

三、领导干部决策能力的构成

关于领导干部决策能力的构成，国内外诸多学者都站在不同的角度对其进行了论述，笔者通过对国内外相关研究成果的整理和归纳，主要从民主决策能力、科学决策能力和依法决策能力等三方面对其进行阐述。

（一）民主决策能力

所谓民主决策能力，就是指领导干部在具体的工作过程中能够通过广泛集中各方智慧、吸取各方意见，在遵循特定规则、程序和方式基础上，制定出符合地区实际发展战略，能够较好地发现问题和解决问题的能力。在对领导干部民主决策能力的分析中，笔者主要对提升领导干部民主决策能力的现实意义和提升民主决策能力的方法进行论述，具体如下。

1. 提升领导干部民主决策能力的现实意义

民主决策能力被公认为领导干部作出正确决策的"生命线"。民主决策能力的提升，不仅能够有效避免和降低领导干部决策的失误率，而且对进一步提高领导干部个人领导能力和综合素质具有至关重要的现实意义，主要体现在两个方面。

（1）有效促进民主的发扬和民情民意的表达

倾听民声、表达民意是一个合格的领导干部完成其本职工作的最基本表现。而对领导干部的民主决策能力进行提升，不仅有助于其对民情的深入了解，同时能够督促其站在广大民众的立场，将民众利益作为决策的出发点和立足点。此外，对民主的发扬，对领导干部珍惜民力、表达民意的工作态度的培养都具有积极的影响作用。

（2）能够进一步推动我国民主决策制度的完善

领导并支持广大民众掌握并行使管理国家的最基本权力是各级政府运行的基本内容和主要目标，也是我国领导干部在行政工作中职责的一种体现。而让广大民众行使管理国家的基本权力的前提是对民主选举、民主决策、民主管理和民主监督的全面顺利推行，这一系列制度或原则的推行，都是建立在完善严谨的民主决策制度的基础上。所以说,对领导干部决策能力进行相应的提升,在一定程度上能够促进我国民主制度的进一步完善。

2. 提升民主决策能力的方法

经过多年的实践验证,人们逐渐意识到,要想实现民主决策,就必须做到以下几点。

(1)坚持发挥专家作用

发挥专家作用,换言之就是借助"外脑"。党的十六大报告强调,各项工作要想取得成功,正确的决策是必备前提。领导干部在进行决策时,应该充分发挥专家的作用,只有将自身意见、专家建议和问题发展实际情况有效结合起来,才能够作出正确的决策,为工作确定方向。

(2)坚持发挥群众作用

具体而言,就是指领导干部在决策过程中,除了充分发挥专家作用之外,还应该遵循民主化原则,进一步拓宽民主渠道,将人民群众在领导干部实际决策过程中应该享有的最基本知情权、参与权以及建议权落到实处。只有充分结合民众实际需求,能够切实反映民众愿望,经受住民众监督的决策,才能算是民主的决策。

(3)增加决策透明度

近年来,随着我国党员群众参政议政热情的进一步高涨,群众对党务、政务及时公开的要求也越来越迫切,而决策作为领导干部最基本职能的体现,所以增加决策透明度,在一定程度上不仅能够有效促进群众对知情权和监督权的行使,增强决策的民主化,而且还能够进一步密切党群、干群关系。

(二)科学决策能力

笔者认为,所谓科学决策能力,就是指领导干部在实际工作中,根据一定的科学思维,结合科学决策手段和科学的决策技术,针对特定事件而发现并解决问题的一种能力。对领导干部科学决策能力进行必要的提升,不仅能够进一步提高党和政府的执政能力和领导水平,而且还对完善和健全我国现阶段领导干部决策具有至关重要的作用。在对科学决策能力的分析中,笔者主要从提升领导干部科学决策能力的现实意义和提升科学决策能力的方法等两方面进行论述,具体如下。

1. 提升领导干部科学决策能力的现实意义

提升领导干部科学决策能力,对避免和减少领导干部工作出现错误,规范领导干部决策行为都具有十分重要的现实意义,主要体现在三个方面。

(1)是落实我国科学发展观的重要体现

科学发展观的本质和核心是"以人为本",主要强调人的全面自由发展。决策正确是对国家和人民资源的一种节约,而决策失误是对国家和人民资源的最大浪费。所以说,领导干部科学决策能力的提升,对落实科学发展观、发扬民主、集中民智具有重要的意义。

(2)是构建和谐社会的重要举措

领导干部是构建社会主义和谐社会的关键所在,领导干部的工作能否得到群众的支持,其能否和群众搞好关系等在很大程度上都会影响到党和国家的长治久安,同时对构建社会主义和谐社会目标的实现也具有较大的影响作用。而领导干部能否在决策时做到科学合理,则是领导干部工作取得较好成效的关键所在。所以说,对领导干部的科学决策能力进行提升,不仅能够加强领导干部对以人为本、人民执政工作理念的理解,而且还能够对构建社会主义和谐社会起到积极的促进作用。

2. 提升科学决策能力的方法

提升领导干部科学决策能力,关键在于对领导干部自身决策指导思想的树立、对事业心和责任感的培养和对科学决策既定程序和思维的遵循。提升科学决策能力的方法和途径具体如下。

(1)树立正确科学的决策指导思想

科学决策并不是思想上的天马行空,其在产生和确定的过程中,会受到各种客观因素或者主观条件的影响和制约,如果领导干部在进行决策时,无法对这些干扰因素进行正确的认识并克服,那么就可能会出现决策失误。要想避免由于主、客观因素引起的决策失误,就必须树立正确的决策指导思想。在实际决策中,要始终以马克思主义、毛泽东思想和中国特色社会主义理论体系为指导,以实事求是、与时俱进、解放思想等为决策理念,积极邀请专家学者并主动引导广大群众参与决策,在尊重客观规律的基础上,树立系统、全面的决策意识,进而借助科学的决策方法作出正确决策。

(2)加强对事业心和责任感的培养

高度的事业心和责任感是领导干部实现科学决策的最基本保证。领导干部在实际工作中,应该正确看待并处理"有为"和"无为"两者之间的辩证关系,在不断强化自身大局发展意识的同时,通过对自身理论水平和工作驾驭能力的提升,进一步提升自己的事业心和责任感;在实际工作中不仅要学会找切入点,而且还要对自己的权责有一个清晰的认识。只有将决策和责任结合起来,才能够作出切合工作实际发展需求的决策。

(3)严格遵循科学决策的既定程序和思维方法

一个决策从产生到决定,一般都要经历提出—调查研究—开会讨论—提出备选方案—聘请专家咨询论证—进行可行性分析—提选最佳方案—最终决策者拍板等具体环节,每一环节在实际实施过程中都应该遵循一定的规则和标准。只有规范决策的既定程序和思维方法,才能够有效避免决策行为和权力的混乱滥用。只有有章可循的决策,才能够保障决策的科学化。

(三)依法决策能力

依法决策能力主要指领导干部在实际工作中,根据国家宪法及相关法律法规的规定,运用法治思维和法治方式发现并解决工作中存在问题的能力。提升我国领导干部依法决策能力水平,不仅对建设社会主义法治国家具有积极的推动作用,而且对进一步完善我国领导干部决策机制也起到十分重要的促进作用。下面,笔者主要对提升领导干部依法决策能力的现实意义和提升依法决策能力的方法等方面进行论述。

1.提升领导干部依法决策能力的现实意义

从我国国情来看,实现传统人治向现代法治的转变经历了一个较为漫长的过程。从1986年开始,我国就大力提倡对全民实施法律知识普及教育;1997年,党的十五大将"依法治国"规定为党的基本治国方略;1999年,在《中华人民共和国宪法》修正案中将"依法治国"作为国家的基本治国方略;随后在党的十七大、十八大报告中,更是着重强调了"依法治国"的重要性和必要性。一个国家社会管理法制化水平的高低,主要取决于社会公共决策者及各级领导干部依法决策能力的高低,所以对领导干部依法决策能力进行提高,具有较强的现实意义,具体体现在两个方面。

（1）是实现社会主义法治国家建设的客观要求

领导干部属于国家权力的主要执行者，一方面扮演着管理社会公共事务的重要角色；另一方面还充当着人民利益的维护者，在推动国家经济发展的同时制定各种市场规则，可以说，领导干部是实现并推动法治社会建设的基石。当前我国正处于发展的关键期，各项制度和相关体制的改革已进入攻坚阶段，随着社会矛盾的日益凸显，法律在国家治理方面的重要性越来越大，只有将政治、经济、文化、社会和生态建设等问题纳入法律的范围，将依法治国贯彻改革发展始终，才能进一步实现国家各项工作的法制化。所以说，提高领导干部依法决策能力，提高其运用法治思维和法治方式解决问题的能力，是推动国家发展，深化改革，环节并解决社会矛盾，实现依法治国的客观要求。

（2）是实现依法治国基本方略全面落实的关键

毛泽东曾将领导干部的职责规定为"出主意和用干部"。可以说，决策是管理的核心，也是决定一切工作发展方向的关键。随意、客观的决策不仅会给实际工作带来巨大的损失，而且对国家建设也会带来消极的影响，所以借助法律对决策者所拥有的权责进行必要的规范和制约很有必要。各级领导干部在决策过程中，不管是在思维观念上，还是在行为模式上，都应该以法为据、依法行事，只有坚持用法治思维和法治方式对工作中的各项事件进行决策，依法履行公共职责，才能真正在依法治国战略方针中体现出引领示范作用。

通过以上分析我们不难发现，领导干部依法决策能力的提升，不仅对实现社会主义法治国家建设具有十分重要的意义，而且对全面落实依法治国基本方略也起到积极的促进作用。

2. 提升领导依法决策能力的方法

要想提升领导干部依法决策能力，关键在于对领导干部自身依法执政、依法行政观念和能力的培养，具体提升方法如下。

（1）在做事准则上，应该坚持法律至上

具体而言，一方面就是领导干部在实际决策过程中，应该遵循国家相关法律政策，对领导方式、工作体制和活动机制进行规范和完善；另一方面指领导干部的工作思维和工作行为方式应该符合国家法律政策的规定。

（2）加强对依法治国理念的学习

各级领导干部在我国法治社会的实际建设进程中都发挥着至关重要的作用，因此，领导干部在决策中，首先，应该加强对依法治国理念的学习，在实际工作过程中要明确自身工作的主要依据和工作中应该遵循的根本宗旨。只有在工作中始终坚持依法决策、依法行使权责，全力维护国家法律的崇高地位，才能够进一步规范政府和社会成员的行为，增强人民对政府的信任，为打造具有较强公信力和执行力的现代化政府奠定坚实的基础。其次，树立依法执政和依法行政的工作理念。在具体工作和决策过程中，只有坚持依法执政和依法行政，运用法治思维和法治方法进行决策，才能够真正实现权为民用、利为民谋、情为民系。最后，加强对社会公平正义价值理念的追求。公平正义既是广大群众的共同追求，也是人们共同理想的最美好体现，更是建设社会主义和谐社会的基石。各级领导干部都是国家公权力的主要执行者，在拥有法定权力的同时也肩负着法定的责任，而公正公平的司法是实现法治国家的最基本要求和最终目的，所以要想提升领导干部依法决策能力，那么就一定要增强对其公平正义价值理念的培育。

（3）坚持以人为本的服务理念

建设法治国家的根本和落脚点就是以人为本、执法为民。广大民众是实现法治社会建设的源泉和根基，民众只有自觉守法，才能够让法治落到实处，才能够保证以人为本的法治社会的形成和稳定发展。领导干部被称为"为人民服务、为人民谋福利"的公仆，所以其在实际工作中，只要能够抓住法治建设的关键和根本，合理使用法律手段解决并消除存在于社会各个层面的各种矛盾，就能够制定出合法科学的决策，进而实现预期的工作目标。

（4）主动恪守自律与他律的道德理念

实施能够让法律的"生命"得以体现，执行可以彰显出法律的权威性。只有按照法律的规定对权力进行必要的制约和规范，才能够让全面推进法治建设得到保障。领导干部要想提升自身的依法决策能力，就必须对自身所拥有的权力和责任有一个明确的认知，主动恪守自律与他律的道德理念，从自身做起，时常反省自身，在加强自律的同时，也加强他律，借助他人的监督和约束，消除精神懈怠，进而增强对法治思维和法治能力的培养。

四、领导干部科学决策能力的提升途径

（一）提升领导干部自身素质

1. 提升政治素养和理论水平

（1）提升政治素养

提高思想政治素养，用科学理论武装头脑是根本。这就要求领导干部不仅要有鲜明的阶级立场、坚定的政治信念、坚强的革命意志，还要有高尚的道德情操。首先，要通过对马列主义基本原理的深刻理解与感悟，使之凝练为一种自觉、内在的政治素养，从而能够正确地看待问题和开展决策工作。其次，要按照科学理论去规范自己的行动，提高自身的思想境界与道德水平。最后，要用"扬弃"的哲学思想方法武装头脑，在实际工作中批判地吸收各种思潮，自觉克服主观主义和教条主义束缚，正确认识和处理主观与客观的关系、干部与群众的关系、理论与实践的关系，突破旧有的传统，创新性地开展工作，为科学决策奠定良好的基础。

（2）提升理论水平

理论水平包括科学的思想方法和专业的基础知识，二者兼备，才是一名优秀的干部。这就要求领导干部要加强日常理论学习，用丰富的知识去武装头脑，同时跟上时代的脚步，及时更新自己的知识储备。重要的是通过提升自己的理论水平将其运用在决策工作中，丰富决策的思想与内涵。

2. 拓宽知识结构体系

领导干部，尤其是基层领导干部理应全面掌握科学文化知识，基层领导班子要有完善的知识结构体系，这是由其工作具备综合性和繁杂性的特点所决定的。基层干部工作是国家各项政策的落脚点，处于基础位置，有着完整的不可替代性。由于各学科之间的相互交叉、相互渗透，使得具备单一的专业知识储备的基层干部领导班子是不可能制定出一个完善的决策方案的。决策制定有缺陷，那么就会直接带来经济损失。这就要求基层干部领导班子拓宽知识结构体系，各学科知识都要有所涉猎，开拓视野，丰富知识面，加强领导班子成员的进修学习。只有这样，才能完善决策体

系，提高决策效率。

（1）懂得终身学习，与时俱进

时代在前进，知识在更新，基层干部是国家干部的基层领导者，他们的知识框架进步与否直接关系到国家基本政策的执行，如果他们的知识储备仅仅是停留在几年前甚至是十几年前，可想而知，这样的领导班子制定的决策就不能适应时代的需要，更为严重的后果可能是错误决策的提出与制定而导致的。

（2）利用各种途径，扩充知识

在当今这个互联网快速发展的时代，人们获取知识，更多的是通过互联网进行搜索与查询，特别是电子图书的发展，使得人们能十分快捷地在网上直接阅读或下载。所以，领导干部应认识到自身掌握的知识毕竟是有限的，应充分利用各种途径去获取相关的知识，为科学决策的制定奠定丰富的理论基础。要积极树立"学以益智、学以励志、学以立德、学以修峰"①的学习理念，立足于学好基本理论、掌握时政方针、通晓现代科技知识、法律知识、市场经济知识、国际知识、专业知识，着眼于增强理想信念、宗旨观念、党纪政纪观念、群众观念，培育党员意识、责任意识、法律意识、科技意识、科学发展意识、人才意识和改革创新意识，不断提高适应新形势和岗位需要的各种能力。

3.培养创新意识

任何决策的制定，都是在一定的背景下，遵循一定的原则，采用一定的方法，根据某一特殊问题而产生的。决策具有较强的针对性和局限性，一种决策，针对某一种问题或许有用，但是针对另外一种问题则无法发挥其应有的作用。因此，领导干部在对决策进行选择时，应该选择具有一定创新模式的思维方式，只有具有不断的创新意识，才能够在面对变幻莫测的情况时，发挥出较强的适应性和应变性。江泽民曾在多次讲话中就创新对国家发展、经济繁荣的重要性进行了阐释，他将创新视为民族灵魂的体现，国家兴旺发达的动力源泉以及一个政党永葆生机的精神所在。在我国，领导干部在开展决策时，往往会受到信息、环境以及情况复杂等多

---

① 习近平.在纪念陈云同志诞辰110周年座谈会上的讲话[M].北京：人民出版社，2015：11.

层次以及多元化的影响，由于没有现成的经验或者固有的模式可以照搬借用，以至于诸多决策者所作出的决策缺乏一定的前瞻性。在我国现阶段，受思维定式影响，缺乏一定的创新和前瞻性，所导致的领导干部决策失误的案例时有发生。如在城市建设中，由于对城市未来发展趋势和经济结构缺乏一定的预测，以至于在对城市建设规划和土地使用规划决策中出现失误；又如因为对一个城市环境保护和经济发展之间的关系认识不清，以至于只顾着发展经济，却忽略了对环境的保护，后来又不得不花大量资金和精力对环境进行改善。

针对领导干部在决策中由于缺乏创新思维而导致失误的现象，笔者建议可以从以下几方面对其进行改善。新思路、新方案是实现新目标、开拓新境界的前提，任何决策一旦离开了创新能力和创新精神，那么就不算一个成功的决策。要实现决策思维方面的创新，首先，就应该具备敢试敢闯的精神，只有将革命胆量和求真务实的精神有效结合起来，在对群众首创精神进行尊重的基础上，遵循择优原则并对群众的创新智慧进行吸收，才能够让决策贴近群众，达到为民谋福利的最终目标。其次，应该拥有缜密的工作态度。领导干部在进行决策时，缜密的工作态度是必不可少的条件之一，面对出现在工作中的各种问题，领导干部应该对导致问题存在的原因和影响因素有一个科学的认识，只有具有发现和分析问题的能力，才能够为决策的准确性和针对性奠定基础。最后，应该具有较强的求知欲，求知欲是创新思维产生的最基本条件。领导干部在决策过程中，应该时刻保持"三人行，必有我师"的虚心态度和求教心理，对未知的事物要具有求知的渴望，多向群众请教，因为众多的客观存在随时都在发生着变化，新问题会随着老问题的消失而不断涌现，只有从实际出发，在不断解放自身思想的同时，坚持思维上的不断开拓创新，才能够作出具有较强科学性和前瞻性的决策。

4. 提高决策思维能力

决策思维能力直接关系到决策的水平。决策思维能力是在后天的学习、经验与历练中培养出来的一种综合素质的体现，思维能力的高低是影响决策水平的关键因素。这就对领导干部提出了更高的要求，要在工作中不断磨炼自己、积累经验、不断学习。只有这样，才能对客观事物作出正确的主观反映，进而提出并制定符合客观规律的正确决策。

（1）发挥逻辑性思维

思维的逻辑性指的是思维具有良好的有序性和条理性。如果思维逻辑混乱、不清、甚至是前后矛盾，是无法保证作出正确的决策的。所以，这就要求领导干部提高自身的思维逻辑水平，在考虑、论证问题时，做到有理有据，有条不紊。只要这样，作出的决策才会让人信服。因此，加强逻辑思维的训练，有利于提升领导干部的决策能力。

（2）发挥辩证性思维

联系性、系统性、创造性和发展性是辩证思维遵循的四大基本原则。思维的辩证性也就是把客观事物的各种矛盾及矛盾的各个方面，根据其内在联系形成对立统一的整个思维过程。现代决策的关系交错纵横，十分复杂，因此，要注重从客观事物的动态变化中去把握事物的辩证关系就显得尤为重要。

（3）注重改善旧有的思维方法

新的思维方法主要包括人们比较熟知的逆向思维、双向思维、发散思维等。在日常工作中，基层干部必须树立终身学习的观念，借以改善决策的思维方式，进一步提高决策思维能力。因此，领导干部要注重学习这些新的思维方法，提高自身的思维决策能力。

（4）充分重视创新意识

创新意识是决策制定过程中的灵魂所在。离开了创新，就谈不上决策的与时俱进。缺乏创新精神的决策是毫无特点、毫无生命力的，因此，决策过程的制定要让创新意识得到体现，要想别人所未想，同时结合客观情况，制定出一个完善的、富有意义的决策才是基层干部制定决策的出发点。

（5）加强心理素质

领导干部的心理素质会直接影响到决策的执行。这是因为，在基层领导干部所要解决的工作中，有相当一部分是具有前瞻性的，特别是在关系地方政治和经济的某些重大问题上，责任与风险并存。因此，基层领导干部在面对这些问题的时候要承受相当大的压力，所以要重视日常心理素质的加强，提高面对特殊情况的抗压能力。

（6）积极开展培训，完善决策能力

诺贝尔经济学奖获得者阿玛蒂亚·森（Amartya Sen）认为，根据人力资源能力建设，经济社会发展的根本目的是促进人的发展，而实现发展的关键是提高人的能力。[①]这是因为，每个人对于社会来说都具有一定的功能，但只有通过教育、培训等形式才能发挥其自身功能，使他们具备行使这些功能的能力。但是从我国目前基层领导干部决策能力培训工作的现状来看，在这方面存在许多不足之处，如培训的规章制度不完善、专门的培训机构、科学的培训方法十分缺乏。

①从宏观角度看，要有正确的培训理念。部分干部一直认为，当地的经济发展是其工作中的首要任务，而所谓的培训是软工程、场面需要，有兴趣则参加，无兴趣全当无此必要；还有一部分干部认为，自身学历够高了，培训与不培训没有任何区别；有的基层干部平日杂事缠身，从来未曾想过参加教育培训，甚至认为培训是耽误工作时间，没有任何意义。这些想法严重妨碍了培训工作的开展。基层工作是国家各项工作的基础工作，其成效的好坏直接关系整个社会的大环境。所以，必须通过科学有效的各项培训，使基层干部真正适应地方工作的需要。

②要树立终身学习的观念。随着社会的发展，新事物和新技术不断涌现，现有知识的更新速度比以往任何一个时代都快。社会个体即使拥有较高的学历和学位，如果不注意加强中后期的学习，会导致其知识迅速老化。党的十六大报告和十六届四中全会的相关文件中都提出，要打造一个全民学习、终身学习的学习型社会，促进公民的全面发展。江泽民、胡锦涛和习近平同志也分别在不同场合指出，我党的各级干部要保持持续、积极、有效的学习心态和学习能力。这充分说明，社会的发展和人的发展具有高度的相关性。如今我国部分行政干部，特别是基层干部不能完全认识到这一点，导致其在决策时不能利用新的理论来指导其行为。所以，基层干部要想作出科学、正确、符合国情的决策，必须树立终身学习的观念。

③要有创新的培训方式。要真正通过培训提高基层干部的决策能力，良好的培训方式方法是不可或缺的。只有采取良好的培训方式，才能使干部的学习性被充分调动，达到自我学习的高度，真正实现培训的最终目

---

① [印度]阿玛蒂亚·森.以自由对待权利[M].北京：社会科学文献出版社，2000：58.

的。培训的方法方式很多，比较传统的有讲座式培训，它适合传授新的知识和理念，但受训人员要有良好的基础和接受能力；缺点是形式僵化、培训讲师和学员之间缺乏交流。而目前较流行的互动型培训方式、模拟培训、户外训练等方式则能较好地达到培训效果。如互动型培训，它是一种在讲师与学员之间以提问、游戏和小组讨论等方式进行多向的沟通和交流，这样的学习模式，不仅锻炼了干部发现问题、提出问题的能力，而且通过"情景式""互动式"教学，启发了其思维，对提高其解决问题的能力起到了促进作用。而户外训练则是让学员在工作场所之外，通过活动亲身体验在日常的工作场景中很难感受的东西，从而实现观念更新和思维转变。总之，在决策能力的各类培训中可以通过多种方式，提升基层干部决策能力。

5. 提升决断能力

（1）正确把握工作目标和前进方向

对工作目标和前进方向有一个准确客观的把握，是提升领导干部决断能力的首要条件。在具体决策过程中，领导干部遇到事情应该对其轻重缓急有一个比较客观的认识，切忌对紧急形势武断判定，遇事就轻易决定。在进行分析时，应该能够及时抓住问题中存在的主要矛盾，努力地寻找到一个比较合理的切入点，积极主动地对实际拥有的资源进行合理调配，同时结合合适的方法和手段，采用科学有效的方式对出现在工作中的各种问题进行处理。

（2）要具备敢拍板、敢干的决心

在现实中，决断力是一个领导干部做事果断的主要体现，因为一旦作决断，就会随时面临着失败的风险或打击，所以作为领导干部，就必须要有必胜的决心，做到敢拍板，敢干，这样才能在实际工作中较好地发挥出主心骨的作用，为员工作表率，刺激员工工作的积极性和热情的进一步提升。决断能力也是勇气的一种体现，因为在现实工作中，不同的人针对同一问题可能产生很多种不同的看法，思想碰撞，甚至意见相左的情况时有发生，所以作为决策者，就必须具备力排众议的勇气。只有始终坚持正确科学的观点，才能在工作中获得众人的认可。

（3）要具有较强的责任心和使命感

决断能力是领导干部责任心的主要体现。很多决断者在遇到关乎荣誉、事业发展的情况下，往往因为受到一些主观因素的影响而贻误决断时机，有的人甚至将其留给下一任。之所以出现这种情况，根本原因就在于领导干部缺乏一定的责任心和使命感。所以，领导干部要提升自身决断能力，就必须将群众的根本利益放在第一位，在工作中体现出自己的责任感和使命感。

（4）要避免优柔寡断

一个具有较强决断能力的领导干部，其在作决策时，一定要避免优柔寡断。在具体的决策过程中，不能总是使用两个标准去衡量一件事情的好坏，应该学会"两害相权取其轻，两利相权取其重"，将集体利益放在主要位置，只有这样才能够获得更好的工作成效。

（5）一切决定都要符合规律，建立在实干基础上

领导干部在进行决策时，一切的结论都应该建立在实干经验和符合规律的基础上。在具体的决断过程中，不能将希望寄托在一些具有较大利益，但是具有较高偶发性的决定上。同时，在作决定的时候，应该将广大民众的意见和部分专家的建议结合在一起，对自己观点中的不足和缺陷进行补充完善，然后经过综合分析，在顺应大势的前提下，作出决策。

（二）完善决策体制

要完善行政决策体制，首先要从运行机制入手，对其不断修正，借以建立健全良好的决策体制。

1. 决策原则具备的特征

（1）时效性

创新往往是影响战略决策的主要因素，而创新又具备很强的时效性，所以时效性也是决策原则的一大特点。开拓创新，适应未来是决策实施的方向。

（2）可行性

领导干部制定的重要决策正确与否，关键在于这个决策是否具备可行性，能否面对环境条件的不断变化提出应急预案。

(3）全面性

全面性是制定决策时要把握的另一个方面，这就要求领导干部在制定决策时要基于全面的分析及系统的研究等科学方法。

(4）公平性

公平性是保障决策正确的必要条件。这就要求领导干部在制定决策时，要遵循透明、公正、民主的原则，杜绝独断独行，善于倾听多方意见与建议，并从中采纳最佳的方案。

(5）务实性

务实性是决策理念的核心，这就要求决策施行的结果不是搞面子工程，而应一切从当地实际情况出发，从老百姓切身利益着手，为百姓考虑，为百姓办实事、谋福利。

2. 规范决策程序

决策程序要求规范化、科学化，这不仅是决策本身的要求，同时也是避免人为主观因素带来的决策失误、提高决策实施效率的要求。基于此，可以把一个完整的决策过程划分为以下四个阶段。

（1）明确决策目标

未来行动的方向是建立在明确决策问题的基础上的，领导干部要根据需要与可能，来确定具体、切实可行、主次分明的目标。

（2）拟订决策方案

决策方案是决策的关键内容。在这一环节上，方案的多样化、差异化能让决策者优化选择，明确具体内容，保证决策后的行动准确无误。

（3）评选决策方案

领导干部要根据明确的方案评选标准，对各个备选方案进行利弊权衡和优劣比较，最终确定解决问题的最优方案。

（4）实施决策方案

领导干部应该在认真分析既定方案的基础上，制订具体的实施计划、措施和步骤，保证方案有计划、有步骤地实施，并准备防范应急措施以应对最终方案在实施过程中可能出现的问题。在方案实施过程中要不断修正决策方案，保证目标的最终实现。

3. 掌握良好的决策方法

黑格尔认为，方法就是能力，他在《逻辑学》中提到，任何事情所不能抗拒的、最高的、无限的力量就是方法。正确的决策方法是基层干部作出科学决策的必要条件。自古以来，决策的形式多种多样，从原始社会的占卜决策到封建社会君王的独断专行，以及近代参谋体制下的作战模拟，再到随着计算机的大规模普及，出现了人脑与电脑相结合进行的决策，决策手段日新月异。现代决策主要采用以下四种方法。

（1）因势利导法

即充分利用随机因素，并借助由此带来的有利形势以实现决策目标的方法。它要求基层干部及时抓住、抓准良机，同时要审时度势，利用各种手段推动事物的发展。

（2）定性、定量研究法

首先明确决策的目标，即对决策进行定性，也就是确定决策方案，然后在此基础上，对决策实施的步骤、环节进行细化，即定量化。

（3）决策分解法

即把一个完整的决策任务分解为若干小块，并对每个小块任务的实施确定负责人。这样把任务进行分解，不仅可以强化负责人的工作责任心，还可以提高决策的可执行性，提高决策实施的效率。

（4）精简决策法

当决策实施的时间有限，来不及对一个完整决策方案中的每一个环节都付诸实施时，就需要把握决策核心，抓住决策重点，围绕关键决策点对整个决策实行精简，力求在决策方向不变的前提下，实施好决策的重点环节、重点内容。

4. 健全领导干部决策问责制

决策问责制，即对于执行不力的决策者实行责任追究的工作机制，与处分、降级、免职挂钩。同时，还应将决策完成情况纳入当地经济社会发展综合评价体系，作为领导干部综合业绩考核的重要内容。我国目前也建立了问责制，但是体制还很不健全，存在诸多缺陷与问题。为了避免领导干部不作为的工作作风，这就需要健全决策问责制，对责任的追究情况加以细分，并纳入法律范畴，才能对领导干部的决策行为产生约束，同时避免或减少给国家带来不必要的经济损失。这里所谓的执行不力，具体来讲包括以下四种情况。

（1）不顾当地客观情况，对上级下达的文件精神敷衍了事，从而导致决策违背客观经济社会发展规律并给当地造成一定的经济损失的，不仅要对基层决策者给予行政警告处分，如果是党员还要给予党内警告处分，同时根据个人实际情况赔偿经济损失。

（2）不公开、公正听取班子内部或群众代表意见，个人独断而导致决策失误，造成较为严重的经济损失的，给予行政记过或记大过处分，如果是党员还要给予党内严重警告处分或撤销党内职务，并附带经济赔偿。

（3）单纯追求速度，凭个人意愿乱上项目，搞面子工程，导致决策失败而造成严重经济损失和负面影响的，给予行政降级处分，如果是党员同时给予留党内党察看处分，除附带赔偿经济损失外，还要追究刑事责任。

（4）因受贿或为他人谋取私利，而使决策失误造成重大损失和恶劣社会影响的，除了给予撤职或开除处分，党员开除党籍，没收全部非法所得并追究相应的刑事责任外，还要根据个人实际情况附带经济赔偿。

（三）构建决策协调机制

1. 健全第三方决策协调评估机制

（1）树立民主理念，提供坚实的思想保障

从根本上说，领导干部决策协调是现代行政管理民主化的重要体现形式。一个国家的政治发展和文明程度，很重要的一个衡量指标是可以通过领导干部的民主意识形态来展现出来的。新时代，在推进社会主义民主政治的进程中，领导干部加快决策协调机制构建是符合政治发展要求的。民主理念的树立，从行政发展的趋势来看，是领导干部良好行政习惯的重要保证。民主理念是决策协调的前提条件，决策协调是民主理念的表现形式，它们是相辅相成、相互统一的。对于领导干部而言，在进行决策协调的过程中，要从思想上树立起良好的民主理念，摒弃专政作风，积极听取同级、下级、民众的声音，真正做到"从群众中来，到群众中去"。这样，为不同群体参与各项事务的决策协调创造更多、更广的机会，不断完善第三方参与决策协调的思想基础。只有从思想上接纳民主，才能为各项事业奠定坚实的保障基础。

(2)依托社会组织,完善互动性均衡构架

改革开放以来,我国的社会结构发生了翻天覆地的变化,社会组织对推进本区域经济发展、领导干部体制变革起到了重要作用。领导干部的决策协调,是行政领域内的重大事项,它关乎利益的调整和资源的分配。从这层意义上讲,作为充当公民与政府沟通桥梁的社会组织,就必须在登记门槛、社会功能等方面受到密切的重视。在决策协调的过程中,必须切实倾听社会组织的声音,让它们在教育、环保、卫生、文化、妇女等多个领域切实融入政府决策当中。领导干部也必须切实地借助社会组织所发挥的重要功能,顺应现代民主潮流,听取社会组织的建言献策,以便更好地制衡权力变异。社会组织不能局限于体制内的研究室、咨询机构等,必须大力发展体制外的决策协调机构,发挥其人才集中、研究客观、利益切合实际的优点,为领导干部的决策协调提供更好的服务。同时,还可以完善领导干部体制,形成良好的社会监督职责,从而能构建既有关联性又有互动性的决策协调机制,有效保障权力的均衡制约。

(3)优化轨道建设,拓宽多元执行线路

领导干部的决策协调能否顺利实现,关键在于执行是否到位。可见,执行力的建构是决策协调机制的核心要素。但是,不少领导干部的执行方式仍粗暴化、简单化、单一化,这极大地激化了干群矛盾,破坏了领导干部的行政为民形象。新公共管理理论认为,政府不是唯一的管理者,而应该是公共管理的合作者。政府应当利用各种市场化的手段和方式,充分发挥人力和资源的最大作用,从而实现整体效率的提高。因此,领导干部应当积极借鉴国外先进有效的管理方式,在可控的范围内,依托社会的力量,通过委托、授权、竞争等手段将一些决策协调事项划分给各种组织机构,以便使得自己能够充分履行好监管权。另外,通过向下分权、放权以及各种人性化的管理方式,充分调动下级、同事的积极性、创造性和责任性,切实地让他们参与到决策协调的执行工作中来。领导干部只有不断开拓思想,创新思维,努力优化决策协调执行的机制建设,拓宽执行渠道,开拓出更广更大的执行路线,才能调动一切可以调动的力量参与到所在地区的社会建设当中,从而使得决策协调事项真正地被贯彻落实。

2. 构造体系化的决策协调制度

（1）完善体制结构，推进内部民主

合理完善的组织结构是善治永葆生机的组织保障，也是建设现代民主政治的趋势所在。各级政府要推进政治体制改革，积极创新思维，优化创新方式，拓宽创新渠道，在党和国家的政治大政方针范围内，设计有效的推进本地区发展的组织构架，并完善相关的运行载体，促使系统化、合理化的体制形成。坚持政府常务会邀请人大、政协等领导到会参事、议事，坚持依法办事、依法行政，推行阳光政务，推进政务服务中心建设。一方面，应当继续完善和健全党委的领导，创新领导方式，全面树立民本的战略思想，积极转变落后守旧的执政理念，充分发挥党员的先进性作用，增强普通党员的话语权和使命感，扩大党内民主氛围，这样就可以有效地发挥党内一切积极的因素并投身到本职工作上来，进一步推进内部民主气氛的形成。另一方面，党委和政府、人大、政协应当形成动态的平衡机制，充分凸显出人大监督、政协参政的重要职能，积极打破"党委决定一切"的家长制作风。完善内部的智囊参谋机构，提升其建言献策能力，在待遇、级别等方面上给予适当的照顾和安排，激发工作人员的奉献精神，促使这一部分非正式组织的力量强大起来，有效地维护着体制整体性的均衡。可以说，健全合理的体制结构是决策协调的基本保障，它可以避免多头管理、职责混乱等现象的发生，从源头上保证了决策协调事宜的顺利进行，为政府的公共管理提供了极大的便利。

（2）健全执行机理，明确定位职责权

任何决策事项的落实都是依赖于某个可靠稳妥的执行路线。健全的执行机理是决策协调制度的重要组成部分，它在很大程度上是直接决定着制度的"收益"情况的。要想在决策协调制度的落实上实现重大的突破，就应当重塑"为民"的执政形象，在执行的整体环节上寻找突破口，事前"吃透"执行要求和规定，事中严格执行程序步骤，事后检查执行效果和总结经验教训。在执行环节中，要准确划分和规定相关部门的职责权限，打造"事有人管、人有权管"的良好局面。

首先，健全合理的执行机理就是要明确和树立好决策协调制度执行的战略目标，应当使执行目标始终围绕着决策协调制度的宏观要求。同样，

相关部门和工作人员的职责权定位也必须服务于制度的核心要求。这是在思想上"吃透"制度执行的关键点。

其次,在构建民主法制社会的背景下,程序规范化的执行是政治文明的重要衡量标准之一。可见,相关部门和工作人员在执行具体的决策协调事宜中,应当树立程序规范的思想意识,积极学习制度执行的相关标准和要求,在实际处理过程中,真正做到按程序办事、按规范做事,不断增强执行的合法性和合理性,进而有效地促进民众信任感的提升。与此同时,执行程序上的规范化,需要依托标准化的职责权定位。只有在执行的职责权上提供尽可能合乎实际的定位,才能够确保执行程序上的稳定。

最后,制度最终还是需要靠人来实现和落实的。假若制度拥有健全的执行机理,但是缺少执行的重要载体即人员队伍,最终还是无法将制度的完美蓝图描绘出来。任何决策协调制度的执行,除了依赖执行主体的知识水平外,同样也依赖于执行客体的认知能力以及客观环境的发展情况。当排除了一些不可控和不确定因素之后,就应当着手于人这一群体的培养和教育。一方面,应当积极培训执行主体的制度认识能力,提升其业务知识水平,从根本上保障决策协调制度的顺利落实。另一方面,应当加快教育体制改革,创新教育理念,积极提升本地区民众的综合素质,提高其认识制度的理解能力,从而为制度的执行提供有利条件。

3. 拓宽民众参与决策协调的多样化渠道

(1) 积极培育新型公民

随着政治文明的发展进步,公民正逐渐成为具有自由意识、理性意识和公民意识的新型公民,也是公民社会成熟和前进的重要推动力。可以说,新型公民的出现是公共事务发展的必然趋势,它可以有效地促进公民参与到本地区的决策协调事务当中,维护自身的利益和权利。因此,积极搭建平台,加强思想教育,培育出有责任感的新型公民对丰富决策协调参与的内涵有着至关重要的作用。一方面,要建立健全财政制度,确保本区域的公民教育有着足够的经费保障。积极树立典型性培育,对素质高尚、责任感强的公民加大宣传。加强基础教育,改革僵化的教育制度,创新教育内涵,从小培育公民的道德素质,为人才队伍提供强有力的后备力量。另一方面,要积极学习现代知识,提高公民的知识水平。领导干部要以身作则，从自身做起，搞好带头，争做良好公民。同时，要努力传承和发扬中华传统美德，用社会主义核心价值观武装头脑，积极培养出符合区域发展建设的人才队伍。

（2）完善理性参与途径和方法

丰富多元的决策协调参与途径和方法，是保障民众政治权利的有力武器。

首先，扩展和创新人民群众的诉求表达机制。一方面，就是要继续健全和完善党代会、人代会、政协以及信访等传统的利益诉求表达机制，通过增强工作主动性，实行"走出去"战略，到社区、基层等一线倾听民众的参与决策协调的意愿诉求，进一步维护其话语权，以便决策协调事宜的出台和执行能够确保通畅；另一方面，应当强化利益表达渠道建设，构建规范化的公共领域，使得民众参与的对话机制、协商机制成为重要的表达载体。在决策协调的具体工作环节上，积极探索出合理规范的参与渠道。

其次，建设重大决策协调事项的公众参与机制。应当坚持重大决策协调事项的公决公议制度，对涉及本地区经济社会发展的重大决策协调问题，都必须在充分发挥集体民主的前提下才进行决策。健全社会公示与听证制度，使人民群众通过听证参与本地区的社会、政治、经济等事务的决策，让民众的权益能够很好地受到保护，同时也可以让其很好地监督决策协调事宜的各个环节，增强广大民众的认可度。

最后，推进公众网络参与平台建设。当今社会是科技技术发达的社会。以现代网络科技为核心的网络平台已经成为我国公民参与社会管理的重要手段。近年来，我国网民的数量实现了快速增长，这为搭建民众网络参与平台提供了极为有利的条件。相关部门和人员应当充分认识到网络平台是民众参与的新型途径，它可以促使公民更便捷、更全面地参与到各项决策协调事项当中。要进一步健全相关民众网络参与的法律制度，为民众参与、了解、诉求和监督各项决策协调事务提供依据。同时，应当加强民众网络参与的处理和回应机制。对民众在网络上的利益诉求进行筛选归类、登记造册、按时报告，在这些环节上必须做到按程序办事，这样民众的诉求才可以有效和及时的处理，并且得到及时的回应，反过来能更加促进民众网络参与平台的发展。

4. 坚持科学决策协调、民主决策协调、依法决策协调

（1）正确把握科学决策协调的四个环节

科学决策协调是一个集中民智、形成正确观点的过程。必须认真把握好四个环节。一是调查研究。调查研究是科学决策协调的重要基础，是形成科学决策协调的首要环节。要在调查研究中深化各种新情况新问题的认识，通过分析和研究，找出事物本质规律，准确把握了解实情，及时敏锐地发现各种问题，有针对性地提出对策，真正做到汇聚民智、集思广益。二是充分酝酿。要保证决策协调无懈可击、万无一失，还必须尽可能多地听取和收集方方面面的意见和建议。三是集体讨论。要在深入调研和充分酝酿的基础上，采取适当的会议形式进行研究磋商，体现集体领导和集体决策协调，正确处理好民主和集中、个人和集体、上情和下情、程序和效率等方面的关系，既要防止民主不够、集中不够的问题，还要防止议而不决、决而不议的问题，保证虑事周全、决断科学。四是有效执行。决策协调方案的执行实施是决策协调的延续和具体化，是检验决策协调正确性的基本环节。有了科学的决策协调，如果没有科学地执行，就会错过最佳的实施时机，再好的决策协调也不过是一纸空文。

（2）始终坚持"民主集中制"这个核心

作为党的组织原则，民主集中制是在民主基础上的集中和在集中指导下的民主相结合的制度，是我党实践和经验的总结，也是领导班子发挥政治核心作用的关键。贯彻落实好民主集中制，一是要由少数人甚至个别人决策向民主决策决策转变，更好地发挥集体领导下的分工负责制，防止和避免决策协调的主观性和随意性。二是要由经验决策协调向科学决策协调转变，不能单凭领导者个人的经验、阅历知识、才能、胆量来进行决策协调。三是要由简单决策协调向复杂决策协调转变，多注意调查研究、系统思考、科学分析，尤其是善于从"上情"与"下情"的结合中，突出独创性；从当前与长远的结合中，突出超前性；从需要与可能的结合中突出创新性，避免简单盲目拍板、简单决策协调。四是要由静态封闭决策协调向动态开放决策协调转变，用发展、变化的观点审视决策协调对象，把握对象的现状，预测对象的趋势，使决策协调最终适应时代和形势发展的需要。五是由定性决策协调向定性、定量决策协调转变。不仅对问题进行详

细的定性分析，更要确定最优发展或最优决策协调方案。六是要由微观决策协调向宏观战略决策协调转变，使决策协调具有全局性、战略性。

（3）切实落实依法决策协调

依法决策协调意味着在决策协调领域必须建立健全一系列法律规范，明确界定各级政府、政府各部门的行政决策协调权，确立完善的内部决策协调规则。依法决策协调的标志是决策协调的整个过程都必须严格地遵循法律的制约和规范，必须坚持法律保留和法律优先的基本原则，确保各种决策协调以及决策协调的各个环节都在法律规范的范围内进行。行政决策协调是一种权力，是行政权力运用的过程、结果和表现形式。无论是一般决策协调，还是重大事项的决策协调，都是行政机关实施行政管理过程中行政职权的具体体现。

第五章 抓铁有痕、踏石留印的贯彻落实态度

当前,中国特色社会主义进入新时代,我国正处于协调推进"四个全面"战略布局和"五位一体"总体布局,加快进行社会主义现代化建设的关键时期,对各项工作提出了新的更高要求。习近平多次提出要做到政府职能有所转变,深入探索简政放权,改进监督管理手段,提高政府公信力、执行力,全力打造一个让群众幸福感高的政府。任何好的政策制度、清晰的目标任务,最终都需要人去执行落实。如何增强政府执行力?如何建设让人民满意服务型政府?说到底,就是要提升党员干部的综合素质,然后让其去更加积极主动地去推动各项工作任务的落实。所以说,执行力对于党和国家而言,是各项政策方针是否能够落实的关键,同时执行力的强弱也影响到为人民服务的基本宗旨顺利实现。习近平强调,各级要强化执行力,把各项任务落到实处,不能打折扣,不能搞变通。各级领导干部的执行力不仅是群众评价党委政府形象的重要尺度,也对推进全面从严治党、贯彻落实国家战略部署有举足轻重的影响。各级领导班子和领导干部执行力的提升,对于党和国家事业的深入发展有重要影响,同时也直接决定了党执政能力和执政水平的全面增强。

为政之要,贵在落实。落实之要,重在执行。"政治路线确定之后,干部就是决定因素。"[1]党的事业和国家的发展前景,靠的就是党的干部。干部是单位完成工作规划、实现工作方针和落实各项政策要求的关键执行者,他们能否发挥出应有的作用,直接关系到整个组织的效能乃至具体工作的成败。因此,提升领导干部执行力,是全面贯彻落实中央各项政策方针的有效手段,是进一步深化改革,提升政府执行力的有效途径,是

---

[1] 江泽民. 论"三个代表"[M]. 北京:中央文献出版社,2001:173.

建设高素质专业干部队伍的有效措施。正如习近平在2020秋季学期中央党校（国家行政学院）中青年干部培训班开班式上所强调的：年轻干部要提高抓落实能力。干事业不能做样子，必须脚踏实地，抓工作落实要以上率下、真抓实干。特别是主要领导干部，既要带领大家一起定好盘子、理清路子、开对方子，又要做到重要任务亲自部署、关键环节亲自把关、落实情况亲自督查，不能高高在上、凌空蹈虚，不能只挂帅不出征。干事业就要有钉钉子精神，抓铁有痕、踏石留印，稳扎稳打向前走，过了一山再登一峰，跨过一沟再越一壑，不断通过化解难题开创工作新局面。①

基于此，本章从基层干部执行力现状着手，分析基层干部执行力存在的问题和影响因素，探讨提升基层干部执行力的路径，力争培养领导干部抓铁有痕、踏石留印的贯彻落实态度，能够改善领导干部的执行力水平，提升政府整体的执行水平。

一、基层干部执行力现状分析

习近平强调，各级领导干部要崇尚实干，把狠抓落实作为一项政治任务，始终保持抓细抓实的实干热情。一分部署，九分落实；抓好落实，关键在执行力。那么，干部的执行力现状如何呢？改革开放来，我国各级政府干部的执行力有了大幅的提高，主要体现在以下方面：（1）贯彻执行了国家政策；（2）社会公共管理得到提升；（3）提供并丰富了公共服务；（4）强力推动了社会经济的发展。但不可否认的是，一些基层干部在工作中仍然存在行动迟缓，效率不高，缺乏雷厉风行的作风和无私贡献的精神，怕苦畏难的思想时有抬头，同时，还存在决策快、落实慢的"中梗阻"现象，有的干部唯利是图，不按照法律法规和上级决策部署办事，侵害群众利益……总的来说，当前基层干部存在突出的问题就是个别干部对上级决策精神和安排部署，执行不力，导致政令不畅，存在机械化、被动化、推诿化、低效化等问题。

---

① 习近平在中央党校（国家行政学院）中青年干部培训班开班式上发表重要讲话强调：年轻干部要提高解决实际问题能力　想干事能干事干成事[N].光明日报，2020-10-11.

（一）基层干部执行力存在的问题

1. 创新能力有欠缺，执行机械化

习近平强调，政策实施后要跟踪反馈，发现问题及时调整完善。要加大政策公开力度，让群众知晓政策、理解政策、配合执行好政策。在工作的落实过程中，部分基层干部在执行上级要求和政策时，只注重表象，对于上级安排照单全收、对于政策要求严格执行，但是却与实际脱节，没有真正了解群众的想法，没有认真研究本地实际，没有做到知行合一；只会教条地理解执行，只在"红线"范围内行动，看中的是政策规定不能干什么，没有看到政策没有限制干什么，谨小慎微，故步自封；有时满足于以会议贯彻会议，以文件落实文件，缺乏主观能动性，没有结合本地实际提出不一样的思路和想法，简单地充当"复读机""传声筒"，没有发挥好领导"左右手"的职能，导致了部分单位领导在部署落实一些政策时没有很好地贴合实际，影响了政策贯彻落实的有效性。还有些年纪较大或者在同一单位工作时间长的基层干部，思想僵化，缺乏创新的精神，再加上长时间没有被提拔，工作积极性不高，不主动学习新知识、增长新本领，一味地"吃老本"，用老办法、老思想来解决实际中的新问题，容易在处理问题、执行任务时引发新问题，增加了执行政策和任务的难度。有的基层干部在执行政策和落实任务时，忽略了群众的诉求和对政策任务的看法，没有因地施策、因人施策，造成了"好心办错事"、好政策被误解的情况，导致政策和任务的落地效果不佳；遇到新问题、新情况时，思维发散不够，不会从多方面、多角度看待问题，缺乏寻找新方向的能力。

2. 责任意识不到位，执行被动化

基层干部在执行政策任务时责任意识到不到位，会导致工作热情减退，不主动作为。因此，责任意识不强是阻碍执行主动性提升的最主要因素。年轻基层干部在执行政策任务时责任意识要高于年纪较大的基层干部，升职机会多的基层干部在执行政策任务时责任意识要高于升职机会少的基层干部，而整体素质能力不高的基层干部基本都责任担当意识较差。部分基层干部缺乏进取精神，热情减退，不主动作为，全权听从单位领导安排，在面对复杂问题时，解决不了问题，推不动工作，欠缺应对的能力。部分基层干部在执行政策任务时，工作推不动，主动作为、抓落实做

得不到位，没有检查就不干，有检查了就搞临时突击，很大程度上影响了各项工作的推进和政策的落实。部分基层干部宗旨意识不牢固，服务群众观念不深入，执行政策任务过程中没有切实考虑群众困难，没有做到想群众所想、急群众所急，要么摆着不动，要么拖着不办，甚至搞矛盾上交，严重影响干群关系。再加上目前对于基层干部的工作监督追责和考核激励机制还不够合理，导致一些基层干部缺乏积极性，不愿主动解决困难问题。

3.担当意识不牢固，执行推诿化

部分基层干部在执行过程中，不愿意做有难度的工作，不愿意担风险，考虑自己多过考虑别人，善于钻小空子，一旦碰到问题从不往自己身上找原因，有机会就推卸到别人身上。部分基层干部在执行过程中充当"老好人"，工作只求过得去，不求过得硬，宁愿不干事被问责，也不愿干错而被追责，推拖滑绕、"为官不为"。特别是在重点工作中，如脱贫攻坚、扫黑除恶中，这些工作领导重视，社会关注度高，而部分基层干部担心在工作过程中一旦出现问题就会被问责处理，担心工作对象打击报复，不愿意主动担当。当前，改革进入深水区，改革的难度越来越大，面对的问题越来越难解决，剩下的时间也越来越紧张，这时就需要各级领导干部，特别是基层干部要挺身而出，主动担责。部分基层干部主动性和预见性不足，没有把"担当"二字扛在肩上，致使在抓项目、抓工作落实上，不够具体、不够深入，摸不清问题、找不准症结。由于保护机制不健全，面临"不干怕问责、干多怕出事"的难题，一些干部滋生了"只要不出事、宁可少干事"等消极情绪。同时，容错制度还不够完善，没有对执行目标、任务完成情况等进行量化，造成工作出现问题时无法准确查找出是哪个环节出现问题，也没法准确追责。

4.业务能力不过硬，执行低效化

如何让群众的切身利益得到保证是国家在制定路线方针政策时的初衷，而且各级政府作出的工作决策、部署也是符合实际的，目的是为了更好地为群众服务，为群众谋利。但是在部分基层干部中，有的干部学习不够，能力和素养与发展要求还不相适应，对经济形势分析不透、政策走向把握不准，破解难题的方法不多，攻坚克难的能力不足；自己按照自己的想法，想怎么办就怎么办，推进工作没有做到点子上，致使决策落实不到位、贯彻执行不力，工作成效还不明显。部分基层干部综合素质能力不高，对学习热情度不高，尤其是年纪较大的基层干部不学习，也不愿意接受新时代的新事物。例如，由于微信已是当今社会中普及度很高的一种信息传递工具，很多部门为了能把最新的政策以最快的时间传达给下一级部门，都会采用微信进行传输，若不会使用微信，就不能在第一时间获取政策信息并将其传递出去。由于部分年纪较大干部缺乏对先进技术的学习和应用，只会进行口口相传，执行方式比较单一，在一定程度上影响了执行的效率。同时，部分年纪较大的基层干部缺乏对先进技术的掌握，基本不会使用先进技术对于现有资料进行分析，只能用传统的方法慢慢来，贻误时机。再加上现在基层任务过重，特别是镇（街道）一级，一个人或一个科室往往要对应上面的几个甚至十几个部门，充分体现出了"上面千条线，下面一根针"。很多基层干部的精力只够应付上级任务，对于自身能力的提升学习不够，导致懂业务，但是不精通，造成在执行政策任务时的效率低。有的基层干部缺乏基层工作经验和实战经验，特别是县直机关部门的干部，大部分没有在基层一线工作过，缺少与群众打交道的经验，面对群众不能服务群众，缺乏服务能力；在制定政策的时候没有充分考虑到群众的利益和实际情况，在政策实施的时候就没有办法得到群众真心实意的赞成和拥护，从而导致在服务群众的过程中执行效率低下。

（二）影响基层干部执行力的因素

1. 执行主体原因

执行力是一种内在力，作为执行主体，其价值取向、心态、晋升空间、工作成就感、法治意识、专业知识等是决定其执行力高低的关键性因素。

（1）价值取向和心态影响执行力

政府政策执行的"最后一公里"的承担者和实施者是基层干部。他们的价值取向以及心态往往决定了他们的执行效率。一是公务员作为一种社会职业开始深入人心。两千多年来，中国的官本位思想根深蒂固，但近年来在从严治党、反腐倡廉的大环境下，公务员职业逐渐褪去神秘色彩，更多地被称为普通职业，不少进入机关的工作人员，随着时间的推移，对职业前景不看好，心思没有放在工作上。二是积极性在繁重事务中不断消磨。在现有机制束缚下，大部分基层干部长期从事烦琐重复的行政事务，在工作中自主性不强，偏于承担执行的角色，且工作标准越来越严格，而许多部门虽然工作人员不少，但是关系户、"老油条"不少，真正干工作的干部不多，造成"有效"工作人员不足，经常出现"小马拉大车"的现象，导致肯干、勤干的基层干部心态疲劳，进而影响执行力。三是跟个人的性格、理想、兴趣等价值取向有关。部分基层干部入职并非是自己的个人意愿，而是因其他原因或者是受家人、朋友的影响。一部分人成为基层干部后发现，现实的工作并非如自己先前想象的那样适合自己，反而有悖于自己的理想、兴趣，因此寻求离开的途径；另一部分人抱着满腔抱负与理想而来，但在遭遇基层干部普遍面临的困境后，感觉理想抱负难以实现，最终或随波逐流或离开岗位。有的干部存在一定的官僚主义思想，不愿帮助基层和群众解决实际问题；也有极少数基层干部思想受到腐蚀，甚至变节，利益观、权力观变质。

（2）晋升空间狭小影响执行力

由于选拔、任用机制欠科学，衡量工作价值的标准不清晰，专业化、职业化的改革力度不够，基层职数和级别受限导致基层干部晋升空间狭小。干部晋升空间完全依赖其单位的级别，街道一级最高是正处级，而区一级最高是正局级，相应决定了晋升机会的难易，这在相当程度上困扰了干部执行的心态。因工作岗位变动少，对未来发展规划缺乏把握，只能抱着"做一天和尚撞一天钟"的思想，混日子，从而影响执行力。

（3）工作缺乏成就感影响执行力

美国著名社会心理学家马斯洛提出的需求层次理论，指出人类的需求从低到高按层次分为生理、安全、社交、尊重和自我实现等五大类。每个人都希望通过自身努力获得成就和地位，以满足个人高层次的精神需求。工作成就与个人精神需求是相辅相成的。如果一个人做他能够胜任且喜欢的工作，那么他就越有可能从中发挥自己最大的才能、挖掘自身最大的潜力，不断自我创造和发展，从而获得尊重和实现自我需求。而反过来，在政府工作中，如果基层干部体会不到，或者可预见到的成就感极少且很难实现，那么这种主观感受将会大大影响其工作的积极主动性、创造力以及工作效率和工作目标的实现。当前，基层工作任务繁重，工作内容较单

一、琐碎，循规蹈矩，缺乏挑战。这些在一定程度上往往导致部分干部认为，这份工作本身不能给自己带来满足感和成就感，进而出现表率不够、韧性不足、沟通不畅、协作不佳等执行力不强的情形。

（4）法治意识不强影响执行力

基层干部法治意识对促进公权力良性运行、保护公民权利、稳定基础政权、提升执行力，具有非常重要的现实意义。基层干部带头守法，依法执政，保证执法的公平性，对全面推进依法治国具有重大作用。深化改革、化解基层矛盾、使基层能够长期保持稳定，关键在于基层各级干部要能够以法律为准绳，用法律规范自身行为，自觉运用法治思维和法治方式努力推动各项工作，让群众能够感受到公平正义。可以说，在法治基础上才能体现执行力，没有法治基础，执行力就是空话。近年来，各级政府进行了多方位的普法工作，不少干部也学习和掌握了部分法律，但是在执行过程中，人的本性决定了干部更多地将重点放在自身享有的法律权利上，而不会将重点放在对法律确立的责任和义务上。同时，法律法规条文没有具体且明确的规定，自由裁量权、工作习惯、上级的行政命令和领导的指示极容易左右行政，造成不公。

（5）工作缺乏专业性影响执行力

专业化、精细化可以提高工作熟练程度，提高工作效率，同时可以使注意力集中在一种特定的对象和业务上，有利于创新和改进工作方式，大大促进执行力提升。目前公务员实行职位分类制度，分为综合管理类、专业技术类和行政执法类等三大类。其中，综合管理类职位数量最多，具体从事规划、咨询、决策、组织、指挥、协调、监督及机关内部管理工作。对于从事此类岗位的公职人员，缺乏专业性或技术性规范要求，个人的工作内容、工作流程、工作目标等缺少严格、统一的量化考核标准，职责也相对较为模糊。职业没有专业化通道，对个人专业要求不明确，这往往导致工作的精细化程度不高，大大影响了公职人员自身工作能力和工作业绩的认同度，进而影响了其工作各环节的执行力。

（6）基层干部不注重能力发展导致执行力弱化

基层干部主动学习动力不足，对自身能力培训缺乏长远、系统和有针对性的计划。众所周知，公务员实行"逢进必考"，每一年都有大量优秀人才通过国家考试进入公务员行列，但优秀是动态的，不进则退。不少人才进机关后，不注重学习提高，放松要求，这就有可能从优秀变为平庸，技能也会退化。另外，由于机构改革和人员晋升调整等原因，一些干部可能因此进行跨部门交流或任职，在干部任免中，往往会要求无条件服从组织安排，至于个人兴趣爱好和相应能力只会放在参考上，客观上导致部分干部无法延续原有知识体系，心态上可能会有所抵触，学习热情会减弱，执行力相应弱化。如由执法部门到城建部门，从安监部门到组织部门等，这些跨度较大的调整，虽然有助于干部拓展发展空间，但在缺乏相应培训和一定时间的磨炼、干部主动知识储备不足情况下，不少新上任的干部会不适应新形势新要求，造成执行力弱化。

2. 执行机制原因

执行机制包括政府职能调整、政策制定、干部晋升、配置、考核和辅助的第三方社会组织。目前，政府执行机制还不够完善，影响了执行力的提升。

（1）政府职能调整不到位严重影响执行力提升

党的十八届三中全会提出了有效的政府治理目标，要求转变政府职能，充分运用社会主义市场经济体制优势，创新行政管理方式，推动建设法治政府和服务型政府，增强政府公信力和执行力。但在现实中，政府职能调整仍未到位，主导型经济增长的特征比较突出，基层干部既做裁判员又做运动员，在创造公平正义市场环境上还做得不够，在社会管理和公共服务上与社会发展需求之间仍有较大差距。特别是在政府管理审批事项上，不能与时俱进，审批事项多，审批部门多，程序复杂，办理时效长等现象还是较为普遍。同时，政府行政权力的运行不够顺畅，政府各部门职能、权责的合理界定不清晰，权责不一致，边界不清，委托过多等问题还比较突出，在提高政府决策能力和执行水平、进一步降低行政成本、提高行政效率等方面做得还不够。

（2）部分公共政策制定不合理导致执行不力

出台公共政策更多的是市级及以上政府的事，基层只是执行者。但是，上级政府政策制定的是否科学合理、政策是否稳定性、社会公众是否认同等会直接影响基层干部的具体执行。一是公共政策连续性不强。制度是人们行为的准则,如果政策经常变化,人们就不可能建立长期的预期,短期化行为无法获得大众的支持,导致政策执行艰难。在基层往往存在"新领导就是新思路",在有限的任期内,想得更多的是政绩工程,难以保持政策连续性,导致基层干部执行的困惑。二是公共政策出台的科学性和合理性有待完善。政策有时没法推行,很大原因是脱离了现实基础,缺乏科学性、合理性及操作性。这主要在于各级政府还没有建立健全政策并出台严谨的程序和完整的规范,在缺乏充分调研,未经大部人认可的情况下,突然出台政策,导致政策认可度低。三是公共政策的执行存在漏洞现象。首先政策制定者最熟悉政策中的漏洞,存在"暗箱操作"的隐患,执行不公平,破坏了政策的可信度。其次实施政策的执行主体部门多,责任不清,指挥不力,沟通协调成本高。政出多门,个别相互冲突,降低了执行政策的整体效应。四是领导干部主观性强,运动式治理现象仍然存在。行政命令存在主观变化,不少干部将政策执行好坏取决于上级的满意程度,而非执行效果。

(3)基层干部优化配置制度没有形成削弱执行力

选人用人机制和有意识的培养人才机制还有待完善,干部配置上往往难以考虑干部个人所长及爱好,不少干部学非所用,哪个部门缺人就往哪里调,更多的是考虑使用干部,而不是与干部共同探讨,有针对性地在干部的职业培养上下功夫,从而打击了其内在积极性,影响其主观执行意愿。同时,能上能下的干部管理体制依然未能建立,终身制的铁饭碗还没有真正打破,资历、年龄和关系在一定程度上影响了干部的日常管理,导致部门内部冗员过多,真正用心做事的干部吃亏。个别干部看不到晋升希望,在没有可预见的淘汰危机下,平庸成为常态,甚者存在"在其位不谋其政"的不作为现象,从而削弱了执行力。

(4)执行配套机制不够科学是影响执行力的重要因素

一是考核机制不科学。主要体现在三方面:作为考核对象的干部工作性质以及具体职责权限的差异较大,考核往往采取不分类进行;考核指标较为单一,模糊,不能体现能者多劳;参与评估人员类别较为单一,往往本单位人员、服务对象不能左右评价结果。二是跨部门协调平台还未有效建立。协调成本高,时效性长、责任不清,难以形成合力,致使工作推进缓慢。三是监督反馈机制不够有效。事前、事中和事后监督不到位，监督结果反馈运用滞后。特别是不少内部监督只是虚有其表，在执行过程中不愿得罪人，"你好、他好、我好"思想依然存在，起不到应有效果。决策程序缺乏科学性和透明性，决策主观性强。监督不到位不但磨灭了干部实干的积极性和创造性，而且导致失误比比皆是。四是问责机制不完善。权责不对等，有责无权，只问责而不问权，不认真研究责任产生的原因，削弱了问责制的严肃性和效能性，引发对问责制的质疑。

3. 执行环境方面原因

基层干部的工作并不是在一个密闭的空间中进行的，而是在一个开放的系统中工作的，会与外界的环境产生相互作用。这样的执行环境，不仅涵盖自然环境，还包括执行文化、经济薪酬、社会舆论和第三方组织辅助等四个方面。换言之，执行环境是影响干部执行力的重要因素。

（1）执行力文化缺失影响执行力

执行力文化体现了一个人或一个团队对自己承担的职责和使命的态度，是一种将执行作为最高标准的自觉行为。完美的执行是条件反射的结果，不同的文化会对应不同的行为标准。就政府而言，执行力文化构建的关键在于建立公平正义的和提高政策执行效率的文化环境，实现公共利益最大化。目前，政府内部的执行力文化更多的是停留在口号上，口号代替不了文化，而这样的口号还会因领导更替而变化，没有时间的积累和长期的坚持，执行力文化还没办法植根于干部的思维之中，从而转变成一种习惯，执行力提高就显得困难。机关执行力文化的欠缺也影响干部的凝聚力和执行力：一方面，安于现状，缺乏进取精神，得过且过；另一方面思想不统一，各自为政，没有团队意识，引起上下级、同级之间互不理解，互相推诿。

（2）薪酬改革迟缓影响执行力

公务员既是政治人也是经济人，但近年来，政府和公众更多地强调公务员是政治人，往往忽略了公务员的经济需求。公务员也需要养家糊口，也有着改善生活的呼声。社会公众不能因为少数害群之马成为"苍蝇""硕鼠"甚至是"老虎"之后，就认为公务员的整体薪酬都是合理的，工资福利都是高的。事实上，绝大多数的基层公务员，尤其是占据60%

的基层公务员存在"被福利"的现象。并没有享受到福利分房,工资多年未有大幅度调整。如果目前广大基层干部普遍遭遇的这种工资待遇低的困境长期得不到系统、有效的解决,不仅会压抑干部的积极性、创新性,让越来越多的人对基层工作望而却步,长期看也不利于吸引高端人才。特别是规范公务员津补贴后,基层干部职位低,晋升空间小、平时担子重待遇低,工作生活压力都大,导致干部队伍不稳定,不愿留在基层,想方设法外调到市、区的年轻干部增多,还有不少年轻干部辞职下海。薪酬直接影响了基层干部的积极性,从而弱化了执行力。

(3)基层干部缺乏社会理解影响执行力

不少社会大众对基层干部的印象就是"一份报纸、一壶茶、一个会议"的工作方式,基层干部的职业就是一个"铁饭碗",就是一份轻松惬意、福利待遇优厚的工作。这样的误解导致这样一份庄重、严肃、伟大的职业被贬低、被指责,甚至被社会上许多不理解的民众看作浪费纳税人钱财的"蛀虫"、游手好闲的官"痞子"。事实上,在经济社会高速发展的同时,有些区域的基层干部承载着难以想象的工作强度和工作难度。特别是行政执法人员,工作在基层一线,直接面对普通群众,面对各种矛盾纠纷,电话24小时待机,遇到情况随时出发,有时候为了调解一些突发的矛盾纠纷,不仅要"5+2",更要"白加黑"。因为长期处于这种超时工作、精神紧张焦虑的状态,很多人的心理压力大,身体状况差。据有关基层干部心理健康的调查显示,85.52%的被调查者认为基层干部是心理压力较大的群体,不分性别、学历、职级,均持同样的看法;高达72.38的被调查者认为工作是最主要的压力源,远远高出排在第二位的人际关系。"工作强度""上级领导""职务晋升"和"职业风险"是产生工作压力的四大原因,其中,年龄介于30至50岁之间的科级干部压力感最强。社会的不理解不仅对在职的基层干部造成了无形的心理压力,影响了工作激情,同时也不利于新生基层干部力量的涌入。

(4)第三方组织参与公共管理和服务不强,未能有效提升执行力

基于委托-代理理论,干部作为"经济人"无法避免以私人利益作为行为出发点,在信息不对称情况下,没有强大的外部监督,容易逐步"蚕食"干部个人的道德底线,影响执行力。2013年9月26日,国务院办公厅

印发《国务院办公厅关于政府向社会力量购买服务的指导意见》（国办发〔2013〕96号），提出"在公共服务领域更多利用社会力量，加大政府购买服务力度"[①]。在讨论基层干部执行力时，不得不谈政府购买社会服务，其构成了干部执行的外部辅助环境。执行力是相辅相成的，一些工作没有社会参与，行政效率就不会高。第三方组织一定程度上解决了"政府失灵"和"市场失灵"的问题，第三方组织在协助政府加强公共管理和服务方面发挥着越来越重要的作用。主要体现为：一是填补了政府资源不足的缺陷，扩大了行政服务公众的能力和范围；二是培育和强化了民间组织的力量，激发了公众参与公共管理和服务的热情和积极性；三是促使政府有效提升行政服务的质量和效率；四是政府和第三方的良性互动，客观上使政府提高了管治社会的能力。虽然近年来第三方组织和机构发展较快，但在参与社会管理方面受到政府观念转变、法律保障和管理等条件限制，未能深入到社会管理层面，也无法进一步辅助和促进基层执行效能提升。

4."人情"因素的影响

基层干部执行力的实现，也是一个包含上级的威力、物质的引力、交换的动力和情感的压力等在内的多种"人情"因素相互作用、形成合力的结果。因此，每一种因素及其作用机制的优化与否都直接关系到执行力的效果。现实表明，当前"人情"在基层领导干部执行力的关键影响因素，主要表现在以下四个方面。

（1）上级的威力对基层干部执行力的影响

上级机关和上级领导决定着基层干部的职务升迁，所以在政策执行过程中，如果上级领导或上级机关打招呼、让处理事情，基层干部基本都会按上级意见办，即使这件事，有可能与政策本身背道而驰，这就是上级的"人情"——一般出于对行为人地位、威信的尊重，俗称"给面子"。由于上级的这种威慑力，基层干部只好听从命令，不好拒绝。在执行任务和达到目标的方法、手段、过程方面，很多人过不了上级领导这一关，怕招惹麻烦，在执行的过程中往往是唯命是从、缺乏主见，从而导致执行力不高。

---

① 国务院办公厅关于政府向社会力量购买服务的指导意见［EB/OL］. http://www.gov.cn/zwgk/2013-09/30.content_2498186.htm.

(2)物质的引力对基层干部执行力的影响

权力的特殊表现形式是国家机关及其公职人员依法作出一定行为的资格。具体来说,指本人利用职务范围内的权力,也即利用本人在职务上直接处理某项事务的权力。比如说,担任物品采购、销售和分配工作的干部,运用自己的职权,为了一定的利益,做出超越自己职权范围的事情。这是一种用物质来换取政策执行的方式。为他人谋取利益,其本质特点就是权钱交易,他人之所以给予基层干部财物,正是希望基层干部能够利用手中的职权,为他们谋取利益。而基层干部面对物质的诱惑和手中的权力,往往为了物质的"人情",而影响执行力。

(3)交换的动力对基层干部执行力的影响

党员领导干部在工作过程中,应当建立一个良好的互相合作的关系,这能促进各个部门的协作发展,减少矛盾的发生。履行其职务必须与上下左右、方方面面建立起工作关系。但少数领导干部把这样的关系当作为自己谋私利的工具。当自己或者亲朋好友有需要时,就滥用自己的权力给予他们"帮助"。"人情"演变成了一个社交的技术性工具,也就是成为一个体系内的交易"筹码"。这种行为,是一种交换行为,用自己手中的权力,交换为家人或子女谋利益的手段。这是一种以权力和利益来交换的"人情"。

(4)情感的压力对基层干部执行力的影响

"人情"是中国传统文化的重要组成部分,并内化于中国人的行为习惯中,强大、持久地延续至今。人与人之间的情感主要包括亲情、友情、爱情、同学情、战友情等,正是由于这种情感的联系,基层干部作为自然人,也有这样的人际圈子。一个政策在执行过程中,如果有基层干部情感圈子内的人符合要求,基层干部肯定会主动为其办理。而如果情感圈子内的人不符合政策要求,而又找到基层干部时,在政策执行的过程中,他就会趋利避害,或者钻政策的空子,帮助情感圈内的人落实相关待遇,从而使政策执行力受到影响。

二、提升基层干部执行力的路径

（一）科学制定政策，保证执行前提的正确性

1. 提高政策制定者素质

一般情况下，政策能否让基层干部执行，很大程度上取决于政策质量的高低，而政策的质量高低，在很大程度上，又取决于公共政策制定者的素质。作为公共政策的制定者，一定要加强政策的学习。政策学习主要是指政策的制定者要学习有借鉴意义的以往政策以及其他政策，同时要根据社会环境的不断变化和新的情况、新的对象，有意识地去改变或完善政策技术和政策目标，从而最终提高制定政策的能力的过程。政策学习包括两种类型：内生的政策学习和外生的政策学习。内生的政策学习是指内部体系的学习，是在较低层级上的调整政策。外生的政策学习则是内部体系与体系外部之间，围绕着特定政策的制定而发生的多方面的互动。

2. 摸底收集基础数据

政策制定的前提，必须深入了解和掌握该政策涉及的工作范围、服务对象等第一手资料，详尽的资料为正确地制定制度提供了坚实的基础。政策制定必须要有一个明确的政策目标，所谓政策目标，就是决策人希望该政策针对社会上的实际难题和挑战发挥并且实现的效果和作用，从而防止一些严重问题的发生和发展。在明确政策目标后，要着手收集政策所需的信息资料。政策目标能够为收集数据提供方向，能够为政策制定的全过程提供指导。收集资料和数据的真实可用，可以保证政策的可行性。同时，细化量化政策，可以减少基层干部自由裁量，从而减少"人情"对执行力的影响。

3. 优化政策制定系统

作为社会变革和发展不可缺少的一部分，政策对于一个理性的、负责任的政府来说，是改进和完善公共政策的外部动力。现今政策的制定系统在分析判断上存在诸多固有的缺陷，如官僚思想的影响，组织体系的制约，固有管理模式的局限，对过往经验的迷信，等等。这些固有的缺陷导致政府在制定政策时，会在分析判断上出现许多质量"赤字"，不能适应新形势的要求。所以，要努力改变自己固有的认知模式，不断提升本身的

逻辑推理能力，鼓励思维的创新和多元化，充分发挥政策制定系统的积极性和创造性，从而制定出具有多样性而又彼此紧密相连、紧扣政策目标的政策。

（二）提高能力素质，保证执行主体的公正性

1. 加强培训锻炼，提升基层干部自我能力

（1）加强思想政治建设，强化理论武装

进一步推进党（工）委（党组）理论学习中心组学习制度化、规范化，进一步兴起习近平新时代中国特色社会主义思想"大学习"热潮，大力提升广大干部的理论水平和工作能力。充分发挥党校的阵地熔炉作用，抓实习近平新时代中国特色社会主义思想和党的十九大、一中、二中、三中、四中、五中等会议精神学习，引导广大干部深刻领会新时代、新思想、新目标提出的新要求，切实增强干部信心、增进干部自觉、鼓舞干部斗志，激发干部担当作为的内生动力。

①强化政治引领。加强思想政治建设，牢固树立"四个意识"，坚定"四个自信"，坚决做到"两个维护"，补足精神之"钙"，始终在思想上、政治上、行动上与上级保持高度一致。加强纪律建设，自觉维护党的团结统一，严守党的政治纪律和政治规矩。认真贯彻落实意识形态工作责任制，加强阵地建设和管理，旗帜鲜明反对和抵制各种错误观点。

②强化党性锻炼。以"百名讲师上讲台、千堂党课下基层、万名党员进党校"为载体，扎实推进学习教育的常态化制度化，深入开展"不忘初心、牢记使命"主题教育和党史学习教育等活动，依托反腐倡廉警示教育基地、红色教育基地等平台，广泛开展党性教育实践活动，引导广大干部坚定理想信念，挺起精神脊梁。领导干部要带头履职尽责、带头担当作为、带头承担责任，在其位、谋其政，干实事、求实效，切实发挥示范表率作用。

③提高基层干部的知识储备。要按照每个岗位和每个干部的具体需求，选择合适的知识进行培训，不断提高培训的有效性。从而不断提高基层干部依法执政、科学执政、民主执政的能力，不断提高其执行力。

（2）注重培训的内容和形式，利用组织推进培训

总体来说，基层干部的能力和素养都是相对较差的，为改变这个薄弱

环节，我们要重视对基层干部的培训。一要建立一套完善的基层干部培训体制，将培训工作作为主要的任务，同时要把对基层干部的培训纳入干部培训规划。二要充分发挥组织部门综合协调的作用，加强基层干部教育培训工作的统筹规划、宏观指导和综合管理，充分发挥党校、行政学院的主渠道、主阵地的作用。在考察干部工作情况的时候，要对基层干部的培训情况进行考量，从而促进各层干部的工作，充分调动各方面的积极性，鼓励和指导抓好职责范围内的教育训练活动，逐步建立一个分工明确、各司其职的培训结构。

（3）加强对基层干部执行能力的训练和培养

处于基层的干部要切实加强自身执行力建设。基层干部通过提高自身思想观念和修养可以大大提高其执行力。首先要树立正确的执行理念，提高执行的主观能动性、灵活积极性等。要使基层干部了解执行能力在实际的工作中所具有的特殊作用，要不断培养基层干部主动执行任务的意识，即"我要"而不是"要我"。其次是要树立正确政绩观。不能全部用政绩来衡量一个干部的工作以及评级，应当积极引导基层干部培养成良好的政绩观。树立正确的政绩观，才能求真务实、真抓实干。基层干部不能盲目轻信书本上的内容、不能盲目听从上级的领导和指挥，要去实地进行考察，根据实际情况执行任务，只有这样，干部才是真正地干实事，真正地为人民服务。最后是要加强基层干部对上级颁布政策的理解和把握能力。干部们只有正确把握了政策的精神实质，才能完整准确地去执行，达到预期效果，同时要完全理解政策存在的价值，才能坚定不移地执行任务。我们知道，干部执行任务不是简单地模仿国外的或者是前人的做法，而是应当根据每个地区的实际情况，充分发挥自己的主观创造性才能够有效地执行工作。因此，每个干部都应当具有自觉主动地去创新的理念，在实际的执行过程中，不断发现问题的重要转折点，运用科学的方法和创造性的思维，更好地解决问题。

（三）健全和完善执行机制，推进政府大部制改革

1. 逐步建立和完善权力清单

程序烦琐化的更多原因在于政府手中权力过大，管理服务较多、较广，因此简政放权是大势所趋。根据党的十八届四中全会通过的《中共中央关于全面推进依法治国重大问题决定》要求，各级政府要推行政府权力清单制度，全面梳理职权，加快转变政府职能。目前基层干部权责不一致，经常出现有责无权、执行边界不清等情况，上下无法合力。推进权力清单制度，将有助于政府进行整合或明确其职权边界，改革社会治理方式。权力清单向全社会公开，以法规保持政府机构和职能配置的相对稳定性，保证政府人员工作职责的连续性。同时，从根本上解决基层干部面临的工作任务多、任务重、有责无权等局面，使其专于某方面，利于执行力的提高。在制定权力清单过程中，必须坚持权力法定、制度管权、合理分工、权责一致、公开透明、运转高效和循序渐进等原则，自上而下，统一梳理权责清单，逐步扩大和组织包括立法机关、专家学者和社会公众等在内的多方参与编制，推出真正社会读得懂、能操作、以人为本的"运行读本"，改善政府这个"大管家"大包大揽的形象，规范政府职能。

2. 进一步推进政府大部制改革

政府大部制改革，即针对部门职能重叠，层级关系多、权责脱节、争权渎责、力量分散，协调成本高等情况，将相关职能有机统一合并到大部门中，实行机构瘦身，人员瘦身，最大程度消解部门利益，处理好政府、市场和社会关系，提高执行力。大部制的改革只有起点，没有终点，在试点基础上还需要进一步将大部制改革往深处推进，适应时代发展要求，简政放权，自上而下，在做好顶层设计的基础上，逐步在基层铺开。

3. 构建高效的电子政府

随着科学技术的进步，信息技术为政府执行力提升提供了重要技术保障，电子政府应运而生。电子政府可以超越时间、空间和部门的限制，在信息技术和互联网技术的帮助下，建立起虚拟政府，并利用这个系统为政府机构、社会组织和公民提供各种服务和相关的政务信息，运行情况一目了然，便于随时获知办理情况。透明的办事流程有利于简化程序和促进办事程序再造，逐步缓解程序烦琐化。电子政府为构建公平、高效、精简和廉洁的政府搭建了一个可靠的平台。近年来，各级政府都建立起门户网站、微博、微信公众号等，在提升执行力、全方位服务上进行了有益尝试，但也面临各种困难，如网站内容长期不更新、服务内容单一、信息不丰富等。因此，笔者建议：一是构建包括网站、微博、微信、手机App等在内的多种形式的电子政府平台，在注重信息安全基础上，实行专业人员轮流管理，将业务流程、对外服务职能融入平台，提供信息发布、网上预约、网上申请、网上审批、网上咨询、网上服务、网上评价和网上监督等服务。同时，要逐步引导、培育大众使用电子政府的习惯，可规定服务对象办理业务时，必须先在网上登记再到政府服务办事大厅办理（可在政府服务办事大厅摆放多台电脑，由工作人员指导操作）。二是积极构建内部管理系统，提供内部信息录入、管理、共享的平台，进一步助推效率提升。当前，不少部门力量联合成本高，单打独斗现象普遍，关键是缺少了技术支持，还停留在过去的简单信息处理上。作为政府，应通过向社会购买、使用开发的软件，特别是大容量数据分析处理系统，用现代技术提升执行力。

4.不断完善基层干部选拔任用机制

（1）加大公开选拔力度，拓宽选人用人渠道

进一步拓宽选人用人视野，通过多种方式识别各个工作领域的优秀人才。继续坚持署名推荐制度，同时加大公开选拔力度。通过调研分析，对于一部分专业性强的岗位，可以通过公开调任、比选择优、竞争性选拔等方式发现、吸纳企事业身份和其他身份人员，突破体制"高墙"，让更多德才兼备的人员进入到组织视野，让各领域人才合理流动起来。注重发现培养复合型人才，结合组织人事部门的日常考核、年终考核、走访座谈，着重从领导口中、干部口中、群众口中识别优秀干部，把真正会干事、能干事、干好事的干部找出来。按照专业化队伍要求，加大专业化人才储备。

（2）打通体制内外循环，推动干部有序流动

进一步优化现有选人用人的模式，不仅要"走出去"，还得要"引进来"，选人眼光不仅仅停留在现有的公务员身上，还要积极寻找事业人员、企业人员、优秀村干部等。打破现有思维定式，不能简单地将人定性，如认为干经济工作的就干不了扫黑除恶，干人事工作的就干不了规划工作。要最大努力地扩展差异性大的干部交流的平台，让各类优秀的干部进行岗位交流，不断提升干部的综合素质能力，培养一批既懂政务，又懂党务的复合型人才。通常，我们称为体制内干部的主要是指公务员和事业编人员，公务员的发展趋势却远远高于事业编人员，由于身份限制，大部

分事业编人员无法晋升到党政部门主要负责人的岗位，企业身份人员更是难上加难。为进一步打破身份壁垒，可通过调任、公开选拔等方式转换人员身份，促进干部"健康"流动，进一步激活干部队伍活力。循环体系的不断完善，能够激发中层干部不断提升自我素质能力，增强自身执行力，为全面提升执行力提供了良好的外部环境。

（3）坚持好干部标准，树立正确选人用人方向

落实好干部标准，把政治标准放在第一位，坚持五湖四海、任人唯贤，广开进贤之路，坚持实干这一标准，对标"五个过硬"，选好用好忠于党、作风好、敢抓敢管、廉洁自律的干部。坚持从事业出发依事择人，加大在经济主战场、脱贫攻坚第一线、扫黑除恶最前沿选拔使用干部。在选拔使用干部时，首先要考虑的是"该用谁"，不能论资排辈，更不能搞平衡照顾。要因岗用人，而不是因人选岗，真正做到把最合适的人用到最匹配的岗位上去，以正确的用人导向引领干部干事创业导向。要抓好察人识人这个关键步骤，不断强化政治标准，精确筛除"两面人"，考察时注重听取党支部意见，了解考察对象参加组织生活等，同时还要注重考察的宽度和广度，通过民意调查、专项调查、延伸考察、实地走访、家访等形式，经常性、近距离地了解干部八小时以外的生活圈、社交圈、朋友圈等情况；不能只了解干部在工作中的表现，还要多掌握干部日常生活中的情况，便于组织更好地对干部进行一个分析研判。

5.建立健全基层干部测评机制

加强对基层干部测评在选拔任用过程中十分重要，但是也要充分地重视其平时工作的态度。要把他们工作的态度、力度以及效果如何，作为测评机制的主要测评方向。通过对执行者相关工作实施考察，从而决定对其的奖励、职位的升迁等。将人员的工资奖励、职位升迁和考核结果相联系，促进人员加强自身建设，促进人员充分调动工作激情，不断地进行创新，为人民服务。另外，考核的方式不应该单一化，应该使用多种考核方式，结合不同的测试、访查结果实现全面、公正的了解，获得科学、公平的评价，防止和克服测评上的"唯票"现。要注重整合尽可能多的信息资源，发挥民主测评结果对干部的教育管理和引导作用。

6. 实行强硬的问责制度

要保持执行力的"生命",就要有强硬的问责机制与之相适应。切实认真解决执行不到位问题,把问责指向人,以事论人。一是以法律为基础建立细化责任追究机制。明细责任以及承担责任方式,严格区分政治责任、经济责任、纪律责任、法律责任、领导责任等,形成具体可执行的责任内容,并以此制定相应承担的责任方式。二是查处破坏制度执行的行为。对基层干部在执行过程中无理由耽误、拖拉、干扰和破坏制度的行为,坚持"有一宗从严查处一宗"的零容忍政策,严格问责;对执行中存在风险的还要及时警示,把问责和预防有机结合起来。三是完善通报处理形式。对执行不到位,没有完全履行职责的单位或个人,可视情况采取发内部整改通知、系统内书面通报、报刊或网上曝光等三级通报措施,并将情况纳入个人档案,情节严重的予以开除。

(四)营造干事氛围,保证执行环境的和谐性

1. 改革传统的执行模式

当前,必须理顺各级党委、政府与基层之间的关系。给基层工作人员创造良好的机遇,从而促进工作人员的工作力度提高。首先要放权。权力是有层次性的,该谁管就是谁管,不要一竿子插到底。现在基层缺少一定的自主权,因此要充分地调动基层人员的工作激情,发挥其作用,就要恰当地、勇敢地给基层权力。其次,就要放手给基层人员去搏,让他们自己去进行谋划。当上级管理者把相关的工作交给了下级后,就要给予下级充分的自主权,不要过多干涉,尤其避免每一个细节都去过问,对其过多地干预。最后要放心。对下级人员要充分信赖,彼此间要互信。尤其是那些自己谋划、施行的干部,更要相信他们的能力,要能够容忍他们的小过失,冷静看待他们的错误,不因为小事就随意地质疑他们,更不宜捕风捉影,无端怀疑。

2. 构建知行合一的机关文化

一个机关要想有执行力,不仅需要相应制度,而且需要以执行力为核心的文化建设,以凝聚共识,提高执行效率。一是要制定好执行力文化战略。要发动机关各级人员共同参与讨论,凝聚共识,统一思想,在结合本机关工作目标和当地历史文化的情况下,制定切实可行的发展战略,拟

定执行文化的核心理念，做到简单明了，如公平、效率等。二是以实际行动践行文化。执行文化要深入人心，由口号转变成文化，成为干部的自觉行为，需要干部以此作为标准，以实际行动维护文化。同时，强化文化的延续性，不因领导更替而随意改变，如美国西点军校的执行力文化是"责任""荣誉""意志"，数百年来就较少变化，随着时间沉淀而越发深入人心。因此构建知行合一的执行文化，需要沉得下心，一步一个脚印地去践行和维护。

3. 强力推进第三参与公共管理和服务

第三方参与公共管理能有效衔接政府简政放权后留下的空白，让政府能够更专注于特定的服务管理职能，以利于干部工作的专业化发展。一是转变观念，适时推出需第三方参与公共管理和服务的内容清单并公开，由具备资质的社会组织制订公共管理和服务方案来竞标。政府不再参与清单上已列明的具体公共管理和服务事项，只对社会组织进行指导和监督。二是完善相关配套管理制度和措施，为第三方组织的健康发展创造良好的外部环境。如在税收优惠制度、员工培训、工资福利、医疗保险和养老保险等各项制度上给予政策上的有力扶持，帮助第三方组织建立与之相适应的人力资源管理体系，鼓励社会公众全职或兼职参与社会管理和服务工作，增强第三方组织自身的"造血"活力。三是坚持培育发展与管理监督并重，第三方组织要想可持续发展离不开自身品牌的创立。政府可从认证角度出发，创造类似的5A级管理体系，以认证第三方的管理，建立公开、公平、公正的社会组织考核评估体系，让社会公众参与到第三方监管中。同时，政府每年要向社会公开评估结果，接受社会监督。通过把社会组织的评估结果与承接政府的购买服务、享受政策优惠等相挂钩，充分调动社会组织参与承接政府购买服务的积极性。建立社会组织财务审计监督制度。每年可委托其他第三方组织抽取10%左右的社会组织进行财务审计，审计结果纳入认证考核范围，增强第三方组织的公信力。

4. 抓实监督管理，营造风清气正政治生态

（1）强化日常监督

①聚焦资源整合。理顺监督执纪与审查调查两个部门的职能职责，强化各自职能，明确界限，做好两个部门的分开设置工作，进一步整合加

强监督的力量;进一步加强党风政风监督室对监督执纪工作的有效协调指导,形成高效的工作模式;一体推动监察职能延伸到乡镇和街道,统一调配基层监督力量,确保监察全覆盖。

②不断创新监督的方式方法。有目标地进行监督,在一般性监督检查的前提下,强化对日常工作、重点工作、专项工作的监督,形成多样化监督的格局,利用监督手段,评价分析政治生态,并做好该项工作。梳理问题,并形成问题清单,加强对问题的闭环管理,针对问题一一处理,有效地确保监督有成效,落到实处。

③强化对干部工作以外时间的监督。要更进一步加强对党员干部重大事项、个人有关事项报告等一系列制度是否落到实处的监督检查力度。对党员干部工作以外时间存在的一些潜在性问题,第一时间进行提醒谈话,不断促使党员干部习惯在有监督、有约束的环境中去"阳光"工作和"阳光"生活。在新时代,我们要利用好科技手段,切实利用"互联网+"、大数据等,进一步增加各级部门对从严治党、八项规定等精神落实情况的督查力度,有效防止我们的干部从大家眼中的好同志一下沦为阶下囚。

④用好用活警示教育。充分发挥党风廉政网、微信公众号等各种媒介、平台的作用,把党纪党规植入党员干部心中,让党员干部守规矩、明底线、知敬畏。有效运用谈话、函询、联合监督、下层基层走访等形式,进一步增强人对人、事对事的精准监督。

(2)注重督导巡察相结合

①推进监察监督,做到监督全覆盖。切实履行好《监察法》赋予的职责,加强对党员干部的督促检查,主要针对是否依照法律履行职责、公平公正地使用自身权力,是否以廉洁自律进行自我要求,是否守住道德的最后底线等方面,第一时间对滥用职权、失职渎职等问题进行批评教育、责令整改,推动转变作风,解决问题,改进工作。对问题严重、整改不力,造成损失和不良影响的,严肃追责问责,涉嫌职务违法犯罪的,依法调查处置。

②深化巡察监督,形成震慑效应。牢牢把握政治巡察定位,以"四个意识""两个维护"为政治标杆,始终聚焦坚持和加强党的全面领导,一体推进日常监督的常规巡查、专项公正的特别巡察,并有效地运用好随机

巡察，切实把巡察与严明政治纪律和政治规矩相结合，解决人民群众反映最强烈、矛盾最为集中的问题，并把日常监督发现的问题结合起来，不断增强监督实际效果。推进巡视巡察上下联动，准确把握不同地区、不同领域、不同部门的个性特征，提升巡察权威，破解"人情干扰"和"熟人监督难"的问题。如果巡察发现的问题不整改，将比不巡察的效果还坏。要注重巡察成果运用，在督促整改落实上狠下功夫。对巡察中发现的问题和线索要及时反馈、移交，督促相关党组织或纪检监察部门认真处置。

③强化派驻监督，发挥探头作用。加强协调衔接，划分责任归属，盘点各式关系，完善规章制度，健全管理监督、考评机制，充分发挥派驻监督职能作用。加强对驻在部门领导班子及其成员的日常监督，发现违规违纪行为及时向纪委监委反映。经常与被监督单位主要负责同志沟通交流单位的政治生态情况，如实反馈在监督工作中发现的问题，一起去研究解决方法。发挥"近水楼台"的优势，将纪委监察委日常监督的触角不断地向外扩展，不断使被监督单位党组织能够自觉地遵守党纪国法，一以贯之地去落实党的路线方针政策及决策部署。

（3）探索建立保护干部机制

①坚持严管和厚爱结合。依照纪律和法律，依据查证的事实，严肃规范问责、精准审慎问责，让问责能够起到"问责一人、提醒一片"的效果，解决问责不力、问责简单泛化等问题。不戴"有色眼镜"去看待被问责的干部，对处理期满、知悔改的干部，能够胜任工作岗位的，要积极地去提拔使用。研究完善纪律监察机关处理检举控告方面的工作制度，切实去保障干部权利，及时做到澄清反馈，积极查处诬告陷害行为，防止出现"一分钟控告，一整年调查"的情况。熟悉运用相应工作方法，消除干部可能因为举报出现的心理忧虑。区分好干部在工作中因积极干事出现的失误或者错误，建立好容错机制，保护好干部对干一番事业的热情，为担当有为、能负责人的人担当、负责。

②严格落实容错免责、纠错、防错机制。充分听取基层和一线的意见建议，精准定位需要容错的"点位"，分领域出台"最多跑一次"改革、重大项目攻坚克难、招商引资等容错纠错实施细则，完善容错纠错程序，在启动问责程序的同时，同步开展容错核查，进一步强化容错纠错结果运用。

(4) 树立干事创业的正气

提高基层干部的执行力,必须消除不好的风气,保证基层人员的良好风气。第一,在整治风气的时候,一定要严厉,加大整治的决心和力度。若是抓风气不到位,不够彻底,就不会产生有效的作用。另外,在整治风气时,要敢于执行,不能畏畏缩缩,有所犹豫。第二,要加强自身底气,不畏强势。在执行工作的过程中,一定会遭遇困难、挫折。在这样的情况下,不能因为困难就停住步伐,而是要坚定决心,敢于直面矛盾、克服问题。对于一名基层工作人员来说,要加强自身的作风建设,以身作则。只有自己行为端正,品行正直,才不会惧怕。第三,在工作中,要起到一定的领导表率作用。"其身正,不令而行;其身不正,虽令不从。"一名领导干部能够有效地引领整个单位的风气,所以,这也对其提出了较高的作风要求。领导干部要正直、廉洁,树立亲和、勤政的形象。另外,领导干部还要做好平时工作,进行有效的管理,帮助基层人员提高工作执行的可操作性。不要对下级人员只进行单纯的言语教化,简单的纸上谈兵是无效的,只有在实际工作中给他们起到良好的引导作用,才会真正地教育到他们,提升自己的形象,让他们自觉主动地开展相关工作。

第六章　咬定青山不放松、立根原在破岩中的改革攻坚精神

中国正处于实现中华民族伟大复兴的关键时期，作为实现中华民族伟大复兴中国梦的关键一步的全面建成小康社会的实现又需要全面深化改革来提供动力。如果把中国比作一列正朝着全面建成小康社会进发的列车，那么全面深化改革就是"发动机"，它的成功与否，直接关系到列车能否到达目的地——全面建成小康社会，进而影响到中华民族伟大复兴中国梦能否实现。全面深化改革是个复杂的系统工程，涉及政治、经济、社会、文化、生态、党建、国防和军队等各个领域的各个方面。领导干部是党和国家事业的中坚力量，许多改革创新项目都需要担当有为的干部去执行和实施。新时代的蓬勃发展赋予广大领导干部新的历史使命和新的要求。新时代的领导干部要敢于担当，勇于改革，发挥好以身作则和以上率下的关键作用，坚定信念、坚持初心、坚守使命，专心致志为党和人民干事创业、建功立业。我国的改革目前已经进入了深水区和攻坚期，广大领导干部要有"咬定青山不放松、立根原在破岩中"的改革攻坚精神，正如习近平在2020秋季学期中央党校（国家行政学院）中青年干部培训班开班式上指出的："年轻干部要提高改革攻坚能力。面向未来，我们要全面推进党和国家各项工作，尤其是贯彻新发展理念、推动高质量发展、构建新发展格局，继续走在时代前列，仍然要以全面深化改革添动力、求突破。改革必须有勇气和决心，保持越是艰险越向前的刚健勇毅。"[①]

然而，改革没有现成的经验可以借鉴，它本质上是一种充满不确定性

---

① 习近平在中央党校（国家行政学院）中青年干部培训班开班式上发表重要讲话强调：年轻干部要提高解决实际问题能力　想干事能干事干成事[N].光明日报，2020-10-11.

第六章 咬定青山不放松、立根原在破岩中的改革攻坚精神 >>>

的全新探索。在这个不断探索的过程中,犯错失误是在所难免的,能否正确处理干部在改革创新工作中所犯的错误,是关系到改革能否继续前行的重大问题。因此,在培养高素质干部队伍时,既要重视改革创新,又要承担改革带来的相应风险,积极构建容错机制,破除当前"为官不为"的现实难题。既要培养一大批适应中国特色社会主义发展的、具有专业精神和专业能力的、能够担当和忠诚的年轻党政干部,坚持选拔德才兼备、作风正派、政治意识强、事业为上的干部,以更好地贯彻落实党中央的路线、方针和政策,又要切实站在党政干部角度,解决干部关心的问题,解除其后顾之忧。

基于此,本章探讨如何培养干部的改革攻坚能力。从改革攻坚能力的指导思想——中国特色社会主义改革精神入手,明确了坚定信念的执着精神、执政为民的服务精神、求真务实的实干精神和开拓创新的进取精神为培养领导干部的改革攻坚能力指明了方向,并以培养领导干部的创新能力、激发他们的创造活力为主要内容,进而指明为了激发和保护党员干部改革创新的积极性,建立和完善容错机制实属必要。

一、中国特色社会主义改革精神为改革攻坚能力的培养指明了方向

中国特色社会主义改革精神形成于改革之初,是以邓小平为代表的中国共产党人在领导中国人民进行改革开放和现代化建设过程中所表现出的精神风貌。在新时代,以习近平同志为代表的新一代中国共产党人,在领导全国各族人民进行全面深化改革的实践和探索中,也培育了一系列反映改革开放主体精神风貌的改革精神。它是以习近平同志为代表的中国共产党人自觉运用马克思主义与中国改革实践相结合的产物,集中体现了中国人民在探索中国特色社会主义道路上所体现的魄力和勇气。这些精神将经历全面深化改革实践的洗礼,激励党和人民勇往直前,积极深化改革,同时为新时代领导干部改革攻坚能力的培养指明了方向。这些精神内涵多样,可归纳为四个方面:坚定信念的执着精神,执政为民的服务精神,求真务实的实干精神和开拓创新的进取精神。

（一）坚定信念的执着精神

坚定信念的执着精神是习近平全面深化改革精神的首义，赋予了领导干部"咬定青山不放松"的坚定信念。信念是人们在一定认识基础上，对某种思想理论、学说和理想所抱的坚定不移的观念和真诚信服与坚决执行的态度，它是人的认识、情感和意志的融合和统一，激励着人们坚持不懈追求。习近平指出，马克思主义、共产主义信仰是共产党人的命脉和灵魂，坚定理想信念，坚守共产党人精神追求，始终是共产党人安身立命的根本。在习近平看来，坚定共产主义信念，就是要坚定不移地走中国特色社会主义改革道路，实现全体人民共同富裕，最终实现共产主义。正是坚定这一崇高信念，习近平提出实现中华民族伟大复兴的中国梦，并强调"我们有信心、有条件、有能力实现我们的奋斗目标"[①]。在我国发展面临一系列问题时，他在深知前进道路艰难的情况下，以极大的政治勇气和极其清醒的头脑，提出全面深化改革思想并作出重大战略部署，使改革进入到全新发展阶段。习近平深知坚定理想信念的重要作用，指出："理想指引人生方向，信念决定事业成败。没有理想信念，就会导致精神上'缺钙'。"[②]要求党员干部要做共产主义远大理想和中国特色社会主义共同理想的坚定信仰者和忠实践行者。

领导干部改革攻坚能力的培养，首先要求党员干部要有坚定的理想信念，做忠实的党员干部。理想信念不牢，就不能真正成为共产主义的坚定信仰者。坚定的理想信念是党员干部的安身立命之本。

其次，要做有担当的党员干部。党员干部的担当是党性的体现，也是责任的表达。有担当的党员干部才能真正热爱并全身心地投入社会主义现代化建设之中，乐于为崇高的共产主义事业奉献智慧和力量。周恩来曾说："没有耕耘，哪来收获？没有播种革命的种子，却盼望共产花开！梦想赤色的旗儿飞扬，却不用血来染他，天下哪有这类便宜事？"[③]社会的发

---

① 中共中央文献研究室编．习近平关于实现中华民族伟大复兴的中国梦论述摘编[M]．北京：中央文献出版社，2013：85．

② 中共中央文献研究室编．习近平关于实现中华民族伟大复兴的中国梦论述摘编[M]．北京：中央文献出版社，2013：37．

③ 周恩来书信选集[M]．北京：中央文献出版社，1988：48．

展和变革是一个相对漫长的过程，要经历不同的发展阶段，只有树立坚定的理想信念，才能坚定方向不动摇，受到挫折不气馁，将远大理想与共同理想结合起来，勇于担当，致力于努力实现党的崇高使命而矢志不渝。

最后，要做干净的党员干部。风清则气正，气正则心齐，心齐则事成。坚定党员干部理想信念，使党员干部重视精神追求，守住党员干部的精神家园，做到头脑始终清醒，立场始终坚定，不被各种错误思想所误导、不被各种诱惑所影响；使党员干部能够自身清正廉洁，时刻注意自身的言行，克己奉公、执政为民；使党员干部坚定党性，强化自律，不以追求财产、虚荣、奢侈等庸俗目标为人生追求，避免只讲索取，不讲奉献，克服以权谋私、贪污腐败等损害国家和群众利益的不正之风。

（二）执政为民的服务精神

执政为民的服务精神是习近平全面深化改革精神的本色。全心全意为人民服务，是党的根本宗旨，也是习近平实施全面深化改革的动力源泉。习近平认为，作为一名共产党员，就要把实现好人民群众的利益作为价值取向，要执政为民，因为"人民群众始终是我们党的坚实执政基础"[1]，无论是在黄土高坡还是在上海、北京，无论是做生产队书记还是做市长、总书记，习近平都在践行着这一价值取向。实现全体人民共同富裕是习近平执政为民服务精神的集中体现。在党的十八届中央政治局常委首次与中外记者见面会上，习近平十九次提到"人民"，并郑重宣示"人民对美好生活的向往，就是我们的奋斗目标"[2]。在如何改善民生、发展经济上，习近平高瞻远瞩，站在全局的高度作出全面深化改革总体部署，力求化解改革中出现的新问题和新矛盾，让改革的胜利果实惠及每一个人，这充分体现了习近平改善民生的决心和执政为民的服务精神。在深化改革中，习近平始终把人民的利益作为最高准绳，把是否有利于实现好、维护好、发展好最广大人民根本利益作为判断深化改革成败的标准之一。从上不难看出，执政为民的服务精神不仅是习近平的价值取向，而且也是习近平实施全面深化改革的根源所在。

---

[1] 中共中央文献研究室编.习近平关于实现中华民族伟大复兴的中国梦论述摘编[M].北京：中央文献出版社，2013：77.

[2] 习近平.习近平谈治国理政[M].北京：外文出版社，2014：424.

执政为民的服务精神是领导干部培养改革攻坚能力的核心指南。党员干部的特殊身份，要求党员干部必须具有公仆意识。党员干部有着既普通又特殊的身份地位，党员干部既属于广大共产党员中的一员，同时，又行使着管理国家公共事务等方面的权力。他们在各个领域、各个岗位都是举旗子、带队伍的先锋队，是共产党员中的骨干和核心力量。共产主义是一项伟大的事业，依靠一代又一代的共产党人为之奋斗。共产主义事业也是一项光荣的事业，需要党员干部在日常的具体工作生活中落实和体现。广大党员干部在公共行政管理中承担的身份，要求其要履行好职责，在全面深化改革中"咬定青山不放松，立根原在破岩中"，把干事热情和科学精神结合起来，坚守"立党为公、执政为民"，做人民的公仆。公仆意识的确立和巩固，是建立在对人民热爱与忠诚的基础之上，是建立在深刻领悟马克思主义关于人民群众历史作用的科学论断的基础之上的。公仆意识是对党员干部的基本政治要求和职业道德要求，强调党员干部没有自己的特别权力，党员干部的权力也是人民赋予的。在人民面前，党员干部要努力做好人民的好公仆，想人民之所想，急人民之所急，抬头努力为人民做事，低头虚心向人民学习，全习全意为人民服务。将"公仆意识"印刻在党员干部心中，成为党员干部为人做事的指南。

（三）求真务实的实干精神

求真务实的实干精神是习近平全面深化改革精神的精髓。求真务实就是一切从实际出发，实事求是做事，这是马克思主义的应有之义，也是中国共产党的基本科学态度和工作要求。习近平对此推崇备至，并把"始终按实事求是的要求办事"作为想问题、作决策的基本要求。从任村大队书记到党的总书记，他一直身体力行考察实情、吃透情况、解决问题。在党的十八大后到2013年底，习近平在国内进行了十四次考察调研，遍及三分之一以上的省区市和七大军区，为全面深化改革的提出及实施提供了现实依据和理论基础。习近平指出："改革不是做样子，不是做表面文章，只说不做不行，说了做了没有成效也不行……要以抓铁有痕、踏石留印的劲头，做到言必信、行必果。"[①]空谈误国，实干兴邦，改革越向前进发展，

---

① 中共中央文献研究室编.习近平关于全面深化改革论述摘编[M].北京:中央文献出版社,2014:145.

第六章 咬定青山不放松、立根原在破岩中的改革攻坚精神

遇到不可预测的新情况新问题就越多。以上这些论述凸显了习近平一切从实际出发、以实干促发展的求真务实精神，它是对中国共产党人实事求是、真抓实干优秀品质的传承和升华。

"改革必须有勇气和决心，保持越是艰险越向前的刚健勇毅。"①可以说，没有求真务实的实干精神，就没有改革攻坚的勇气和决心。只有坚持一切从实际出发、实事求是，才能进一步深化改革，才能在改革过程中"敢于啃硬骨头，敢于涉险滩，既勇于冲破思想观念的障碍、又勇于突破利益固化的藩篱"②，才能提升改革效率，增进改革成效。

坚持一切从实际出发、实事求是，是马克思主义一贯的科学精神，是我们党的思想路线的核心内容，是我们党的优良传统和共产党人的政治品格，也是对领导能力和水平的本质要求。列宁认为，领导者应该从实际出发，注重调查研究，从历史的联系与发展的角度去考虑和分析问题。毛泽东提出，实事求是、群众路线、独立自主思想，既是党的思想路线和工作路线，也是进行无产阶级领导的根本原则。

当前，我国正处在发展战略机遇期，实现全面建成小康社会的宏伟战略目标任务极其艰巨。各级领导干部只有增强事业心和紧迫感，以扎实的工作作风、求真务实的工作态度，积极投身现代化建设的伟大实践，才能自觉担负起团结带领人民群众进行改革和现代化建设的历史责任，只有恪尽职守，真抓实干，开拓进取，才能在实践中锻炼和提升领导能力。

在决策过程中，领导干部尤其需要坚持实事求是的思想和工作方法。只有领导的主观决策与客观实际相统一，才能实现科学决策，才能达到决策的预期效果，而实事求是恰恰是人们认识和改造世界的唯一正确的方法。主观能够正确地反映客观实际及其规律性，使主客观达到一致，领导干部才能作出正确的决策。领导干部作为决策的主体，需要从实际出发，不能简单地靠"拍脑袋"，也不能不切实际地照搬别人的经验和做法。实践证明，凡是不坚持实事求是、不坚持从实际出发的决策，总是不能保证

---

① 习近平在中央党校（国家行政学院）中青年干部培训班开班式上发表重要讲话强调：年轻干部要提高解决实际问题能力　想干事能干事干成事[N].光明日报，2020-10-11.
② 中共中央文献研究室编.习近平关于全面深化改革论述摘编[M].北京：中央文献出版社，2014：30-31.

实践的效果。事实证明，任何不立足于实际、不基于现实的决策，不可能是科学的决策。真正科学的决策来自基层、来自实践，只有立足实际，求真务实，认真扎实地搞好调查研究，才能使决策更加科学，才能切实提高领导干部的领导能力。

（四）开拓创新的进取精神

开拓创新的进取精神是习近平全面深化改革精神的源泉。勇于发展是习近平开拓创新进取精神的主要表征。习近平明确提出："创新是民族进步的灵魂，是一个国家兴旺发达的不竭源泉，也是中华民族最深沉的民族禀赋。"[①]强调在发展的前进道路上，要锐意进取，大胆探索，敢于和善于分析回答现实生活中和群众思想上迫切需要解决的问题。在这种精神指引下，习近平不断进行着理论创新、实践创新和制度创新，不仅提出全面深化改革"五位一体"战略总布局，涉及经济建设、政治建设、文化建设、社会建设、生态文明建设、党的建设、国防和军队建设、祖国统一等各领域，而且还提出了其他解决当代中国经济社会发展问题的新理论和新思想，有力地指导着中国改革顺利推进。勇于担当也是习近平开拓创新进取精神的主要表征。习近平一直把"担当"作为身体力行的一种领导行为，他明确指出："我的执政理念，概括起来说就是：为人民服务，担当起该担当的责任。"[②]正是这种担当，使他从历史的大视角和时代的大趋势出发，针对我国当前经济社会发展中出现的问题实施全面深化改革方略，并亲自挂帅、任组长，带头担当起深化改革的重任。在改革中，习近平指出，改革已到了深水区和攻坚期，改革的进一步推进必将触及深层次社会关系和利益矛盾，使有些矛盾和问题更加突出，因此在深化改革中"越要坚定与时俱进、攻坚克难的信心，越要有进取意识、进取精神、进取毅力，越要有'明知山有虎，偏向虎山行'的勇气"[③]。"胆子要大，就是改革再难也要向前推进，敢于担当，敢于啃硬骨头，敢于涉险滩。"[④]

---

① 中共中央文献研究室编. 习近平关于实现中华民族伟大复兴的中国梦论述摘编[M]. 北京：中央文献出版社，2013：38.
② 习近平. 习近平谈治国理政[M]. 北京：外文出版社，2014：101.
③ 习近平. 习近平关于全面深化改革论述摘编[M]. 北京：中央文献出版社，2014：40.
④ 习近平. 习近平关于全面深化改革论述摘编[M]. 北京：中央文献出版社，2014：51.

开拓创新的进取精神是领导干部改革攻坚能力的灵魂。党中央和国务院如此重视改革创新，主要还是因为创新在综合国力竞争中起着举足轻重的作用，是提高综合国力和提升完善人民生活水平的必经道路，以求加快形成以管理创新、市场创新、业态创新、科技创新、企业创新、产品创新、产业创新等为主要支撑和引领的发展模式和经济体系。

二、领导干部创新能力的培养

（一）领导干部创新能力培养的重要性

创新正在成为整个时代的显著特征，创新能力正在成为新时期党政领导干部的核心能力，充分体现着领导干部的领导能力的水平和先进性。党政干部的创新能力主要表现在三个方面：一是能够在各种社会变化中敏锐地发现事物发展趋势，并能主动地将自己的工作与事物发展趋势有机结合起来的能力；二是凭借理论思维能够创造新颖独特的概念、理论，并将其制度化的能力；三是在实践中能够运用新理论、新方法解决新问题，开拓新领域的能力。随着全球化、市场化、工业化、城镇化和信息化的加速推进，我国正在从农业社会向工业社会转变、从封闭社会向开放社会转变、从单质社会向多质社会转变、从人治社会向法治社会转变。在经济转轨、社会转型的深刻变革中，许多新情况、新问题大量涌现，各种矛盾错综复杂，对领导干部的能力建设提出了新的更高的要求，这其中领导干部创新能力的培养尤为迫切和重要。

1. 建设创新型国家的需要

"建设创新型国家"是党的十六届五中全会立足当时阶段的特定国情和现实需求作出的重大战略决策，实现把我国建设成创新型国家的目标，既需要国家加大政策和财力支持，更需要大批具有创新精神和创新能力的领导干部去推动和实施。

首先，领导干部作为党和国家政策的具体执行者，其创新能力的强弱不仅是衡量创新型国家建设程度的重要标准，更是影响创新型国家战略实施效果的决定性因素。其次，具有创新能力的领导干部能够带领整个组织创新。领导者在领导活动中具有影响、率领和引导作用，对被领导者产生巨大的吸引力和凝聚力。领导干部创新不仅能通过个人的创新能力创造性地解决问题，还能引领整个组织开展创新性的活动，从而推动整个社会不断提高原始创新能力、集成创新能力和消化吸收再创新能力，使创新成为每个人的自觉行动，形成推动社会发展进步的强大动力。可以说，没有各级领导干部的创新工作，就难以把创新型国家的重大战略落到实处。从这个意义上讲，不断培养和提升各级领导干部的创新能力是落实创新型国家战略的关键。

2. 应对各种风险和挑战的需要

从国际上看，随着经济全球化的不断深入和科学革命的日新月异，综合国力的竞争日趋激烈，各种思想文化相互激荡，各种矛盾错综复杂，只要正确把握国际形势的发展变化，才能促进经济快速发展和社会平衡进步；如果应对失误，就可能导致经济徘徊不前和社会长期动荡。从国内看，我国改革发展正处在一个关键阶段：资源能源紧缺的压力加大，对经济社会发展的瓶颈制约日益突出，转变经济发展方式的要求十分迫切；工业化和城镇化进程加快，经济结构调整加速，农村大量剩余劳动力需要向非农领域转移；经济市场化程度迅速提高，深化改革进一步触及深层次矛盾和问题，体制创新进入攻坚阶段；城乡发展不平衡、地区发展不平衡、经济社会发展不平衡的矛盾更加突出，缩小发展差距和促进经济社会协调发展任务艰巨；人民群众的物质文化需要不断提高并更趋多样化，社会利益关系更趋复杂，统筹兼顾各方面利益的难度加大；人民群众的民主法制意识不断增强，政治参与的积极性不断提高，对发展社会主义民主政治和落实依法治国基本方略提出了新的要求；各种文化思潮相互激荡，人们思想活动的独立性、选择性、多样性、差异性明显增强，我们已经进入了一个"黄金发展期"和"矛盾凸显期"并存的关键时期[①]。战胜这些风险和挑战，完成时代和人民赋予的历史使命，对各级领导干部执政能力特别是创新的能力提出了严峻考验。"没有一点闯的精神，'冒'的精神，没有一股气呀、劲呀，就走不出一条好路，走不出一条新路，就干不出新的事业。"[②]

---

① 全国干部培训教材编审指导委员会组织编写. 加强党的执政能力建设[M]. 北京：人民出版社，2006：13.

② 邓小平. 邓小平文选（第三卷）[M]. 北京：人民出版社，1993：372.

3. 提高领导干部核心素质的需要

"素质"是指人在一定先天禀赋基础上通过后天修养而形成的内在特质，是人们从事各种社会活动所具备的主体条件。从领导干部素质本身的构成来看，在新时代领导干部的整体素质中，创新能力是最重要的核心因素。开拓创新能力在很大程度上体现了领导干部的执政能力和先进性。开拓创新的能力对推动事业发展有着极其重要的作用，是一种知识的聚合、智慧的升华、经验的积累，具体体现在思路的突破、方法的创新、问题的解决等，是领导干部智慧的最高表现形式，是诸多能力的核心部分。创新之关键在于理论创新。理论创新是其他一切创新的先导和一切新发展的前提。"要使党和国家的发展不停顿，首先理论上不能停顿，否则一切新的发展都谈不上。"① 这就要求领导干部要发扬理论联系实际的优良作风，不断深入基层、深入群众、深入企业、深入学校等研究新矛盾，特别是要关注那些群众反映强烈的重大民生问题，在学习中武装，在实践中创新。领导干部提高创新能力最有效的办法就是到实践中去磨炼、去成长，面对实践去汲取营养、开拓视野、增长能力。锻炼的形式可以是多样的，通过岗位交流、挂职锻炼等形式，都可以积累不同岗位、不同部门、不同领域的丰富经验和方法。在实际工作中，领导干部还要勇挑重担，破解难题，从重点难点问题入手，集中精力抓出成效，主动增强锻炼提高创新能力。领导干部只有不断从变化的实践中吸取新的实践经验，才能为进一步的创新提供动力和源泉，才能站在时代前列和实践前沿，锻炼创新思维、提升创新能力。

（二）领导干部创新能力培养路径

1. 解放思想，提升创新思维

创新是提出新思想、解决新问题的过程，是敢为人先、突破传统束缚的过程，是以新求实、创造新业绩的过程。没有创新就没有活力，没有创新就没有发展。创新必须解放思想，只有解放思想，才能正确对待既有的理论和已有的经验，才能转变思维方式，才能做到实事求是，才能站在时代的最前沿，面对新的形势、迎接新的挑战、研究新的问题。

---

① 江泽民. 江泽民文选（第三卷）[M]. 北京：人民出版社，2006：336.

实践永无止境，创新永无止境。在中国革命和建设的长期实践中，我们党坚持马克思主义与中国的实际相结合，思想理论不断实现新的飞跃，创立了毛泽东思想、邓小平理论、"三个代表"重要思想、科学发展观，形成了习近平新时代中国特色社会主义思想。在这些科学理论指引下，我们不断冲破传统观念束缚，不断探索，勇往直前，神州大地发生了翻天覆地的历史性变化。我们取得的这些巨大成就，是各级领导干部解放思想、更新观念，实事求是、与时俱进，创造性开展工作的结果。1978年，党的十一届三中全会作出了实行改革开放的战略决策。从此，改革就成为中国社会的主旋律，成为当代中国最鲜明的特色。四十多年来，在改革开放这一方针政策的引领下，我国经济社会发展取得了巨大成就。但是，不容忽视的是，党的十八大以来，我国的改革开放进入了一个新的历史阶段。这对领导干部进一步解放思想、进一步推动改革创新提出了更高的要求。我们要更好地珍惜、坚持、发展中国特色社会主义道路和中国特色社会主义理论体系，必须坚持解放思想、实事求是、与时俱进，必须勇于变革、勇于创新，永不僵化、永不停滞。

领导干部要解放思想、有所创造，就要敢于超越既有理论，敢于向权威挑战。17世纪法国哲学家笛卡尔（R.Descartes）针对当时已经僵化的经院哲学，曾提出普遍怀疑的原则。他说："要想追求真理，我们必须在一生中尽可能地把所有的事物都怀疑一次。"[①]理论都是特定时代的产物，对于理论不能一味坚持，还应在现实中检验、丰富和发展。如果长期僵化地坚持一个理论，不怀疑、不检验、不发展，在其指导下的实践难免会偏离实际、脱离时代，甚至在错误的方向上陷入不断的恶性循环。权威并不一定都正确。我们既不能盲目崇拜权威，把权威的话当作真理，也不能惧怕权威，不敢超越权威。敢于怀疑并不是乱猜，怀疑要基于实践，要尊重客观规律。解放思想、实事求是、与时俱进，要求领导干部必须超越经验和习惯，不能把过去的经验反复地、毫无发展地用来解决所有的问题。解决新问题要善于寻找新思路、打破思维定式，解放思想、独立思考，注意从"领导是这样讲的，书上是这样写的，过去是这样做的"思维定式中解放

---

① ［法］笛卡尔.哲学原理[M].北京：商务印书馆，1960：1.

出来，不唯书、不唯上、不唯经验，一切从实际出发，发挥自身的主观能动性，提出自己的新观点。

领导干部要解放思想，有所创造，就要善于发现问题、提出问题、解决问题。发现问题是水平，提出问题是觉悟，解决问题是能力。发现和提出问题是启动创新的前提，也是推动创新的动力。能不能发现和提出问题，不仅关系到工作上有没有创造，而且关系到事业有没有造就。早在两千多年前，伟大诗人屈原在《天问》中就一口气提出了172个问题，对前人关于宇宙、自然、历史的传统观念提出了怀疑和质问，表现了深沉的哲学思考。17世纪德国数学家哥德巴赫提出了著名的"哥德巴赫猜想"，影响了几个世纪以来数学研究的方向。实践一再证明，不分时代、行业，有建树的人都是善于发现问题、提出问题、解决问题的人。领导干部在提出问题时，要打破框框，放下顾虑，大胆假设，务实求证。发现问题后，要保持积极心态，瞄准目标想问题，围绕成功想问题，千方百计地想思路、找办法。悲观泄气、束手无策，就会把问题想得过大，把困难想得过多，无助于问题的解决。解决问题过程中要保持思维的灵活性，不固执成见和习惯程序，通过质疑思维、发散思维、逆向思维、跳跃思维、模糊思维、灵感思维等方式，积极研究解决问题的思路和方法。

领导干部要解放思想、有所创新，必须始终以正确的政绩观为指导。贯彻落实习近平新时代中国特色社会主义思想与树立和坚持正确的政绩观紧密相连，实在、管用的创新也离不开正确的政绩观的指导。只有坚持以正确的政绩观为指导，创新的成果才经得起实践、群众和历史的检验。创新不是标新立异，更不是摆花架子、做表面文章，而是实事求是地在事业发展进程中，根据形势的发展、事业的需要、群众的要求，在思维方式上有新突破，在推动发展上有新思路，在解决问题上有新举措，从而创造出新的业绩和成效。要端正工作指导思想，解决好为谁工作的问题。坚持以为党和人民的事业而奋斗作为领导工作的最高目标，忠实地践行党的宗旨，把人民的利益放在首位，把真正做到把权为民所用、情为民所系、利为民所谋作为指导推动创新的工作标准。要把重实绩、求实效贯彻到工作创新的每个环节，决不能重表轻里、重虚轻实，更不能在欺上瞒下、谎报政绩、弄虚作假的手段上"推陈出新"。这种"创新"只会损坏党和政府的形象，给人民群众的利益带来严重损害。同时还要看到，创新是一个破旧立新的过程，肯定会遇到阻力和风险，可能会遇到挫折甚至失败。要有一种不满足于现状的进取精神，有为求真知、求新知而敢闯、敢试、敢冒风险的大无畏勇气。不断进取的精神和勇气从何而来？来自强烈的事业心和责任感，来自强烈的历史使命感和时代紧迫感，来自正确的政绩观。只有树立正确的政绩观，才能激发领导干部创新的热情，才能创造被人民群众真心拥护的政绩。

2. 勤于学习，筑牢知识基础

广博的知识是创新的基础。没有知识的积淀，就不会产生新的想法；离开了过去的知识经验，创新就失去了出发点。创新是在既有的知识、材料和经验的基础上发展、产生的新的成果。知识越广博，经验越丰富，越有助于创造性思维的发展。根据著名的"圆圈理论"，一个人的知识越丰富，知识面越宽，那么他"内圈"的面积和周长就越大，接触的未知世界的"外圈"面积就越大，就越容易有所创新。在全球化和信息大爆炸的今天，掌握知识量的多少是衡量一名领导干部能力高低的重要标志，也是提升创新能力的基础。"不断学习、善于学习，努力掌握和运用一切科学的新思想、新知识、新经验，是党始终走在时代前列引领中国发展进步的决定性因素……"[①]必须按照科学理论武装、具有世界眼光、善于把握规律、富有创新精神的要求，把建设马克思主义学习型政党作为重大而紧迫的战略任务抓紧抓好。这一要求，揭示了加强学习与增强创新精神的紧密联系，也对各级领导干部加强学习、推进创新提出了明确要求。2013年3月1日，习近平在中央党校建校80周年庆祝大会暨2013年春季学期开学典礼上的讲话中指出："只有加强学习，才能增强工作的科学性、预见性、主动性，才能使领导和决策体现时代性、把握规律性、富于创造性，避免陷入少知而迷、不知而盲、无知而乱的困境，才能克服本领不足、本领恐慌、本领落后的问题。"[②]习近平的这一讲话，指明了学习在领导干部工作中的重要作用，为领导干部创新能力的培养指明了方向。

---

① 胡锦涛. 胡锦涛文选（第三卷）[M]. 北京：人民出版社，2016：254.
② 习近平. 在中央党校建校80周年庆祝大会暨2013年春季学期开学典礼上的讲话[M]. 北京：人民出版社，2013：6-7.

领导干部提高创新能力，要深入学习政治理论，强化理论武装。理论是行动的指南。创新的过程，就是在科学理论的指导下不断探索规律的过程。用科学的理论武装头脑，掌握马克思主义的立场、观点、方法，这既是创新的前提，又能保证创新不偏离正确的轨道。因此，要认真而不是敷衍地、具体而不是抽象地、系统而不是零碎地刻苦钻研中国特色社会主义理论，全面、准确地领会其理论体系和精神实质，提高解决实际问题的能力，提高以改革创新推动工作的能力。

领导干部提高创新能力，要深入学习专业知识和综合知识，强化知识储备。随着时代的进步，对领导干部治国理政的知识化、专业化水平提出了更高的要求。领导干部必须不断学习掌握专业知识，形成比较完备的专业知识体系，成为本专业、本领域的行家里手。同时，要把握专业发展的趋势，及时获取前沿的知识和信息。随着社会的现代化和组织行为的复杂化，领导者在决策时所面对的选择变量也日益带有多元、多维、多层的特点。特别是涉及全局性重要决策的时候，领导者更需要具备广泛获取信息并对其进行综合加工的能力。要广开信息源，充分利用信息载体获取信息，并能够善于辨别真伪，摒弃过时的陈旧信息，挖掘为"我"所用的信息。领导干部还要学习和了解业务以外的其他知识，比如文化历史知识、军事知识，等等，做到既博学多才，又学有专攻、术有专长。

学习是一个历久弥新的话题，学习永无止境。实践证明，在现代社会靠常规的经验积累很难应对新的挑战、把握新的机遇，很难驾驭工作、推动创新。工作的创新要求领导者的素质和能力有一种跳跃式的提高，这就需要经过学习来完成。学习的方法很多，领导干部可以向书本学习，从书本中了解理论知识的基本内容，掌握基本原理；也可以向其他名家学习，了解他人思想的闪光点，学习别人知识中的有益成分；还可以向群众学习，因为群众中蕴藏了大量宝贵的财富和经验，可以使我们多角度思维，博采众长。领导干部必须保持较高的学习热情，把学习作为终身使命，保持强烈的求知欲望和钻研劲头，不断学习新知识、练就真本领，提高创新能力。

3.注重实践，开辟创新源泉

胡锦涛同志指出："最广大人民群众改造世界、创造幸福生活的伟大实践是理论创新的动力和源泉。脱离人民群众的实践，理论创新就会成为无源之水，就不能对人民群众产生感召力，对实践发挥指导作用。"[①]实践是创新的唯一源泉和根本动力，我们的一切创新都源于实践，最终也必须经过实践的检验。在实践中接受锻炼、增长才干，是我党培养干部的重要方法，是干部成长的根本途径，是提高创新能力的必由之路。

提高领导干部的创新能力，要注重从实践中获取创新的源泉。创新不是闭门造车，也不是个人或者少数人的异想天开，而是广大群众的丰富实践和主动创造。实践是检验真理的唯一标准，同样也是检验创新成果的唯一标准。实践具有第一性，亲身参加认识世界和改造世界的实践，是素质培养和提高的最基础、最关键的环节。领导干部要积极投身建设中国特色社会主义事业的伟大实践，充分利用掌握的理论知识，运用知识优势和思维优势，深入实践和调查研究，掌握第一手材料，系统、全面、真实地掌握实际情况，确保决策符合客观实际的要求。同时，要认真总结实践的经验，研究实践的现状，在实践的基础上研究进一步创新的思路，开创新的创新实践。只有这样，才能在实践—创新—再实践—再创新的道路上越走越宽广，使创新能力不断迈上新台阶，使改革创新的事业不断开辟新的境界。

提高领导干部的创新能力，要注重在实践中磨炼创新的品格。改革创新从来就不是容易的事情。提倡创新、推动创新，没有崇高的追求做不来，没有敢为人先的勇气做不来，没有百折不回的气概做不来，没有冷静成熟的领导艺术也做不来。当前，我国的改革发展正进入关键时期，面对新情况新问题，更需要领导干部进一步增强创新思维，培养创新人格。领导干部在工作顺利、取得一定成效的时候要不满足、不懈怠，敢于提出新目标、新任务、新标准，担当重任、力争上游。在遇到困难和坎坷时要消沉、不气馁，坚忍不拔、勇往直前，向着既定的目标奋力前进。即使面临困境也要保持必胜的信念，这是领导干部具备创新素质应有的意志品格。这样的创新人格只能在实践中培养，在磨炼中砥砺，在奋斗中形成。

在实践的方法上，领导干部要重视实践的指向性，在一定时期里只能确定一个战略目标，切忌朝三暮四，四面出击。要坚持实践的广泛性，

[①] 胡锦涛. 在"三个代表"重要思想理论研讨会上的讲话[M]. 北京：人民出版社，2003：11.

解放思想，开阔视野，有意识地从多侧面、多领域锻炼和培养自己的各种创造才能。要注重实践的层次性，不同层次的创造才能只能在不同层次的领导岗位上锻炼和培养。要重视实践的创新性，只有不断创新，努力使每一次实践活动在内容和形式上比过去有所发展、有所突破，才能使领导干部的创造才能在质和量上产生新的飞跃。要到改革开放和现代化建设的第一线去，到最艰苦、最困难的地方去，这些地方最需要干部，遇到的新情况、新问题也最多，是最能锻炼人的地方，领导干部的创新能力将在解决不断出现的问题中得到提高。

4. 集思广益，凝聚智慧力量

创新是想别人所未想，见别人所未见，做别人所未做。因此，发扬民主作风，善于集中民智，对于提高领导干部的创新能力至关重要。要充分借助"外脑"，尽可能地集中群众智慧，这样既可以起到"众人拾柴火焰高"和"三个臭皮匠顶个诸葛亮"的作用，还可以最大程度地发现隐患漏洞，有效避免创新中的风险。实践证明，一名优秀的领导干部既要做到自身素质高、能力强、作风硬，又要善于发扬民主、集中群众智慧，团结带领群众共同创新创业。

提高领导干部创新能力要注重发挥参谋智囊的作用。这里所说的参谋智囊，是指专门的调研参谋人员和组织内部高层决策中起咨询参谋作用的机构。由于受时间和精力的限制，领导干部往往在信息收集、调查研究、跟踪决策等方面无法做到事事亲力亲为。而参谋智囊作为常设的专门机构和人员，往往具有信息灵敏、专业对口、跟踪到位的优势，可以对创新决策起到重要的辅助作用。领导干部要充分发挥参谋智囊作用，在事先收集问题信息、研究多套解决方案、跟踪掌握事情动态等方面，放手发动参谋智囊参与。领导干部要善于组织开展民主讨论，让各方面都参与进来发表自己的观点，从不同的角度分析问题，制定多个解决问题的方案，便于领导干部比较、遴选，从而确定最优的方案，使领导干部的思维得到启发，创新能力得到增强。

提高领导干部创新能力，要善于从群众中获得智慧。人民群众是社会实践的主体，是社会物质财富和精神财富的创造者，是推动社会历史发展的真正动力，是社会变革的决定性力量，同时也是智慧的源泉，解决问题的办法往往蕴藏在群众中。领导干部要创新就必须坚持"从群众中来，到群众中去"，尊重群众的首创精神，深入群众耐心请教，认真总结概括，集中群众智慧。这是增强领导干部创新能力的有效途径和根本方法。集中群众智慧要善于深入群众，发动群众共同动脑筋、想办法。特别是要记住，权力是群众赋予的，作为领导干部是为群众服务的，要甘当群众的学生。保持高高在上的姿态只能让领导干部脱离群众，得不到群众的智慧。集中群众智慧要善于总结提炼群众的意见，要从群众直观、朴素的意见想法中去粗取精、去伪存真，找到解决问题的根本办法，而不是简单地收集意见、生搬硬套。

5. 完善机制，营造良好环境

提高领导干部创新能力，培养造就大批创新型的领导干部，是这一要求在治国理政工作中的具体体现。只有形成机制、营造氛围，才能更加有利于创新型领导干部的茁壮成长和作用发挥。

首先，应该注重在全社会营造鼓励创新的良好氛围。创新能力发挥得好，将为社会带来巨大的经济效益和社会效益。要在全社会积极营造尊重创新、鼓励创新、支持创新、宽容失败的社会氛围，大力培育和发展创新文化。创新是不断试错的过程，一开始可能存在不完善的地方，还有不足之处，但只要它是着眼于解决难题，就不应该成为我们因噎废食的理由。要允许失误，宽容失败，使一切有利于发展的创新之举都能赢得人们的掌声。要创造宽松的政策环境，允许人们大胆探索，使人们习惯于尝试，形成强烈的创新意识和冲动。要把创新能力教育贯穿于国民教育的全过程，从娃娃抓起，从幼儿教育和学校教育抓起，转变学校教育中"乖孩子"的教育方式，真正面向现代化、面向世界、面向未来地教育具有创新精神和创造能力的一代新人。

其次，应尽快建立领导干部创新能力激励制度。把具有开拓创新能力的人优先选拔出来、建立优胜劣汰干部考核机制、建立平庸者下、创新者上机制以及完善奖励激励机制。在制度设计上，既要认真研究鼓励创新的措施，对敢闯敢试，在创新上有突破、有实绩的领导干部，要重奖重用；又要认真研究容许创新失误的措施，不能太计较创新过程中出现的失误和不足，不能抓住"辫子"不放，建立和完善容错机制，旗帜鲜明地鼓励领导干部大胆探索,激发领导干部勇于创新的积极性和主动性。要建立创新能力评价指标体系,形成包括对领导干部的创新意识、创新思维、挑战精神、责任感、学习能力、信息加工能力、应变能力及其成果等各方面综合考察的系统,运用定性和定量的方法,综合测定领导干部的创新能力。要把领导干部的创新能力与晋升、使用和福利关联起来,从而使指标体系产生较大的激励作用。要在各级党校、行政学院的教育中加大创新能力培养的比重,创新教育模式,通过案例教学、实践考察等方式,培养领导干部的创新思维和创新能力。在营造良好的创新环境方面,要加强宣传,营造创新的舆论氛围;要加强有利于促进创新的文化领域建设,形成包容开放的创新氛围,激发创新活力,使领导干部能够解放思想、抛去顾虑,在宽松和谐的环境中谋求创新之道;要加强地区、部门间的联系和沟通,积极开阔视野,构建开放交互的信息平台;要开展论坛、读书会等形式的思想交流类活动,形成百家争鸣、互促互补的氛围,从而激活创造性思维,迸发创造活力。

总之,提高领导干部的创新能力不能无所作为,不能指望一蹴而就,要在正确的思想原则指引下,深入贯彻习近平新时代中国特色社会主义思想,解放思想、实事求是、与时俱进,充分发挥思想发动、学习教育、制度机制等方面的作用,充分发挥领导干部自身的主观能动作用,全面提升领导干部的创新能力,大力培养和造就一批创新型领导人才,把建设中国特色社会主义伟大事业不断推向前进。

三、建立和完善领导干部容错机制

(一)领导干部容错机制的内涵与辨析

1. 领导干部容错机制的内涵

《现代汉语词典》中注明:"容错"是指计算机系统在硬件发生故障或软件出现问题时,能自行采取补救措施,不会影响整个系统的正常工作。[1]随着交叉学科的蓬勃飞速发展,该概念逐渐被引入到管理学理论之

---

[1] 中国社会科学院语言研究所词典编辑室编. 现代汉语词典(第7版)[M]. 北京:商务印书馆,2016:1106.

中。其实,容错的过程也是激励犯错者成长和自我提高的过程。古人云:人非圣贤、孰能无过。只要干事创业的动机是为公,并不是出于私心、谋取私人利益的,都应该得到谅解。为全面深化改革而提出的创新意见,我们更应该用开放而包容的态度去认真对待。从正反两方面总结、提炼出今后实施类似工作目标的有效经验和科学方法,为以后不再出现类似错误而积累宝贵的实践经验。

领导干部的容错机制是指包含了有实施目标、有适用原则、运行框架、范围界定、实践规范和监督体系,并且与问责、保护等相关配套机制协调配合,共同完成对领导干部的正向引导和有效鼓励激励。具体来说,该机制主要包含如下内容。

第一,容错的界定。即对领导干部在干事创业实践过程中出现的错误、失误进行定性,要判断是否涉及违反相关法律规定和党纪党规,是否非主观故意,是否符合改革创新的要求。

第二,容错的执行。必须明确容错的具体标准和具体实施流程规范。执行过程中要坚持按既定程序办事,强调严格按照法定制度执行。与此同时,也要预防和避免机制漏洞带来的不利影响。针对不适用容错的情形,仍然要坚决按照党纪政纪和相关法律法规进行惩处,不能让违反法律法规或发生不当行政行为的领导干部随意脱责。与此同时,容错与问责是不可分割的,二者需要相互紧密结合并在实际运用过程中逐步调整,达到相辅相成的效果。

第三,容错的监督。如果仅仅依靠内部监督来进行容错,很难保证其各个环节的客观性,应当根据不同情形适当扩展参与容错过程的主体,让更多社会主体参与其中,实现有效合作和相互监督,不仅有利于容错机制更加客观、透明,还能借助外力促进领导干部进一步提升工作能力,提高工作成效。

2. 问责机制与容错机制的关系

推进改革开放和社会主义现代化建设事业没有现成模式可遵循。我们党大胆探索、勇于试错,按照"摸着石头过河"的科学策略,对那些必须取得突破但一时还把握不准的重大改革,鼓励先行先试。通过营造允许试验和失败的环境和氛围,极大地调动了领导干部"啃硬骨头"、敢为人先的主动性、积极性和创造性。在新时代，以习近平同志为核心的党中央对建立和完善党员干部问责追责机制和激励机制、容错纠错机制，给予了高度重视。执纪问责要求有责必问、问责必严，容错则要求严管和厚爱结合、激励和约束并重。容错机制与问责机制是密切联系，密不可分的。

第一，二者互为补充。问责制度与容错机制都是党风廉政建设和反腐败制度的重要内容。问责制度则是不可逾越的"红线"和底线，通过对严重违法乱纪行为进行有效惩罚和处分，来使得犯错的干部受到教训，并警示、提醒和教育其他党员干部约束个人行为。在推进新时代中国特色社会主义事业进程中，片面强调运用严苛的方式进行问责，只能起到以儆效尤的作用，不仅剥夺了干部们的试错权，还严重压抑了领导干部干事创业的积极性和主动性。领导干部因担心犯错被追责问责而不敢有所作为，从而出现懒政、怠政、庸政，按部就班、碌碌无为等现象。容错机制适用于在干事创业探索实践中因疏忽大意而非主观故意等导致的轻微违法违纪等行为，通常强调的是防微杜渐，避免小错误逐步恶化。片面只强调容错，表面上保护了干部干事创业的激情，但实际运用过程中，反而容易成为少数干部乱担当、乱作为，做事不规划、不计成本的"免死金牌"和"尚方宝剑"，不仅让容错机制变了味，还有可能给党和国家事业造成极大的损失。

第二，二者目标一致。通过问责，能够促进最大化的挽回、减少由于部分领导干部不当行为所造成的损失、伤害。同时，问责也发挥着一种警示和压力传导的作用，在责任落实中有着重要作用。严格问责不仅仅是为了问责而问责，更多通过惩罚和处分的方式，告诫领导干部所犯错误的严重性，同时警示其他干部，不可跨越"红线"，更不可跨越底线。通过约束和限制干部的行为，保护更多领导干部。容错强调的是激励和鼓励。通过事前设定的适用情形，对干部在探索过程中出现的错误，实施正向激励措施，允许干部试错，宽容失败，给敢于担当和作为的锐意进取者提供制度上的保障。调动广大干部，特别是作为关键少数的领导干部们干事创业的主动性、积极性和创造性。二者在鼓励、激励、引导和保护领导干部的初衷是一致的。

在容错机制与问责机制的关系上，应当始终坚持制度的有机衔接与规制的合力效应。要遵循"惩戒与教育相结合，宽严相济"[①]的思想。严管和厚爱结合、激励和约束并重，二者在实际运用过程中相互结合、逐步调整，真正实现我党对犯错误的同志实行惩戒与教育相结合，做到宽严相济的方针并一以贯之。

（二）领导干部容错机制的发展历程

1. 马克思、恩格斯等有关容错的思想

马克思主义唯物辩证法告诉我们，由于事物矛盾双方力量对比和相互消长的不平衡性以及矛盾斗争所处的条件变化和复杂性，其发展形势有起有伏，发展道路迂回曲折。因此，任何事物的发展其实都不是一帆风顺的，是前进性和曲折性的统一，我们总是在不断认识和解决矛盾的过程中实现着自身的发展。而中国的改革进程也正是这样一种局面，涉及的内容复杂多样、牵扯的范围十分广泛。我们探索改革创新，试图构建适合新时期发展需要的党政干部容错机制自然也就包含了马克思的唯物辩证法思想。

马克思主义认识论告诉我们，事物本身是曲折的，而我们认识事物的过程更是曲折的。事物本质及其矛盾关系是一个不断暴露的渐进过程，因此，对事物的认识也只能通过一个无限渐进的、前进的过程来实现，在这个过程中，人们往往会不自主地循着错误的、弯曲的、不可靠的道路前行，在理论上和实践上都会出现错误。

事物发展的曲折性以及人们对事物发展认识的曲折性，已经足够说明容错机制的提出是建立在马克思主义唯物辩证法和认识论的基础之上的，而那种认为"改革创新只许成功不许失败"的言论确实是个伪命题。

2. 中国传统容错用人的思想

（1）古代容错用人思想

其中，有些观念是对错误的基本理解，比如"金无足赤，人无完人"，"人非圣贤，孰能无过，过而能改善莫大焉"，"智者千虑，必有一失"等；有些是关于容过容错思想的论述，比如"忘其前愆，取其后效""不以一眚掩大德"等。古人能够容忍人的错误的原因主要是基于用人之长的前提，如"任人之长，不强其短；任人之工，不强其拙""用人

---

① 中华人民共和国监察法[M].北京：人民出版社，2018：4.

如器,各取所长",等等。强调要了解人,并善于用人,尽可能发挥人的长处,避免人的短处,尽可能发挥人的聪明之处,忽略人的笨拙之处。

(2)古代容错用人案例

古代有许多容错用人成功的故事。比如,在《刘子·妄瑕》中有关于桓公知士的一则典故。齐桓公非常想重用宁戚,但朝中大臣认为,应该在调查后,确定他是贤德的人再重用,但齐桓公认为,不能因为宁戚曾经的小过失而忽略他的才德,那么许多有才德的人都会得不到重用。因此,齐桓公仍然坚持让宁戚担任相国,宁戚后来也尽心辅助齐桓公,成就了"九合诸侯,一匡天下"的霸业。齐桓公能够取得这种成就和他包容、知人善用的气度有很大的关系。再比如,一代英主唐太宗,他的统治时期是历史上著名的"贞观之治",这与他开明的人才观和知人善任的用人方法有相当大的关系。唐太宗李世民认为,用人就要容忍他的短处,并且不要去计较他细小的过错,不因为小的过失而掩盖全部的功劳。他即位后广开言路寻求治国之策,做到人尽其才,特别是他摒弃前嫌、重用魏征,被视为善于用人的经典故事。还有,面对部分大臣对房玄龄的诬告,李世民还表示,今后还有这么做的,朕当以奸佞小人问罪。再比如,宋太祖赵匡胤的容错用人之道。《涑水记闻》中有一则故事记载,沧州节度使张美虽然镇守边关有功,但同时也被人控告强娶和勒索钱财,赵匡胤在充分了解张美所作所为之后,并没有处罚他,而是决定给张美改过自新的机会,后来张美镇守的边境一直安定和平,被人誉为沧州张氏。

(3)古代容错用人的制度

在容错用人方面,古代虽没有成文的制度,但从整个用人发展史来看,实际上也是有其规则可循的。比如,魏晋南北朝时期有一种非常特别的现象叫"白衣领职"。所谓"白衣",在魏晋南北朝前只代表平民。但魏晋南北朝以后,"白衣领职"是一种处罚手段,指在官吏犯错误以后从轻处罚,让他们以白衣身份继续在职位上任职做事,它与"免官"并列存在,类似于戴罪立功。如东晋末年,御史中丞范泰、太常刘瑾等"殷祠"议礼失当,也就是做事不拘旧框框,被晋安帝下诏让两人"皆白衣领职"。还有后赵石季龙当政时,中书监王波建议后赵遣使蜀汉,结果使节被占据梁、益地区的蜀汉政权首领李寿侮辱,王波建言结果不合初衷,石季龙"闻之怒甚",黜以白衣守中书监。官吏可能因为以下几个原因被贬为"白衣领职":第一是对工作不负责,第二是违抗上级命令,第三是滥用职权、连坐等其他原因。"白衣领职"制度自两晋南北朝开始,也在后世有所沿用,虽然没有一直持续,但是这是容错用人思想在古代的实际运用。"白衣领职"也可以说是中国历史上最早的容错制度。

总体而言,中国古代的容错用人思想更多的还是和君主或上位者的个人意志、喜好相联系。至于谁的过错可以容,谁的过错不能容,什么过错可以容,什么过错不能容,既在君主一念间,还要看关系和来头。魏晋南北朝时,受门阀制度的影响,"白衣领职"者多为士族,寒门子弟甚少有此待遇;同样事因下,不同朝代也不同,有的免官,有的"白衣领职"。结论是,中国古代的容错,具有很强的随意性和很大的不确定性。而这种不确定性,使其效果和公信力大打折扣,不能持续性地发展和传承下去,所以今天很少有人知道历史上还有"白衣领职"这一制度。建立容错纠错机制的基本目的就在于推动形成良好的用人导向,解决干部不想为、不愿为和不敢为的问题。中国传统容错用人思想从本质还是一种人治思想,与统治者的意识密切相关,我们目前的容错纠错机制是对中国传统容错用人思想的借鉴和超越,是建立在法治基础上的制度。

3. 中国共产党人对容错的探索

建立容错机制是在继承和发展工人阶级执政党历史经验的基础上,结合全面深化改革的具体实践,提出的一项新举措。在全面深化改革进入深水区、进入关键时期的背景下,能否正确处理改革探索中的错误,是能否推进改革的重大问题。四十多年的改革开放,前二十年和后二十年有明显不同,但本质上都是社会主义建设的伟大实践。前二十年的不断探索和摸索,为后二十年的辉煌成就奠定了坚实的物质基础和精神基础。中国的创新者和改革者不断实践和探索,使中国成为世界第二大经济体,社会主义事业蓬勃发展。否定探索中的错误,就是否定历史发展的辩证法。承认改革道路上的错误需要政治勇气,容忍错误也需要政治勇气。改革创新不允许有探索性错误,这无疑是对创新者的"束缚",制约着全面深化改革的步伐。

(1)中国共产党对革命建设长期探索中的错误的处理,是一个逐步走

第六章 咬定青山不放松、立根原在破岩中的改革攻坚精神

向制度化的过程。在新民主主义革命和社会主义建设的探索中,毛泽东认识到正确对待错误同志的重要性。首先,毛泽东指出,人在积累经验的过程中难免会犯错误。我们要宽容犯错误的同志,让他们改正错误,继续革命。如果革命者犯了错误,他们就将被彻底否定甚至消灭,这只会破坏革命者的战斗精神和革命信心。其次,毛泽东辩证地分析了错误的二元性,强调运用辩证法划清对错界限。共产党人不应该害怕犯错误。错误是双重的,一方面危害党和人民,另一方面是好教师,教育党和人民,有利于革命。失败是成功之母。最后,在发现和纠正错误时,应采取"批评和自我批评"的方法,遵循从过去的错误中吸取教训,避免将来犯同样的错误的原则,帮助他人纠正和学习错误。

(2)改革开放之初,邓小平正确把握了干部思想与改革开放的矛盾,鼓励干部摆脱思想包袱,大胆尝试。正是邓小平对改革开放初期重大社会矛盾的准确把握,使改革开放得以顺利进行,使中国走上了社会主义现代化的道路。

(3)江泽民对于容错问题虽然没有提出明确的观点,但是在其工作期间,若干治国理政思想已经深刻地体现出来了。江泽民强调,我们始终必须坚持发展是硬道理这个战略思想,这个问题能否更好地解决直接关系着发展中的大国领导人民进行现代化建设的事业兴衰、人心向背。这表明改革发展是我们时代进步的永恒主体,也是20世纪80年代末90年代初国家领导人突出强调的社会进步的主旋律,而改革创新发展必然涉及提升党政干部积极性、创造性的问题,自然而然内在地包含着对容错免责问题的思考和探索。这在一定程度上为后来明确提出构建容错机制奠定了思想基础。

(4)胡锦涛关于容错也没有明确提出什么观点,但是其治国理政思想中包含着容错思想的精髓。胡锦涛同志强调:"发展是硬道理,解决中国所有问题的关键在于发展。"[1]加快推进社会主义现代化进程,全面发展建设小康社会;唯有紧紧把握住和搞好发展,才能把握社会主义现代化建设的本质,才能从根本上把握人民的愿望,最终实现党执政兴国的目标,即开创中国特色社会主义事业新局面,实现中华民族伟大复兴。其所倡导的科

---

[1] 胡锦涛. 胡锦涛文选(第一卷)[M]. 北京: 人民出版社, 2016: 559.

学发展观等思想自然包含着鼓励改革创新、革除庸政懒政，党政干部容错免责的思想。也为后来进一步明确提出容错思想奠定了思想基石。

（5）党的十八大以来习近平关于领导干部容错的思想主要体现在以下几个方面。

一是为全面深化改革。习近平同志在党的十九大报告中提出，要明确全面深化改革总目标是完善和发展中国特色社会主义制度、推进国家治理体系和治理能力现代化。这里需要加强对领导干部的引导，督促鼓励其作出与全面深化改革相适应的决断，展示其出谋划策的思考能力和推动落实改革的担当水平，把改革促进派和改革实干家结合起来，再辅以鼓励创新、允许试错的宽容环境，唯有此，才能真正体现出马克思主义的精髓。

二是为全面依法治国。习近平同志在党的十九大报告中指出："全面依法治国是中国特色社会主义的本质要求和重要保障。……坚持依法治国和以德治国相结合，依法治国和依规治党有机统一，深化司法体制改革，提高全民族法治素养和道德素质。"①需要领导干部做学法、懂法、守法和护法的模范，从成为党政领导干部的那一天起，就应该加强法律意识，强化法制思维，心中与头顶时刻高悬法律的明镜；同时，在同等条件下应该提拔法律素养好、法治能力强的干部以保证在执政过程中对容错能力的保持。

三是为全面从严治党。这里主要就是要坚持"三个区分开来"的要求：把为谋取私利的违法违纪行为与推动发展的无意过失区分开来，保护那些敢做敢为、锐意进取、作风正派的干部；把干部在改革创新中违法乱纪和明知故犯与因缺乏经验、先行先试出现的问题区分开来；把上级明令禁止的违法违纪行为仍然我行我素同上级尚无明确限制的探索实验中的失误和错误区分开来。

四是源于"好干部"的标准。"好干部"体现在拥有坚定的信念，勤政务实的风格，廉洁自律，敢于担当，德才兼备，全心全意为人民服务。这些品质要求深刻反映出党政干部容错思想的初衷。

---

① 习近平. 决胜全面建成小康社会 夺取新时代中国特色社会主义伟大胜利——在中国共产党第十九次全国代表大会上的报告[N]. 人民日报, 2017-10-28.

（三）创新领导干部容错机制的现实意义

深化改革事业的发展需要一大批做实事的人。当前我国经济发展步入新常态，基于"四个全面"战略布局和"五位一体"整体布局，尤其是全面深化改革和全面从严治党背景下，经济社会发展面临前所未有的压力与挑战，如何进一步发挥党政干部的积极性、主动性，切实发挥他们在经济社会发展中的引领作用，构建科学的容错机制是其必要保障，也是推动依法治国的根本之策。

1. 为做实事、真心改革者保驾护航

引导党政干部真切投身于改革创新的大潮中。目前，虽然一些干部敢于改革创新，也在实践中取部分成绩，但是依旧存在许多"为官不为"的现象。在改革创新的过程中，或许一开始改革者信心满满，但随着改革过程不断深入的推进，自然会面临各种各样的困难，会受到来自社会各方面的挑战，如果没有良好的、行之有效的保护措施，就很容易打击改革者最初的信心，害怕改革出错，担心犯错承担责任。我们应该积极地消除在其位不谋其政、"为官不为"的懈怠懒惰现象。而创建容错免责机制有利于促进各级党政干部逐步树立真干实干的良好改革风气，也为真心改革者保驾护航。

2. 激发党员干部做事的积极性、创造性

有利于保护党政干部的积极性、主动性、创造性。在改革创新的过程中，自然会面临各种各样的困难，会受到来自社会各方面的阻碍，如果没有良好的、行之有效的保护措施，就很容易出现各种各样的错误，打击改革者最初的信心，影响改革的进程。因此，积极创新党政干部容错机制也是实践的必然要求，利于激发和保护干部干事的积极性、主动性、创造性。

3. 治理为官不为，从严治吏，打造责任政府

在统筹推进"五位一体"总体布局，协调推进"四个全面"战略布局，全力推进全面建成小康社会进程，实现"两个一百年"奋斗目标背景下，经济社会发展进入新常态，全面从严治党持续推进。基于这样的政治形势，出现了一些为官不为的干部，即那些怀着"不求无功，但求无过"思想的党政干部，在工作中畏首畏尾，害怕出错承担责任，宁愿少干事、不干事，也就是懒政、怠政。为了降低对经济社会改革发展的影响，和逐

步消除党政干部这种为官不为的现象，必须从机制上从严治吏，构建党政干部容错机制，以营造一个更加和谐健康的领导干部工作环境，让改革者可以消除后顾之忧，勇敢上阵，这也是打造责任政府的应有之义。

4. 为全面深化改革、全面建成小康社会形成良好改革风气

改革创新作为一种新生事物，本身就没有任何参照物，就如同我国的社会主义现代化建设一样，领导者和广大人民群众都要摸着石头过河，难免会犯错，存在的一些鼓励机制或许会一定程度促进改革者想干事，但依然未能全身心投入其中，缺乏敢干事的胆识和魄力，这其中有制度本身的缺陷而导致的犯错，也有创新者探索未知而出现的错误。但是对于党政干部而言，有了错误必然会受到处罚，为了使改革者放心大胆地做事，最大程度地降低这种担心和顾虑，建立容错机制就变得理所当然，这种机制自然也会对其他地区的改革发展提供基本的范式，形成了想改革、敢改革、乐改革的良性循环的社会改革风气。

总而言之，建立和完善领导干部容错机制，是培养领导干部改革攻坚能力的有力保障，只有给广大改革者创新者撑腰鼓劲，解除他们的后顾之忧，让广大干部愿干事，敢干事，能干成事，才能进一步深化经济社会改革，才能协调推进"四个全面"战略布局，全力推进全面建成小康社会进程，统筹推进"五位一体"总体布局，从而实现"两个一百年"的奋斗目标。

（四）完善领导干部容错机制体系

领导干部容错机制体系的构建应当围绕着领导干部容错机制的基本形态、界定范围、运行规范、配套保障制度以及容错氛围等五个方面来展开。这五个方面机密联系、互为补充，它们共同决定了容错机制的科学性、合理性、全面性以及有效性。为进一步优化和完善领导干部容错机制还需做好以下几个方面的工作。

1. 科学设定领导干部容错机制的基本形态

领导干部容错的基本形态，主要是指在适用容错机制基础上，对领导干部干事创业过程中产生的错误进行科学有效处置的方式。在运用容错机制时，科学合理设定处置的基本形态尤为重要。若设置的基本形态过多，则过于烦琐冗杂，不利于在具体实践中合理区分、再分类管理和处置，且

容易造成争议和矛盾；若设置的基本形态过少，则过于笼统，无法体现对不同类别、不同层级错误容错的差异性和精准性。笔者认为，可参考借鉴党内加强监督的四种情形，也就是常态性批评与自我批评、约谈函询，常态化"红红脸、出出汗"；在违纪处理中大部分集中为党纪轻处分、组织调整；少部分是党纪重处分，职务重大调整；严重违纪、涉嫌违法而立案审查的成为极少数。按照容错力度的强弱，从三个主要层级来设定，即从轻处理、减轻处理和免责处理。

（1）从轻处理

从轻处理是领导干部容错机制中的第一层级形态，也是基础形态。其容错力度相对最弱。通常情况下，从轻处理的形态主要适用于：在决定和执行公务或者工作目标重要程度较低，在完成一般性任务且需要开展创新、探索工作的过程中出现的错误或者失误，并因此造成的不良影响或损失较小的，经过相应规定程序对相关领导干部实行容错。在及时、有效纠正干部错误之后，在党风廉政建设工作考核、年度工作目标考核等方面，根据相关制度和规定，按照低标准在扣分或处分的范围内进行处置。

（2）减轻处理

减轻处理是领导干部容错机制中的第二层级形态，也是关键形态。其容错力度相对均衡，介于第一层级形态和第三层级形态之间。这一形态需要细化和区分干部所犯的错误，从而实现分级科学管理和精准处置。具体而言，减轻处理主要适用于：在开展创新和探索工作中导致的错误或者失误且相关情节轻微，并未产生重要影响者造成重大损失，经过相应规定程序对相关领导干部实行容错。在及时、有效纠正干部错误之后，在党风廉政建设工作考核、年度工作目标考核等方面，按照下降一档或者下降若干档的标准，在两个及以上的处分的范围内进行处置。

（3）免责处理

免责处理是党内容错机制中的第三层级形态，也是最高级形态。与其他两个层级形态相比具有较强的容错力度。免责处理的形态主要适用于：在工作中产生错误的情节十分轻微，所造成不良影响或损失十分小的，经过相应规定程序对相关领导干部实行容错。在及时、有效纠正干部错误之后，在党风廉政建设工作考核、年度工作目标考核等方面，免于对其进行扣分、处分处置。同时，对其在评先评优、晋升职称职级中，原则上不受到任何影响，同时，在其他考核中也不对其给予负面评价。

2.明确领导干部容错机制的适用范围

为充分发挥领导干部容错机制的最大功效，在构建相关机制时，应明确界定该机制适用的范围，避免在实际执行过程中出现界定不清、范围混淆等问题。

（1）依据负面清单界定的适用范围

①导致严重后果的决策失误不能容错。对凡是影响范围大、同时对涉及群体或者组织的根本性利益造成重大损害的决策失误不仅不能容错，还应该按具体情形进行追责问责。属于重大决策事项的主要包括以下几点：一是法律、法规、规章规定应当进行听证的行政决策事项；二是涉及重大公共利益的行政决策事项；三是涉及人多、涉及地域广、涉及民众切身利益的行政决策事项。

②重大决策失误不予容错。严重的决策失误采取的追责标准应对应决策失误程度及损害等级大小来决定。也就是说决策失误越严重，带来的损害等级就越高。又因为不同人以差异化视角，借用差异化分析工具与技术手段评估损害等级，就可能得到完全不同的结果，因此，尽可能达成最低限度的共识并寻找到各种观点之间的最大共同点是解决这一问题的有效方法。而这个最大共同点就是共同的安全与存在。其内容涉及：个人生命和健康保障、社会共同体的维系及国家共同体的安全与存续。

③未经过法定程序的重大决策不予容错。党的十八届四中全会通过的《中共中央关于全面推进依法治国若干重大问题的决定》，强调要全面推行依法治国，任何重大决策，必须经过公众参与、专家论证、风险评估、合法性审查、集体讨论决定这五项法定程序。五项程序缺一不可，由此才能确保决策制度科学、程序正当、过程公开、责任明确。

（2）依据失误原因界定的适用范围

①同客观因素和外部原因紧密联系的。主要包括：第一，在贯彻、落实相关法律法规和政策的过程中，因规定不够明确清晰，而出现漏洞、造成失误，带来不良影响或损失，但并未触犯禁止性规定的。第二，因为客观环境变化，遇不可抗力等非主观性的因素所导致的。第三，在处理历史

遗留问题过程中，因不受利益影响，克服现实阻力，不受利益影响，由此带来损失或者造成信访问题的。第四，在处理突发事件过程中，因及时采取有效措施进行处置，但未经正常程序审批，产生不良后果，但是能够补救的。第五，因工作标准高、任务强度大产生的错误、失误。

②同主观因素和内部原因紧密联系的。主要包括：第一，在完成工作目标过程中，提升标准，主动加压，但因标准过高在履职尽责后仍未达成的。第二，在为群众、企业提供服务过程中，为提高服务的质量和效率，突破现有模式，因此产生偏差的。

3.合理设置领导干部容错机制的运行规范

无规矩不成方圆。只有在权威的法律文本和有效监督的约束下优化和完善党政领导干部容错机制，重点关注机制的运行规范以及各方面的细节问题，这样才能更好地解决实际问题，充分发挥容错机制的整体功效。

（1）明确实施主体。为全面推进容错机制顺利落地生根，必须提前明确机制实施主体和容错执行机关，避免运行过程中出现权责不清的问题。各级党委（党组）作为实施主体，要加强对容错工作的统一领导、组织实施和统筹协调等工作。各级纪委监委机关作为容错执行机关，应在严格监督执纪的前提下，准确把握政策界限，对适用容错机制的问题，通过规范程序进行科学有效容错，同时协同组织人事部门及有关部门做好相关后续工作。

（2）启动申请程序。在失误或者错误发生后，认为符合容错申报条件的，根据党员干部管理权限，由容错对象或者其所在组织，在七个工作日之内，向各级纪检监察机关主动申请启动容错程序。

（3）调查核实程序。各级纪检监察机关在收到申请后，按照管理权限会同其他部门展开调查取证，详细查明错误产生的原因及后果，并听取容错对象及其所在单位的意见，同时结合其以往表现，精准界定其应当承担的责任。同级组织、人事等部门也可就该对象是否适用容错机制给出意见。若出现组织或个人的申请不符合容错条件和要求的，应由纪检监察机关及时做好解释与答复工作。

（4）最终认定程序。基于前期调查取证，各级纪检监察机关作出最终书面认定，必要时可以举行听证，也可会同纪检监察机关或组织人事部门进行研究并决定。若组织或个人的申请符合容错适用的情形，则应当提出具体建议，决定从轻处理、减轻处理或者免责处理，或者终止该程序。若该决定难度较大，或者可能带来较大社会影响，必要时可征求上级主管部门意见，并由纪检监察机关向申请组织或个人反馈最终认定结果。

（5）报备程序。对于领导干部的容错情况应及时向上一级组织人事部门进行报备，并对相关档案进行归档和备案，以便事后查阅资料以及对相关干部进行跟踪回访教育，防止重蹈覆辙。

4. 建立健全领导干部容错机制的配套制度。任何制度的运行都不是仅仅依靠其自身便可实现的，健全机制重在保障落实。作为党全面推进改革创新各项工作的新举措，领导干部容错机制不是一蹴而就的，需要建立健全配套保障制度为支撑，为其提供制度性供给，从而提高领导干部容错机制的执行效力，实现预期目标。

（1）落实民主监督机制

在落实容错机制过程中，通过科学有效的监督，不仅可以有效防范和化解风险，还能为领导干部容错机制的公正性提供重要保障。因而，在调查核实和最终认定等关键环节，落实严格的监督机制，能够确保整个容错机制运用和执行全过程始终在处于民主监督之下，从而能一定程度上消除、减少容错过程中徇私枉法、侵害群众利益、滥用权力的发生，切实保障容错机制的公正性和权威性。

第一，强化内部监督。作为执行容错机制的各级纪委监委机关，必须严格贯彻民主集中制原则，按照"三重一大"集体决策制度的要求，通过集体讨论研究，最终作出决定，并运用如"公务行为终身负责制"等加强对相关工作人员的在容错过程中各自行为的限制和约束，有效杜绝容错过程中盲目决策、失职渎职、弄虚作假等问题的出现。

第二，拓宽外部监督。容错工作要公开透明，各级纪委监委机关应自觉接受各级党组织监督、社会监督和舆论监督。若出现上级机关或者主管部门认为该机关或者主管部门所作出的认定结果不恰当、不公正，或者存在程序上的违规时，需及时制止，并根据实际情况提出修改意见。必要时，处理结果要在一定范围内进行公开公示，同时应及时回应和引导舆情。如果公众反应强烈，认为该结果存在不公，则需要视具体情况重新审核调查并进行处理。

（2）健全结果反馈机制

容错的意义不仅是宽容可容之错，对敢为人先、勇于担当的领导干部的鼓励和支持，更重要的是合理运用容错结果，促进其他相应领域的完善和优化。健全结果反馈机制是领导干部容错机制正常运行的长效保障。第一，将容错处理结果有效运用在干部工作考核、提拔任用及职务晋升等方面，从实践层面真正发挥和进一步强化机制的激励作用。经过相应程序被予以容错后，根据认定结果在工作考核上不因此而给予负面评价或作为不提拔任用、职务不晋升的依据，从而在制度上保障领导干部干事创业的热情。第二，对容错程序中经调查核实、评估认定的情况予以总结，深入分析错误产生的原因和提出解决方法，将相关典型案例作为应用结果，并最终通过完善政策、制度来进行反馈，不仅有利于避免重蹈覆辙，并对同一问题不予以第二次容错。第三，分析梳理各制度存在的漏洞和薄弱环节，通过实际案例反馈到相关主管部门，由相关主管部门根据案例情况进行科学调研、充分吸收各方意见和建议，为进一步完善制度体系和提高政府治理能力保驾护航。

（3）夯实跟踪回访制度

跟踪回访是指对容错处置结束的相关案件卷宗进行归档后，在一定时期内通过函询、电话回访的方式，对容错对象进行定期跟踪观察。通过对容错对象开展思想政治教育、现实情况测评等方式，加强对其教育管理和精准监督，体现党和组织的关心和爱护，实现纪律、沟通、人性化管理的良性循环。

第一，跟踪回访容错案件中处置对象的情况，了解处置对象的整改情况以及需要帮助解决的困难。如果容错效果产生偏差时，应当及时予以纠正。对处置对象在整改过程中遇到的困难，提供必要的帮助。通过这种方式，有利于进一步提升干部"敢为""愿为"的觉悟，打消怕触犯"红线"、跨越底线的思想顾虑，进而引导其转变心态、放下包袱、提振精神、重扬斗志，激发其想干事、能干事、干成事的热情。

第二，跟踪回访容错案件承办人员及承办单位的情况，了解其在办案过程中是否存在违法违纪的行为。若发现案件承办人员及承办单位确实存在违法违纪行为时,要及时进行追责、问责,必要时根据实际情况对相关容错处理结果重新进行认定。

综上所述,民主监督机制、结果反馈机制和跟踪回访制度,是领导干部容错机制亟需且必要的保障制度。它们之间紧密相连、相辅相成,为领导干部容错机制提供了预见性、全局性、长效性保障。在完善领导干部容错机制时,应同步统筹健全以上几种制度,保障容错机制始终平稳有序的运行,充分发挥该机制的导向和激励作用。

5. 积极营造良好容错环境氛围

列宁曾说:"只有什么事也不干的人才不会犯错误。"[①]干部在改革创新的实践中,犯错误是在所难免的。在全面改革创新各项事业进程中,领导干部们是在缺乏现成经验的情况下"摸着石头过河",因为主客观因素和内外条件不成熟,而产生无意过错和探索性失误。唯有给予一定的试错、包容失败去处理改革创新遭遇的失误偏差,才能促进改革者永不止步。因此,领导干部干事创业离不开良好的容错环境和氛围。

第一,积极营造内部氛围。科学有效容错的关键是要准确把握习近平总书记提出的"三个区分开来"的要求,分清"为公"还是"为私",辨别"无心"还是"故意",认定"无禁"还是"严禁",严格区分"失误、错误"与"违纪、违法"的边界。判定哪些情形适用容错,哪些情形和错误不能容,应该以稳妥处理事业为上、从实际出发、依纪依法等为基本原则,参考领导干部的动机使命、错误属性、结果影响及追回损失等,结合具体问题进行具体分析。对容错对象在考核考察、选拔任用、职级晋升时"不戴有色眼镜",而是一视同仁。让"不担当、不作为、乱作为"的机会主义者没机会,鼓励和激励"有担当、愿作为、能作为"的实干主义者。

第二,构建友好外部氛围。在推进容错机制落地生根过程中,更离不开全社会的宽容和包容。我们应当摒弃"一旦有污点,永世不得翻身"的错误观念,在全社会形成支持和鼓励敢担当、敢作为的良好氛围,宽容锐

---

① 中共中央马克思恩格斯列宁斯大林著作编译局编译. 列宁全集(第33卷)[M]. 北京: 人民出版社, 1957: 226.

意进取的干部因干事创业过程中产生的失误，使其抛掉思想顾虑，轻装上阵。通过电视广播、政府官网、公众号等媒介，多渠道、多方式、全方位宣传、发布容错机制，加强引导社会舆论，引导党员干部自学，提升党员干部、群众对容错机制的知晓率，为广大干部敢担当、敢作为营造一个宽松、和谐的干事创业环境和氛围；还要重视各类正反典型的发掘，以正面引导、反面示警的方式，积极营造领导干部主动作为、果决担当的外部环境，努力发掘领导干部干事创业的激情、积极性和创造性，让担当有为者放下心理包袱，让违法乱纪者受到惩戒，进一步优化政治生态，营造良好的干事创业氛围。

第七章 泰山压顶不弯腰、惊涛骇浪不低头的应急处突原则

新时期以来，我们党高度关注我国社会所面临的各类风险，并把应对风险的能力作为衡量领导干部执政水平的重要依据。但是不是这样就认为我国已经进入了风险社会呢？答案是否定的。"在社会主义和共产主义社会尽管还会存在社会风险，但不具有风险社会形成的内在致病基因，将不再是风险社会。"[①]这也表明，我国各级党政领导干部要坚持历史唯物主义关于风险社会的分析，要对当前社会发展状况有正确清醒的认识，要增强能力建设紧迫性的意识，提高应对社会风险能力，减少社会风险给广大人民群众造成的损失，做到尽职尽责。

目前，我国社会处于转型期并进入风险高发阶段，既有来自传染病、自然灾害等的威胁，又有贫富分化、生产事故、劳资冲突和刑事犯罪等社会风险的大量存在，表现的形式也更加频繁、复杂、突发。党的十六届三中全会审议通过的《中共中央产于完善社会主义市场经济体若干问题的决定》明确要求："建立健全各种预警和应急机制，提高政府应对突发事件和风险的能力。"[②]胡锦涛要求各级领导干部要居安思危，认真做好思想、机制、预案和工作等方面的准备，建立健全预警与应急机制，不断提高领导能力和执政水平。习近平强调，年轻干部要提高应急处突能力。预判风险是防范风险的前提，把握风险走向是谋求战略主动的关键。要增强风险意识，下好先手棋、打好主动仗，做好随时应对各种风险挑战的准备。要努力成为所在工作领域的行家里手，不断提高应急处突的见识和胆识，对

---

① 钟君. 风险社会的历史唯物主义分析[J]. 马克思主义研究, 2014(04)：97.
② 中共中央文献研究室编. 十六大以来重要文献选编（上）[M]. 北京：中央文献出版社, 2005：479.

可能发生的各种风险挑战，要做到心中有数、分类施策、精准拆弹，有效掌控局势、化解危机。要紧密结合应对风险实践，查找工作和体制机制上的漏洞，及时予以完善。[①]这些要求为培养领导干部应急处突能力指明了方向。应对风险，需要领导干部具有敏锐的风险意识、全面的抵御风险能力，保持对风险产生的预见性，处理问题要快、要及时、不能延误时机，要沉着冷静、稳住阵脚，采取有力措施，控制事态的发展，在危机中寻求机会，找到解决问题的最佳方式。在应对突出危险或事件上，领导干部要树立"责任重于泰山"的观念，本着"泰山压顶不弯腰、惊涛骇浪不低头"的应急处突原则，既要做到未雨绸缪、运筹帷幄、处变而不惊，又要具备善后重建能力，比如加强突发事件舆情引导，安抚民心、动员群众，争取外援、做好募捐工作，实事求是、客观评估损失，深刻反思、汲取经验教训。

基于此，本章从我国公共危机事件发生的概述入手，概述当前我国政府突发公共事件应急管理体系，分析地方政府突发公共事件应急管理存在的问题，最后探究在健全政府应对突发公共事件管理体系中如何加强领导干部的应急处突能力，以维护人民群众生命财产安全，实现社会和谐安宁。

一、当代中国公共危机事件发生概述

当代中国社会公共危机已由非常态变成了社会生活的常态，公共危机几乎是无时没有、无处不在，加强公共危机治理，维护社会和谐稳定刻不容缓。地方政府作为应对和化解公共危机的主体，承担着其他非政府组织和个人难以承担的责任，政府公共管理水平的一项重要指标就是政府的公共危机治理能力。我国当前公共危机发生的频率较前有所提高，首先因为我国正处在社会转型期，各种矛盾相互交织，一旦激化就会演变成公共危机事件，其次，我国又处于自然灾害频发区，一些地方过于追求经济利益导致生态环境遭到严重破坏，自然和社会的各种不稳定的因素频现，加之公共危机具有突发性、紧迫性和不确定性的特点，危机一旦爆发，将造成

---

① 习近平在中央党校（国家行政学院）中青年干部培训班开班式上发表重要讲话强调：年轻干部要提高解决实际问题能力 想干事能干事干成事[N].光明日报，2020–10–11.

不可避免的经济损失、人员伤亡，甚至造成社会的失序，以及一定层面上的政治动荡。中国共产党始终代表的是全中国人民的根本利益，面对各种可能引发的社会公共危机，党和政府都进行了迅速有效的处制，把事件造成的危害降到了最低点，体现了服务型政府的基本要求，也反映了我国各级领导干部的应急处突能力。

（一）自然灾害类公共危机事件

自然灾害是世界上所有国家都要共同面临的一种风险和危机。从我国近年来发生的危机事件上看，自然灾害类危机事件呈上升趋势。一个国家、一个民族要想持续发展下去，那么前进的道路不可能平坦，一定是会伴随这样或那样的风险和危机。我国现代公共危机管理的重点对象，是对自然灾害类危机事件的治理。从分类上讲，我国出现的自然灾害类公共危机，一般包括：气象灾害类主要有洪涝、干旱、冰雹、风雪、台风、沙尘暴等，地质灾害类主要有地震、山体滑坡、泥石流等，海洋灾害类主要有如海啸、赤潮、风暴潮等，生物灾害类的有如草原植被被破坏、森林草原火灾，农作物病虫害等。从近些年来看，我国是世界上遭受自然灾害影响和损害最为严重的国家之一。在我国，地震、台风、洪涝等特大自然灾害经常发生，给广大人民群众的正常生产和生活秩序造成了严重的破坏。

从危机的程度上看，自然灾害类公共危机对我们所有人类造成的损害和威胁是巨大的。张楠楠认为："我国自然环境的多样性也造就了较为复杂的自然灾害风险环境。"[①]近年来，我国发生的多起自然灾害类公共危机事件，无论是地震灾害、洪涝灾害、台风灾害，还是一般的泥石流灾害、山体滑坡灾害，都对人民群众的生命和财产都造成了极大的威胁，应对和防范这些危机事件成为各级地方政府的重要工作之一。自然灾害面前，各级领导干部要积极应对和化解，尽可能将危害程度降到最低。

（二）事故灾难类公共危机事件

马克思主义认为，人类社会总是在矛盾冲突过程中不断向前发展。生产力的发展，既给社会带来巨大的物质财富，也给人类社会自身的发展埋下前所未有的风险隐患，这些风险普遍存在于各个领域、各个方面，也融

---

① 张楠楠.自然灾害风险管理研究[M].北京：中国商业出版社，2010：10.

入我们的现实社会生活中,这些隐患一旦突然爆发,其灾难性后果将无法想象。近些年来,我国发生的事故灾难类公共危机事件,如交通运输事故不仅有铁路、公路、民航,而且水运等部门在运行过程中发生的事故也是常见,同时还有公共设施、设备事故、企业的安全生产事故以及城市的供水、供电、供气、供热等方面引发的事故,还有环境污染与自然生态遭到破坏等。进入21世纪,我国在加快经济社会发展的同时,不免出现这样或那样的安全事故。

事故灾难类公共危机事件的发生,对人类的生存造成了直接的威胁,每一个事故的发生,不是造成财产的重大损失,就是造成大量死亡。当代社会,在交通日益发达的今天,特别需要注意交通安全事故的防范,在我国每年由于发生交通安全事件造成的人员伤亡数据令人触目惊心。事故灾难的发生,直接损害的就是人民群众的生命安全。刘霞、向良云认为,事故灾难就是一个复杂、开放、巨大的人—机动态系统,每一个事故灾难从孕育、产生、发展、消长到激变最终演变为灾难性后果是一个长期的过程,其形成与爆发的偶然性、多变性特点对日常的事故灾难处置提出了新的更高的责任要求。①这也对领导干部的应急处突能力提出了新要求,要处变不惊,"要增强风险意识,下好先手棋、打好主动仗,做好随时应对各种风险挑战的准备"②。

(三)公共卫生事件类公共危机事件

公共卫生事件也是我国公共危机事件的一个重要方面,每年因公共卫生引起的危机事件不容忽视。那么,什么是公共卫生事件呢?从内涵上讲,公共卫生事件就是指突然发生的、没有任何前兆的,因其发生对我们人类正常的社会秩序构成严重威胁,其结果往往是造成或者可能造成大批的社会公众的身体健康受到直接的或间接的损害的重大食物集体中毒、流行传染病疫情、不明原因造成的群体性疾病,以及由其他原因引起的严重影响社会公众身体健康的危机事件。新中国成立以来,我国政府特别重视防范公共卫生事件的发生,但由于种种原因,公共卫生事件类公共危机事

---

① 刘霞,向良云.公共危机治理[M].上海:上海交通大学出版社,2011:306.
② 习近平在中央党校(国家行政学院)中青年干部培训班开班式上发表重要讲话强调:年轻干部要提高解决实际问题能力 想干事能干事干成事[N].光明日报,2020-10-11.

件还是时有发生。进入21世纪以来,食物中毒也是一种比较常见的公共卫生事件类公共危机事件,比如在我国2008年发生的三鹿奶粉事件,就是一个重大的公共卫生类公共危机事件,这个事件的发生时刻警示我们,在"民以食为天"的国度,绝不能忽视食品安全问题。这也要求我国政府和各级领导干部要提高公共危机事件治理能力。

(四)社会安全事件类公共危机事件

在我国,除了前面所讲的公共危机事件以外,还有社会安全事件类公共危机事件,这类危机事件对我国社会的影响很广泛。从内涵上看,社会安全事件类公共危机事件主要包括重大刑事案件、民族宗教事件、恐怖袭击事件、涉外突发事件、经济安全事件、集体上访群体性事件,等等。我国目前正处在社会转型的重要时期,新旧矛盾和纠纷相互交织在一起,人民内部矛盾显得尤为突出,面临着刑事犯罪的高发期和对敌斗争的复杂期。这个事实表明,在社会主义中国,由于相关的法律与制度还不够完善和健全,一些人会钻法律和制度的空子,社会公共安全事件有高发的态势。我国作为社会主义国家,敌对势力也在不断地干扰和破坏,中国特色社会主义面临诸多的公共安全的风险。社会安全类公共危机事件一旦发生,对国家、对社会、对个人都会产生严重的影响。因此,作为地方政府来说,面对日益复杂多变的社会现实,我们绝不能忽视这类事件对我国改革与建设的影响,要保持高度的警惕性,对社会安全事件的防范与处置不能有丝毫的懈怠和任何的麻痹。在群众性事件中,多数表现为民众的基本诉求没有得到合理的解决而引发的社会矛盾,所以,需要不断完善社会公众的利益表达诉求机制和矛盾调处机制,实行标本兼治,根除社会安全事件滋生的"土壤"。作为领导干部,要"不断提高应急处突的见识和胆识,对可能发生的各种风险挑战,要做到心中有数、分类施策、精准拆弹,有效掌控局势、化解危机"①。

---

① 习近平在中央党校(国家行政学院)中青年干部培训班开班式上发表重要讲话强调:年轻干部要提高解决实际问题能力 想干事能干事干成事[N].光明日报,2020-10-11.

二、当前我国政府突发公共事件应急管理体系

在认识到突发公共事件应急管理的重要性、紧迫性后,我国开始高度重视应急管理工作,通过采取多种应急管理有效措施,在加强政府应急管理预案、体制、建立应急机制和加强立法等方面取得了很大的进步。2003年下半年,党中央和国务院在总结"非典"工作的经验和教训基础上,提出了应急管理的"一案三制"(即应对突发公共卫生事件的应急预案、管理的体制、运行机制以及相关的法律制度)建设工作,开始我国应急管理体系的初步构建。2003年10月,党的十六届三中全会提出了"建立和健全各种预警和应急机制,提高政府应对突发事件和风险的能力"[1]的具体要求。2004年3月,第十届全国人大二次会议修改《中华人民共和国宪法》,把"紧急状态"写入宪法,从而为从紧急状态层面上的具体立法和制度建设提供了法律依据。2005年7月,国务院根据"印度洋海啸"事件的教训,提出了要进一步建立健全社会预警体系和应急机制,提升政府应对突发公共事件的能力。2006年1月,国务院正式颁布了我国应急管理体系的总纲领——《国家突发公共事件总体应急预案》,目的就是提高政府在保障公共安全、处置突发公共事件方面的能力,能够最有效地预防和减少突发公共事件及其造成的损失和危害,保障人民生命财产安全,维护国家安全和社会稳定,促进我国经济全面、协调、可持续发展。自2007年11月1日起,《中华人民共和国突发事件应对法》正式实施。

目前,我国应急管理体系初步形成,《中华人民共和国突发事件应对法》进一步明确了"国家建立统一领导、综合协调、分类管理、分级负责、属地管理为主的应急管理体制"[2],在明确体制的基础上,对设立国家以及地方各级突发事件应急管理机构、各级政府应对各类突发事件的责任等方面作出了明确的规定。我国的应急管理体系是以"一案三制"为核心内容的应急体系,包括应急预案、应急管理体制、应急管理机制和应急管理法制。"一案三制"形成了目前我国应急管理体系建设的核心框架。

---

[1] 改革开放以来历届三中全会文件汇编[M].北京:人民出版社,2013:138.
[2] 中华人民共和国突发事件应对法[M].北京:人民出版社,2018:5.

(一)应急预案体系

突发公共事件应急管理预案是指政府、企事业单位或其他社会组织针对有可能发生的突发事件,为降低突发事件对社会及公众造成的破坏性后果的严重程度,保证及时、有序、高效地开展应急救援行动,而预先制定的相关的行动计划或者方案。[①]

《礼记·中庸篇》曾讲到:凡事预则立,不预则废;《左传》中也提到"居安思危,思则有备,有备无患",不难看出,古人早就有了应急预备的认识,对我们有很大的启迪。建立健全突发公共事件应急预案体系的主要目的,不仅仅是在于发生突发公共事件时能够立即启动预案进行处置、将损失降到最低,更重要的是未雨绸缪,防患于未然。领导干部平时根据预案有关预防、应急准备等方面的规定,采取各种行之有效的防范措施,做好应对可能发生的突发公共事件的各种准备工作,做到有备无患;尽量及时化解有可能导致突发公共事件发生的各种风险隐患,最大程度地避免和降低突发事件的发生率;当事件突然发生时,能够尽可能地将人员伤亡和财产损失降到最低。

1. 应急管理预案基本框架

应急管理预案的基本框架大致可以表现为:基本预案加上应急功能设置、特殊风险预案、标准的操作程序以及附件支撑。[②]

基本预案是对应急管理的总体定义,包括应急的方针、应急资源,各应急组织在应急准备和行动中具备的职能、应当承担的责任以及基本应急响应程序,包括应急预案的演练和管理等方面的规定。应急功能设置则是在各类重特大事故应急救援中经常采取的一系列应急行动和任务,比如指挥和现场控制、调度、警报、通讯、人员疏散转移、安置及卫生救护,等等。特殊风险预案是指在重大突发公共事件风险分辨、评估、评价和分析的基础上,针对某一种类型的特殊风险,明确其相对应的主管部门、职能部门、有关技术支持部门以及相应承担的职责和功能,并对该特殊风险的专项预案提出特定的要求和响应的指导。标准操作程序是根据基本预案

[①] 王军编. 突发事件应急管理读本 [M]. 北京:中共中央党校出版社, 2009:120.
[②] 王军编. 突发事件应急管理读本 [M]. 北京:中共中央党校出版社, 2009:123.

中的应急功能设置,为主要负责部门和支持机构提供相应的标准化操作程序,为组织和个人履行预案中的职责任务提供详细指导。附件则主要包括应急救援保障系统的描述及相关内容,如警报分布图、技术参考、专家组、重大危险源分布图等。

2. 应急预案的编制步骤和基本原则

(1) 成立预案编制小组

这是应急预案编制的首要环节,对实现应急管理的基本原则具有十分重要的作用。预案编制小组的成员通常包括:行政首长或分管领导,应急管理部门如公安、消防、卫生、环保、医疗、市政、防疫、交通管理等,新闻媒体如广播、电视、网络等,技术专家、法律顾问等,明确各自职能与分工,保障预案编制工作的科学有序进行。

(2) 风险分析和应急评估,编写应急管理预案

目的在于对可能存在的安全隐患进行分析,根据分析的结果,对已建成的应急资源库和应急能力作出评价和估量,及时发现应急体系中存在的不足。预案编制必须基于风险分析和应急评估的结果,参考应急资源的现状以及相关法律法规的要求,同时充分收集已有的预案,避免内容重复交叉,减少工作量,确保和其他相关预案协调保持一致。完整的应急预案编制应包括方针与原则、应急策划、应急准备、应急响应、现场恢复、预案管理与评审改进等六大基本要素。①

(3) 应急预案审核发布和实施

应急预案必须经过内部成员审核及专家团评审,必要时请上级应急机构进行审核。预案经审核通过和批准后,应按照相关程序进行正式发布和备案。应急预案的实施,包括预案培训,落实和检查相关部门的资源准备,组织开展演练,使预案能够有机地融入公共安全部门保障工作中去,将预案所规定的要求落实到位。

应急预案的原则包括:以人为本、减少危害;居安思危、预防为主;统一领导、分级负责;依法规范、加强管理;快速反应、协同应对;依靠

---

① 参见张海龙. 应急管理关键问题研究[D]. 吉林大学, 2010: 39.

科技、提升素质。①

3.我国政府应对突发公共事件应急预案体系的主要内容

（1）国家总体应急预案

首先是国务院制定的总体应急预案，它是全国应急预案体系的总纲，是我国政府应对特重大突发公共事件的规范性文件，明确各类突发事件分级分类以及预案基本框架体系。

（2）国家专项应急预案

由国务院有关部门牵头制定，报国务院批准后由各主管单位牵头相关部门实施的应急预案被称为专项应急预案，是指国务院及其有关部门为应对那些危害大、影响大、涉及面广的几种类型突发公共事件制定的应急预案。

（3）其他应急预案

除了国家总体预案和专项应急预案外，还有部门应急预案、地方应急预案、企事业单位应急预案，等等。部门应急预案是国务院有关部门参照总体和专项预案，结合本部门职责制定的预案，主要由制定部门负责实施；地方应急预案是由地方各级政府结合当地实际情况编制，是各地按照分级管理原则应对突发公共事件的依据；举办大型会展和文化体育重大活动，为预防和应对突发事件，也必须制定相关的专门应急预案。

（二）应急管理体制

应急管理是政府公共管理活动中一项重要内容。对突发公共事件的应急管理必须有一套科学的体制作为保障。这套体制将使我们对突发事件的处置更加制度化和科学化，也将大大提高政府的应急处置能力，将突发事件给人民带来的生命和财产损失降到最低。从这个意义上来讲，建立一套科学顺畅的应急管理体制，是政府进行应急管理时首先要解决的课题。

1.应急管理体制的基本内容

体制是管理活动的载体，政府管理作为公共管理活动，其所运用的公共权力以及公共资源的公共性决定了政府的权限、管理内容、管理方法等都应该有明确的法律授权，相对应地，管理活动也要有一套相对固定的体

---

① 参见国家突发公共事件总体应急预案[M].北京：中国法制出版社，2006.

系和制度法则,这样管理活动才能做到有章可循。根据《中华人民共和国突发事件应对法》,我国已经初步建立起"统一领导、综合协调、分类管理、分级负责、属地管理为主"[①]的应急管理体制。

（1）统一领导

我国的应急管理体制是在党中央和国务院的统一领导之下,由各级地方政府分级负责,并且依法按照预案分析、组织开展突发公共事件的应急管理工作。这是由我国目前的政治架构所决定的,党在国家政治活动中一直处于领导地位,政府的公共管理活动也要在党委的统一领导之下进行,对突发公共事件的管理在目前的政府管理活动中,已经成为不可忽视的组成部分,因此政府对突发公共事件的管理活动也应该在党委的统一领导下进行。

（2）综合协调

由一个具有综合协调职能的应急管理机构来协调多个部门在信息、物资、技术、救援队伍等方面的相互合作。由于突发公共事件具有突发性、综合性和联动性的特点,一起重特大突发公共事件往往很难由政府的某一个职能部门单独解决,构建应急管理机构进行综合协调就显得非常必要。从目前,我国的应急管理机制来看,设在各级政府办公厅（室）的应急管理办就承担着综合协调的职能。具体来说,这样的综合协调机构在本级行政领导的协助下,不仅可以调动本级政府各职能部门的权力,同时还可以调动社会各种资源,调动驻地方人民解放军、武装警察力量,即在一级政府所辖的区域范围内,对所有的应急资源包括人力、物力、财力等拥有统一的协调调配权力。

（3）分类管理

为了明确部门的职能和责任主体,发挥专业化应急组织的优势,应当在专业应急领域内形成一套统一的信息指挥、救援队伍、物资储备系统,根据突发公共事件的类型、原因、表现方式、涉及范围、影响程度等对不同的突发事件实施分类管理;根据每种突发事件的类别,以及不同的专业

---

① 全国人大常委会法制工作委员会国家法室编著.《中华人民共和国突发事件应对法》释义及实用指南[M].北京:中国民主法制出版社,2007:5.

知识要求，相对应地建立专业应急机构、救援体系和队伍，并且主要由他们来承担对不同类别的突发事件的应对。

（4）分级负责

实施分级负责的管理体制。由于我国人口民族众多、区域辽阔，不可能所有的突发事件均由中央政府集中统一管理，我国行政体制中现有的层级制架构，为我国对突发公共事件实行分级负责的管理体制提供了基本的组织保障。由于突发公共事件的应对在事件要求上比较严格，也只有事发地的地方政府才能在第一时间作出迅速反应，因此，从源头来说，每件突发公共事件的应对首先应该是由事件发生地的地方政府承担其责任，当无法有效应对时，提请更高级别的政府应对。

（5）属地为主

在强调由事发地的地方政府统一组织实施应对工作的同时，要充分调动和发挥垂直应急指挥机构的作用，这样才能保障快速反应、协调应对。应急管理活动是一种非常态的管理活动，因此，它的应对工作不能死板地完全按照现有的行政管理架构来进行，也不可能脱离现有的行政管理模式，因此，"条块结合、属地为主"的制度涉及能够很好地解决这一难题。属地管理为主，是突发公共事件发生时，发生地的地方政府应急管理机构应该迅速承担起应对突发事件的应急管理工作，垂直机构的地方部门应该听从地方政府的统一指挥，积极配合地方政府做好有关应急管理工作。

2.应急管理体制的特点

就我国目前应急管理体制来看，主要有以下几个特点。

（1）由政府负责

在应急管理工作中，党对应急管理工作的领导，主要有政治领导、思想领导和组织领导，具体的应急管理工作还是由国家公共管理的主体——政府来进行的，实行行政首长负责制。突发事件的应急指挥机构通常是由行政领导人为核心组成的，负责具体的应急管理指挥工作；如果应急指挥机构因管理不力或失误，需要问责，也主要由行政领导人员来承担。

（2）专家参与

我国目前把突发公共事件分为自然灾害、事故灾难、公共卫生和社会安全等四大类，而每一类的管理及应对都需要较强的专业知识背景作为技术支撑。目前,我国政府应对突发事件时,由地方行政领导来指挥和处置,他必须在尽可能短的时间内迅速作出决策,地方行政领导不可能对四类突发公共事件均具有较强的专业知识,这是就需要借助专家团的智慧和力量,由他们来提供专业的知识与技术支持。

(3)社会协调

突发公共事件,顾名思义,应该包含着很强的公共性因素,公众本身就是事件的组成部分。目前我们所有应对工作的原则是"以人为本",就是要求我们尽最大力量将事件对公众的危害降到最低,因此,社会资源的充分利用、公众自身的防灾减灾自救意识如何等对整个事件的应对来说是至关重要。

(三)应急管理机制建设

应急管理机制是突发公共事件在应急管理过程中的组织以及其内部相互作用的体系,适用于各种具体突发公共事件的应急管理,是有效应对各种类型的突发公共事件的措施和方法。根据《中华人民共和国突发事件应对法》的规定,我国目前的应急管理机制主要包括:预防、预警、处置和善后等四个基本环节。

1. 预防机制

预防是突发公共事件应对的第一阶段,从某种意义上来说也是最重要的阶段,因为防得好,事件不发生,那就不需要政府花费大量的人力、物力、财力去应急管理。预防事件的发生,是应急管理的内在要求。在自然灾害、事故灾难、公共卫生事件和社会安全事件这四类突发事件中,自然灾害和公共卫生事件主要是自然因素引发的,一般很难避免其发生,只能尽量减少损失和加大救援力度;事故灾难和社会安全事件则主要是人为因素造成的,如果预防工作做得好,将危险和隐患消灭在萌芽状态,是完全可以避免其发生的。突发公共事件的预防和应急准备是应对突发事件的基础性工作,主要包括预案编制、风险评估、城市规划管理、应急培训和演练等四个方面。

2. 预警机制

所谓预警机制是指根据有关突发公共事件的信息预测和风险评估预测,根据突发事件可能造成的危害程度、紧急程度和发展态势,确定相应的预警级别，并通过颜色表示预警，向社会公众发布相关信息的机制。预警机制是在突发事件发生前对事件的预报、预测和提醒相关部门做好应对工作的重要机制。在国际上，预警一般有五级分类，如在美国，预警级别依次用红、橙、黄、蓝和绿来表示，在我国，预警级别分为一级、二级、三级、四级，分别用红、橙、黄、蓝色表示，一级为最高级别。

3. 处置机制

突发公共事件发生后，应当立即采取有效措施进行处置，最大限度地减少事件所带来的损失，防止事态的扩大和后续事件的发生，因此，地方政府应当根据事件的性质、特点和危害程度等立即组织相关部门、下级政府和其他有关单位，启动应急管理预案、调动应急救援队伍，采取应急管理措施，根据实际情况和现场需要采取相对应的各类应急措施，一般遵循分类分级、预案核心、生命优先、以人为本、特定处理等原则。

4. 善后机制

善后机制是指在突发公共事件的危险危害基本得到控制或者消除的情况下，及时组织相关部门及人员开展事后的恢复重建工作，尽最大可能减轻突发公共事件所造成的危害和对公众生产生活带来的影响，帮助公众、企事业单位尽快恢复正常的生产、工作和社会秩序，同时针对突发事件处置过程中引发的纠纷矛盾妥善处理的一系列工作措施。首先是停止应急处置措施的实施，但同时采取或者继续实行部分必要的措施；其次是开展安抚工作，制定实施救助、补偿、抚慰抚恤、安置等一系列安抚计划，妥善解决因处置突发公共事件引发的矛盾和纠纷；再次是实施灾后恢复重建计划，抓紧时间恢复生产、生活、工作和社会秩序，恢复公共设施的建设；最后是应急工作总结，从事件的应对中查找原因、吸取教训和总结得失。

（四）应急管理法制

加强突发公共事件的应急管理，一切必须以法律为准绳，坚持依法管理，形成中国特色的应急管理法制体系，将应急管理工作纳入正规化、法制化的轨道。改革开放以来，应对突发事件的法制建设越来越得到重视，据不完全统计，我国目前制定的应对突发事件的法律有40余部，此外还有行政法规40余部、部门规章60多个、相关文件100多个。特别是2007年正式实施的《中华人民共和国突发事件应对法》，总结和提炼了近年来应急管理的实践创新和理论成果，进一步明确了政府、公民、组织在应对突发事件中的权利、义务和责任，明确了基本的法律制度，为有效实施应急管理提供了完备的法律依据和法制保障。

1. 《中华人民共和国突发事件应对法》中的基本思路

（1）关口前移、重在预防

立法的主要目的是为了预防和减少突发事件的发生，对于突发事件的预防和应急准备、监测和预警、应急处置与救援、事后恢复与重建作出了详细的规定，从制度上预防突发事件的发生，及时消除风险隐患。

（2）将权力授予和权力规范结合起来

在授予政府充分的应急管理的权力的同时，必须对其权力行使进行规范。突发事件往往严重危害社会的整体利益，因此为了能够及时有效处置突发事件，控制、减轻社会危害，必须赋予政府必要的处置权力；同时为了防止权力滥用，必须明确权力行使的规则和程序，注重对公民权利的限制和保护的统一。

（3）建立有效的应对体制

根据规定，国家建立"统一领导、综合协调、分类管理、分级负责、属地管理为主"的应急管理体制，是由各级政府设立的专门部门负责突发事件的处置协调工作，提供统一的信息和指挥平台。

2. 《中华人民共和国突发事件应对法》规定的主要制度

（1）建立和健全各类突发公共事件的预防制度、应急准备制度

包括我国各级政府和政府有关部门要制定、及时修订应急预案，并且落实到位；县级以上人民政府应当建立和健全突发公共事件应急管理培训制度；应当组织开展应急知识的普及和宣传和必要的应急演练；国务院和县级以上各级人民政府应从财政上予以支持，以保障应对突发公共事件时有足够的经费支持和保障。

（2）建立和健全突发公共事件的监测制度、预警制度

国务院建立统一的突发事件信息系统，在此基础上，县级以上地方政府建立本地区相对应的突发事件信息系统，这样能够与上下级政府及相关部门形成信息互通；建立健全突发事件监测制度，完善监测网络等。

(3) 突发公共事件的应急处置和救援制度

政府必须在第一时间内做好应急工作，调动救援力量，采取有效措施控制现场及事态发展，立即开展应急救援工作，最大程度地减轻和消除事件造成的损害。

(4) 突发公共事件的事后恢复与重建制度

政府在事件妥善解决后，应当根据受灾地区遭受的损失和实际情况，有计划、有效地提供资金、物资支持和技术指导，必要时组织其他地区提供资金、物资和人力支援，同时在制定政策上有一定的倾斜度，照顾受灾地区。

三、地方政府突发公共事件应急管理存在的问题

（一）公众危机意识和参与度不高

危机意识对于突发公共事件的预警和应对有重要意义。然而，在我国，仍有许多公民甚至应急管理人员都存有"事不关己，高高挂起"的思想观念，在应急管理中主要表现两个方面：一是应急管理部门"重治理、轻预防"，在日常的管理过程中没有树立牢固的危机意识，导致危机意识逐渐淡薄。二是应急管理部门对危机意识的宣传与教育不到位，在宣传上仅仅停留在喊口号的层面，并没有形成真抓实干。由于公共危机意识的缺乏直接造成公众的恐慌情绪，这对社会的稳定和突发公共事件发生后公众的自我救助都产生了一定的负面效应。目前，仍然有少数应急管理人员存在"突发事件毕竟是少数""突发事件无关大局"等思想，这些思想是致命的。尤其是在偏远落后地区，很多严重性伤亡都是由于公民缺乏最基本的应急理念和自救常识造成的。

此外，突发公共事件发生后，政府虽然在资源配置、人员调动等方面占据主导优势，但政府并不是应对突发公共事件的唯一主体。非政府组织公益性强、社会融合度高，在突发公共事件发生前期的预警、监控阶段，以及突发公共事件发生后的灾害救援、事故调查、灾后重建等方面都能够发挥重大作用。

（二）应急预案操作性不强

应急预案是在突发公共事件发生之前，政府应急管理部门针对各类

突发公共事件的有效应对而制定的指导性文件。然而，在突发事件应急过程中，应急预案的实施效用却微乎其微，主要有四个方面的原因阻碍了预案实际效用的发挥。一是应急预案的制定缺乏针对性。在突发公共事件发生后，相关部门并没有对事情发生的原因及特点进行归纳总结，并制定出具有针对性的可行性方案，而是生搬硬套其他事件的处理流程，造成应急预案的实施效果不理想。二是对突发公共事件应急预案的可行性和实用性没有认真审核。应急预案制定之后，相关部门并没有对应急预案进行风险评价以及风险补偿能力的评估。三是应急预案缺乏现场模拟演练。在突发公共事件发生前，相关部门应组织演练，针对演练中频繁出现的问题，有针对性地提出解决措施，不断地在演练中发现不足并完善应急预案实施意见。四是应急部门间缺乏沟通。应急预案中尽管明确了各部门相应的职责分工，但是实际中经常出现其他责任单位对应急预案不甚了解的问题。

（三）应急组织机构缺乏稳定性

目前我国在突发公共事件的管理决策中，从中央到地方实施的是平战结合的应急组织机制。这种临时性的组织机制整齐划一、效率高，且节省了编制、人员、经费。但这种机制在应对突发公共事件时逐渐暴露出人力、物力、财力缺乏等问题。第一，应急管理层专业性不强。由于没有常设性应急管理机构，临时机构缺乏延续性，而且应急管理的经验教训没有专门的工作团队去总结。其中少数的政府办公室工作人员只是兼职，兼职必然导致不专业。第二是缺乏具有正式编制的应急管理专家。在政府部门的人员编制中，专门为辅助行政机关首脑进行突发公共事件决策的咨询专家经常是在遇到突发公共事件时被临时抽调的，这种平战结合的专家咨询机制带有很大的随意性，不够规范，影响对突发公共事件决策的质量。现在还存在一些非正式的咨询决策机构，如各级政府的研究室职能错位，人员的知识结构不合理等，很难在应急管理中发挥决策咨询作用。第三，应急管理建设缺乏专项资金。由于大部分都是和平时期，自然没有大量的人力物力投入到应急管理上，或者是被其他常设性机构占用，而等到突发公共事件发生时，只能东拼西凑。第四，缺乏独立的工作立场。应急管理决策机构都是临时成立的，尽管队伍的召集和行动迅速有效，但是在处理突发公共事件时无法摆脱先前的工作立场，这就为应急管理工作的协调与分工埋下隐患。

（四）事后应对机制不健全

地方政府在处理社会突发公共事件时缺乏社会各组织和公民的积极参与，无法形成合力，危机修复机制不完善。当突发公共事件发生之后，应该立即启动危机修复转化机制，尽快恢复经济和社会稳定，尽力弥补因突发公共事件所造成的损失。地方政府应急管理危机修复机制的不完善主要表现在两个方面：一是对基层应急管理重视不够。一般性的突发公共事件如果没得到有效控制，往往会造成更大灾难。而最先获悉和接触到突发公共事件的往往也是基层政府和其他基层组织，如果基层不具备专业的应急管理机制和能力，那就很难完成把危害扼杀在萌芽或者防患于未然的艰巨任务。二是地方政府之间，尤其是各平级政府之间缺乏交流协作。有效的信息传递，是保障避免社会公众恐慌的基础。应急部门之间、相邻地市之间均需要确保内部以及外部之间的沟通顺畅。

（五）应急管理法制不完善

我国突发公共事件应急管理建设与发达国家相比，主要落后在两个层面，一是技术，二是法律。在这个以和平和发展为主题的时代，法律成为推动发展的稀缺资源，同样也是处理和应对突发公共事件的重要手段。然而，我国地方政府在应急管理法制建设上存在明显不足，这不仅是地方的个别问题，而且是全国大部分地方政府，尤其是基层政府都存在的普遍问题。

首先，地方突发公共事件应急管理法制框架不健全，完全依靠国家现有法律框架。围绕《中华人民共和国突发事件应对法》这一应急基本法为中心，在全国制定了诸如《中华人民共和国防洪法》《中华人民共和国防震减灾法》《中华人民共和国安全生产法》等专项法律，但是地方性法规仍然存在大量空白。其次，与突发公共事件不同阶段对应的法律极少。从突发公共事件应急管理准备阶段到恢复阶段的地方性法规几乎为零，而《应急准备法》《恢复重建法》《国家补偿法》等法律在西方发达国家都已成为现实。最后，地方应急管理人员法律意识淡薄。在突发事件应对中仍然依靠个人经验为主，法律成了一纸空言。部分地方政府以人治代替法治，在处理突发公共事件的过程中，严重忽视法治的重要性

四、培养领导干部的应急处突能力的途径

（一）完善地方政府突发公共事件应急管理的对策

1. 加强应急准备工作

（1）建立应急预演机制

应急预演是让应急预案真正具有可行性的必经途径。通过模拟显示情况的发生，在一次次的演练中可以发现当前预案中某些内容设想的局限性，了解预案的不足之处。同时，在不断的演习中，参与危机应对的不同部门、个体可以更好地相互配合，增强彼此之间的默契程度，有利于提高在真正处理危机事件时的应对能力。除此之外，社会大众也可以在演练中了解危机事件出现时该如何处理，有利于减少危机事件出现时的社会性恐慌。

加强各类突发事件演练。对于地方多发、可能发生的灾害性事件应该加大应急演练的力度和强度，提高应急演练的频率，此外，还要扩大应急演练人员的参与范围，尤其是基层的农民、工人、学生等。

加快相关技术的普及。通过技术突破，尽可能地还原突发事件的情景，通过多次切身体会来提高工作人员和社会民众的应急能力。比如日本的防灾体验中心，它是在现实空间中用高仿的现实情景或者虚拟的情景模拟灾难现场；广东省建设的突发事件网络模拟平台，用虚拟空间构建了各种突发事件的现场情景，并通过动画片指导人们用正确的方式方法逃生或预防。

（2）加强应急队伍建设

突发公共事件的应对除了需要制定周详的应急预案之外，还需要有一批训练有素的专业人才。虽然国家早在"十二五"规划纲要中便提出了加强应急队伍建设，建立应急队伍体系，提高生命救治能力的发展要求，但不可否认的是，当前我国应急队伍建设仍处于落后阶段，应急救援队伍的现状不能满足地方实际需要。因此，加快建立一支危机事件应急队伍应该成为危机事件处理机制中的最关键的部分之一。基层应急队伍建设需要遵循以下两个原则。

第一，专业化与社会化相结合原则。突发性事件不是少数几个经过专门训练的人能够独立解决的，需要全社会共同努力。因此，队伍建设应该

走专业化与社会化相结合的道路。在专业人才的带领下,运用专业知识,同时动员全社会的力量解决危机事件。比如德国就始终坚持这一原则,在地方建立一支民防专业队伍,包括技术训练队、抢救队、消防队、卫生队、维修队等,既做到了应急队伍专业化,又有利于提高基层应急队伍的应急能力和社会参与程度。

第二,坚持需要导向原则。专业应急队伍的建设需要考虑实际情况。一方面,专业队伍的规模应该满足其面对的潜在突发公共事件的规模,既要考虑到政府的人力、物力、财力等状况,又要满足现实应急需求。另一方面,队伍的整体素质和专业要求还要满足当地突发事件类型的需要。只有从地方实际出发按需配备人才,才能真正做好应急队伍建设工作。

(3)打造专业应急技术装备

应急队伍处理突发事件的能力除了与队伍自身素质有关,还与队伍的技术装备是否优良紧密相关。在应对突发公共事件中,常用的技术装备主要包括:通信设备、交通运输设备、工程机械设备以及医疗卫生设备。具有精良的技术装备,其处理应对突发事件的能力往往更强。《中华人民共和国突发公共事件应对法》第33条和第36条分别规定了国家必须建立应急通信系统和鼓励扶持对应用于应急管理的新技术和新设备的开始。

地方政府可从以下四个途径加强地方政府应急技术装备保障机制建设。第一,充分发挥现有高效的科研能力,引进国外先进技术经验并结合地方实际情况加以创新,研发具有地方特色的高技术装备。第二,建立全领域协助机制,可以与邻近地区建立互助合作,互通各自先进装备,发挥现有装备的最大功效。第三,做好地区相关部门的统筹工作,吸纳具有相关专业应急管理技术的人员。第四,依据现有互联网平台,建立自上而下的应急指挥网络系统,保证信息自上而下、自下而上传输的畅通。同时,可以借助现有网络平台增强指挥的有效性与命令下达的及时性。

2.加强应急教育与培训

当前,我国的应急管理教育比较落后,国民应急管理意识、处理突发公共事件能力比较欠缺。政府加强应急教育与培训有利于提高民众的应急意识、防灾意识以及应急心理承受能力。构建宣传教育培训机制必须遵循全面覆盖、分类分层、联系实际、学以致用的原则,采用多元化的宣传教育培训渠道与方法，开展各种各样的应急教育，提高整个社会应对危机的处理能力。

第一，做好领导干部培训工作。在整个危机事件处理机制中，领导处于核心地位，其对突发公共事件的应对决策科学与否直接决定了突发公共事件能不能得到妥善解决，是否能最大程度地消除不利影响，从而维护社会稳定。提高领导干部处理应急事件的能力应该从以下几个方面着手：一是教学内容应该贴近实际情况，不能纸上谈兵，脱离实际。只有一切从实际情况出发，培训才能真正提升其应对实际危机的能力。二是教学形式应该多样化，既有理论教学又有实践演练。在实际模拟中掌握处理危机的技巧。三是针对领导干部的培训应该建立长效机制，将培训工作制度化、规范化，使其成为整个机制的一部分。领导干部的培训工作不是一劳永逸的，社会在不断进步，潜在的危机也在不断发生变化，领导干部需要不断学习，跟上时代的步伐，才能在面对危机时做到处变不惊。四是依据现有在线或者线下教育平台。开设应急管理专业课并作为部分相关干部的必修课程，其他部门领导干部可以选修，此外，在各级党校或者培训班也可增设应急管理班。

第二，强化救援队伍专业教育。救援是一门专业性很高的技能，需要有专业理论知识的指导，同时还应具备相应的医疗知识。这些专业知识都应该包含在日常训练中，使其成为学习内容的一部分并让每个成员掌握。除了专门知识的学习之外，实践同样是必不可少的。定期组织救援人员进行模拟训练，增强其实战经验，增长其处理突发状况的本领。对救援人员的培训除了关注救援人员的专业技术之外，还应重视其抗压能力的提升。救援人员在救援活动中会面对很大的心理压力，如何增强其抗压能力，学会自我心理调适，在救灾过程中始终保持良好的精神状态十分重要。

第三，推广公共危机教育。公众同样是处理危机事件的重要参与者，因此，做好公众的培训教育工作同样十分重要。首先，要增强公众的危机意识。政府部门应该利用基层政府组织开展各种形式的突发灾难讲解，让民众了解平时生活中可能出现的危机事件。其次，通过组织大规模的演习，提高民众的解决危机事件的能力。民众是危机事件发生的最直接受害者，提高民众的自我救援能力可以有效地减少民众在突发公共事件中遭受的伤害，同时也可以减小应急救灾的难度和阻力。

3. 完善应急决策体系

管理的成功与否，关键在于决策，对于突发公共事件的应急管理更是如此。国家统计局公布的一些数据表明，在没有严重自然灾害的年份，有些自然灾害专项指挥部甚至一年只开一至两次会议，而日常事务均由设在某部门的办公室负责处理，当真正出现严重的自然灾害险情时，往往不能及时采取措施积极应对。这就证明缺乏专门的、常设机构来管理突发公共事件不利于应急管理的有效性，因此，我们必须尽快建立完善的突发公共事件应急管理决策机制。

（1）建立统一的、常设性的突发公共事件核心决策机构

设立一个具有综合协调能力、科学、权威性的政府安全应急管理机构是我国多年来应对危机管理的经验教训总结。在抗击2008年南方特大冰雪灾害中，由于体制上的条块分割以及地区的各自为政，缺少具有全局性、科学性以及权威性的指挥协调机构，从而导致各种社会力量和资源难以被整合以对抗突发的重大灾害，使得抗灾救险工作一度陷入被动。

（2）不断提高应急管理决策者能力

影响政府突发公共事件应急管理决策质量的因素很多：一是突发公共事件自身规模的大小直接决定了应急难度系数；二是单个决策者或决策机构自身素质和能力的高低；三是社会力量和人们对政府的决策的参与程度和支持力度。首先，突发公共事件应急管理必须具有一个强有力的领导核心，这样才能将每个决策者的决策能力结合到一起，使得每个决策者的能力发挥到最大。其次，应急管理的主要决策者必须具备宏观统筹能力，不能被局部灾情牵制而不顾整体，更不能鼠目寸光。最后，应急决策者面对突发事件的心理承受能力和冷静思考能力也很重要，如果决策者对瞬息万变的灾情没有正确客观的思考，很可能就出现决策失误。

（3）构建应急管理决策监控系统

政府对突发公共事件决策过程的监控，可以确保政府决策者和社会公众之间建立良好的沟通，保证各部门在突发公共事件的行动具有合法性和合理性。突发公共事件决策监测系统的功能在于，保证决策者应对突发公共事件时决策形式和内容上的合理性，从而为执行决策提供目标向导。构

建应急管理决策监控系统可以从如下几个方面着手：突发公共事件决策监控主体、监控标准、监控依据以及监控沟通，等等，据此来提高决策者的决策水平，从而不断完善突发公共事件的决策机制，把损失降到最小。

（4）具备先进科学的决策方法

决策是一门科学。面对突发事件，决策者不能靠拍脑袋决策，要遵循其独特的科学理论。突发公共事件的蔓延是一个动态过程，此过程对决策的质量以及决策机构的整体素质要求相当高。这主要是因为决策者面对突发公共事件所作的决策基本上都是非程序化的决策，并且面临时间紧迫、信息不充分等困境，因此需要找到适合于应急管理的专业方法，决策随着事情变化而变化，使得决策适应当前的形势。

4.加强应急社会参与

（1）打造非政府组织参与平台

突发公共事件要实现从政府单方面管理到社会协同治理的彻底转变，缺少非政府组织的参与和支持是不可能成功的。政府在突发公共事件应急管理过程中始终发挥主导作用，但这种主导作用也要体现在为广泛的社会组织，尤其是第三方营造良好的参与和共同治理环境。第一，加强合作，改善关系。充分肯定非政府组织在社会管理，尤其是应急管理中的重要作用，并加强与非政府组织之间的交流沟通，建立友好合作的伙伴关系。第二，提高非政府组织的社会地位，明确其责任与义务。一方面，可以通过法律或地方规章的形式规定非政府组织的权责范围，另一方面也要尊重非政府组织的独立性和自治性。第三，设立一个综合管理机构或岗位。政府应该主动与非政府组织之间架起合作桥梁，而不能只是加强对其领导。

（2）挖掘基层组织的力量

民间自治组织是地方政府加强突发公共事件应急管理不可缺少的力量。基层组织深入群众，最能发动群众；基层组织深入突发事件最前沿，应对突发公共事件具有时间优势。基层组织虽然不是应对突发公共事件的中坚力量，但是它却具备大灾变小、小灾变没、将势头不大的突发事件扼杀在萌芽的条件和能力。所以，充分挖掘、培育基层组织的应急管理能力能起到事半功倍的效果。

首先，从观念和行动上重视基层组织在突发公共事件中发挥的作用。

帮助基层组织和群众树立社会治理的主人翁意识，并选取先进人物、典型事迹进行公开表彰，提高他们的参与积极性。其次，给基层组织提供专项资金储备和资金保障。一方面要加大对地方政府，尤其是基层政府的资金投入力度，每年拨发专项应急管理经费；另一方面，在突发公共事件平息之后对有贡献的基层组织给予资金补贴。最后，对基层组织干部进行专职培训，尤其是基层地方政府。突发公共事件中，基层组织虽然具备时间和空间优势，但在技术和理论方面却相对不足。政府应该有意识地帮助地方基层组织弥补应急管理理论和技术上的不足，定期加强对基层组织相关人员的应急管理理论教育和实际演练培训。

（3）培育志愿者精神

汶川地震中，来自全国各地的志愿者超过了560万人，志愿者队伍热血沸腾、行动迅速、反应灵活，为汶川地震的救援和恢复工作作出巨大贡献，同时在全国催生了志愿者精神。然而，由于缺乏经验也暴露出很多缺陷：比如组织化程度低，很多民间组织或者无组织者来到汶川后由于缺乏保障沦为"游击志愿者"，甚至成为灾民；专业化程度低，很多志愿者由于缺乏专业培训导致支援工作无功而返。雅安芦山地震中，为进一步做好抗震救灾社会参与工作，国家明确要求：未经批准，原则上暂不自行安排工作人员前往灾区；非应急救援人员、志愿者等社会人员尽量不要自行前往灾区。随着志愿者队伍的不断壮大和多次实践经验得知，志愿服务事业在社会管理中发挥着重要作用，但也有很多问题需要完善。促进志愿服务事业的发展，必须大力倡导志愿者精神，完善志愿服务体制，而这不仅需要志愿者自身努力，还需要政府和社会的共同努力。

第一，转变政府职能，为志愿者提供服务。我国志愿者服务起步晚，但发展潜力大、发展速度相当较快，政府加大对志愿者服务的投入与管理意义深远。政府必须理顺自身与志愿者之间服务与被服务的关系，这是政府做好志愿者工作的基础。在此基础上，政府应该加大对志愿者服务的资金投入力度，完善志愿者服务体系，既要为志愿者服务提供坚强的政策支持，又要加强对其监督和引导。

第二，优化志愿者组织，完善内部机制。作为一个公益性组织，随着机构体系的扩大与复杂，加强内部管理十分必要。首先，制定长远战略发展规划。对于志愿者的使命愿景、机构组织体系建设以及管理人员的个人发展规划等都要列入战略规划当中。其次，加强对志愿者团队内部的人力资源管理。既要做好组织管理人员的绩效、培训、激励、薪酬等工作，又要重点扩充志愿者队伍的数量和质量。最后，建立公开透明的资金管理机制。由于志愿者等公益性组织的内部资金结构复杂，所以要严防专项资金被挪用、侵占公共资金等腐败现象。

第三，弘扬志愿精神，营造治理氛围。志愿者精神的本质是慈善精神，是利他主义。无私奉献、舍己为人的志愿者精神是我国优秀传统文化的集中体现，也是社会主义核心价值观的内在要求。弘扬志愿精神需要每一个人的共同努力。

5.完善应急事后应对

（1）健全恢复重建机制

按照《中华人民共和国突发公共事件应对法》的规定，突发公共事件的危害和威胁得到控制以后，恢复重建工作当即开始。灾后恢复重建机制的建设，影响到灾区群众的正常生活、生产秩序。恢复重建工作要坚持以人为本的原则，无论是在重建规划还是恢复工作实施中，都要注重群众的感受、参与和评价。恢复重建工作要坚持及时高效原则，突发公共事件平息之后，恢复重建工作就要迅速纳入议程。恢复重建工作还要坚持广泛参与、社会协同原则，在恢复与重建工作的过程中，既要发挥政府的主导作用，又要充分发挥企事业单位、社会组织、保险机构、社会各界人士的多方力量。

恢复重建工作还要坚持因地制宜、地方为主的原则，在具体的恢复重建工作中，既要遵守宏观整体规划，又要紧密结合受灾区域的实际情况。恢复与重建工作不仅包括对受灾地区的经济和能力和基础设施的恢复，还包括对灾区可能再次发生的灾害防御及对人民身心健康的恢复。具体包括：防止衍生事件发生、社会秩序恢复、基础设施恢复、生产生活恢复、损失评估、优惠政策的制定与实施等。2004年印度尼西亚发生8级海啸，死伤人数超过20万，近百万人无家可归，印尼政府最终能做好灾后恢复工作就是本着人道主义、公众参与、合作协调的原则。

（2）完善责任追究机制

地方政府对突发公共事件应急管理实行绩效评估和问责机制，能够明确突发公共事件的责任主体，有利于改进和提高突发公共事件应急管理水平。建立绩效评价体系，让各级政府部门不仅关注资金的投入，更加注重突发公共事件管理的质量和效率等服务体系，强调产出和效益并重。完善应急管理责任追究机制，明确了政府在应急管理工作中的职责性，有利于调动积极性，落实各部门职责。

责任追究具体包括责任追究的内容、对象、主体以及责任追究的情形、方式以及适用。除此之外，必须严格执行责任追究的程序。责任追究的程序一般包括启动、调查、决定、申诉和复议等五个阶段。完善责任追究机制必须遵循以下两个原则：第一，实事求是与严格要求相结合。突发公共事件应急管理的领导干部责任重，关系到人民群众的生命安全和财产安全，必须严格责任追究机制，同时必须兼顾实事求是的原则，不能把莫须有的责任强加给领导干部。第二，过程与结果相结合。责任追究机制必须与绩效评估机制配套实施，应对突发公共事件，需将应急管理的结果产出与突发事件的处理过程相结合，综合评定领导干部的责任履行情况。

6. 完善地方应急法律规章

（1）完善应急管理地方性法规

第一，制定应急管理地方性法规需要对地方政府应急管理机构的设置、权限责任、行政规范、职责分工、职能定位、资金保障等作出明确规定。第二，以法律条文的形式明确管理部门的权力，确立其权威，保证当危机事件发生时，指挥部门能够拥有充分的指挥权限、调度能力，从而保障应急工作有序开展。第三，有权必有责，在保障指挥部门的相应权力的同时也应该对其进行监督和制约，避免权力被滥用。因此，需要相应的监督部门介入，使权力在阳光下行使，保障人民大众的利益不受到损害。第四，针对特殊情况作出明确规定，例如对各种应急人力物力资源的动员、征用和管制，对市场行为、社会团体活动、网络通信自由、新闻传播舆论以及其他领域的禁止、限制与管束，紧急状态下的信息披露方式与责任，公民依法参与国家应急管理的过程等。

（2）制定专项应急防治规章

在地方立法层面，尤其缺乏专项应急防治规章制度。第一，加强专项灾害法律法规的制定与完善。例如《中华人民共和国抗震减灾法》《中华人民共和国防洪法》《突发公共卫生事业应急条例》等。第二，加强专项应急管理法律法规的制定与完善。加强以上两类法律的制定，需遵循下原则：坚持大局意识，把常态管理和非常态管理相结合；坚持以预防为主，抓住应急管理的主动权；体现基层意识，充分发挥人民大众的力量；将法律与制度紧密结合，配套实施。

（3）加快农业领域的巨灾保险立法

虽然第一产业在我国的GDP中所占的比例不是最高的，但是我国的农业人口仍然相当众多，从事农业生产的人数在总人数中占有相当高的比例。此外，我国的农业生产方式仍然以小农生产方式为主，抵抗自然风险的能力十分薄弱。建立农业风险防范机制在我国具有十分重要的现实意义。首先，农业是国之根本，中国是一个人口大国，保障农业的健康发展是民生之本。只有人民的生存需要得到保障才能实现中国的现代化。其次，当前中国城乡差距越来越大。农业保险可以进一步缩小城乡差距，促进城乡融合，打破城乡二元社会结构。因此，要加快做好农业领域的保险立法工作，用法律的形式明确各方的权利和责任。加快农业领域的巨灾保险立法工作有利于构建巨灾风险分担机制。这种模式下的政府不再是巨灾风险损失的唯一承担者，而是和商业保险公司共同合作，共同承担风险，同时将传统的灾后财政救济转变为灾前筹资。同时政府也不再是第一保险人，而是把自己的角色定位于最后的再保险人。

（4）加强应急法制宣传

加强应急管理的法制宣传，有利于提高公众的应急法律意识，有利于从思想上提高人民群众应对突发公共事件的能力。第一，加强突发事件专项法律教育。通过宣传培训的方式，从干部到群众系统地学习掌握各项灾害事件的应急法律常识。第二，扩大突发事件应急演练的人员参与范围，让更多处在灾害前沿地区的群众参与到应急演练中来。第三，运用理论教育和实际模拟两种手段加强对应急法制的宣传，通过反馈的结果发现应急法律的缺陷与不足。

（二）领导干部应急处突能力提升路径

1. 补好政治素质"短板"，培养敢于担当的"帅才"

2016年7月26日习近平在中央政治局进行第三十四次集体学习时指出，轻轻松松的事不需要担当，难事大事才需要担当。这次战"疫"中被处理或问责的领导干部，大都不缺文凭、不缺资历，平时讲话也不缺政治口号，缺的是一种责任意识和担当精神，危急关头不愿冲、不敢冲。因此，在领导干部队伍建设方面首先要补齐责任意识和担当精神这块"短板"。

（1）敢于负责的精神状态

"为官避事平生耻"（出自元好问《四哀诗·李钦叔》），"任其职，尽其责；在其位，谋其政"（出自北宋韩琦）。领导干部重任之下，必须能负重才能担当。负重就要敢于负责。"敢于负责，是领导干部必备的精神状态。"① 在战"疫"中，党和人民对领导干部是这样要求的："必须增强责任之心，把初心落在行动上、把使命担在肩膀上，在其位谋其政，在其职尽其责，主动担当、积极作为……"② 此次战"疫"中，无论是"火线提拔"还是问责，关键一点就是看领导干部在其位、谋其政、尽其责的实际表现。干得好就及时提拔重用，干得不好就"回家卖红薯"或依法依规查办。今后这应成为领导干部教育和管理的常态。

（2）用实际行动诠释对党的忠诚

党的十九大要求领导干部要把"对党忠诚、为党分忧、为党尽职、为民造福作为根本政治担当"③。这种政治担当，不是开会时背诵和空喊的政治口号，而是"要用知重负重、攻坚克难的实际行动，诠释对党的忠诚、对人民的赤诚"④。在抗击新冠肺炎疫情的紧急关头，习近平指出："各级干部特别是领导干部必须增强必胜之心，拿出战胜一切敌人而不被任何敌人所屈服的大无畏革命气魄，勇当先锋，敢打头阵，用行动展现共产党人

---

① 习近平. 之江新语[M]. 杭州：浙江人民出版社，2007：229.
② 习近平. 在统筹推进新冠肺炎疫情防控和经济社会发展工作部署会议上的讲话[M]. 北京：人民出版社，2020：24-25.
③ 习近平. 决战全面建成小康社会　夺取新时代中国特色社会主义伟大胜利——在中国共产党第十九次全国代表大会上的报告[M]. 北京：人民出版社，2017：63.
④ 习近平在中央党校（国家行政学院）中青年干部培训班开班式上发表重要讲话强调：年轻干部要提高解决实际问题能力　想干事能干事干成事[N]. 光明日报，2020-10-11.

政治本色……"①战"疫"中，一批干部火线入党、火线提拔，凭的就是用实际行动诠释对党的忠诚，用行动展现共产党人政治本色。这样的干部提拔到领导岗位，人民拥护，党组织也放心。相反，不能用实际行动诠释对党忠诚的人是"伪忠诚"，不仅不能当领导干部，更不配当共产党员。

（3）用实际行动诠释对人民的赤诚

共产党和人民政府的宗旨，都是全心全意为人民服务。"党的干部都是人民公仆，自当在其位谋其政，既廉又勤，既干净又干事。……我们做人一世，为官一任，要有肝胆，要有担当精神……"②现代社会充满各类风险，当危机来临，作为在任领导干部应牢记"人民利益高于一切"。首先，要保一方平安，把人民群众的生命安全和身体健康放在首位。切实采取有效措施，坚决遏制危机蔓延势头，减少对人民群众的损害，才能充分体现我们党一贯的人民立场和为民情怀；其次，要解决人民群众因危机灾害而发生的生活困难。"必须增强仁爱之心，当好人民群众贴心人，及时解决群众所急所忧所思所盼……"③及时回应社会关切特别是群众的集中诉求，不回避矛盾，积极推动问题解决。只有当好人民公仆，把坏事变好事，把好事做得更好，才能获得人民拥护，才能获得组织的信任和重用。

2. 补好专业"短板"，培养能担当的"专才"

习近平明确指出："这次疫情防控工作中，一些领导干部的治理能力和专业能力明显跟不上，必须引起高度重视。我们要增强综合能力和驾驭能力，学习掌握自己分管领域的专业知识，使自己成为内行领导。"④

（1）领导干部须懂行

各级党委和政府的一把手是班长，把握全局、协调各方，承担领导责任，从分工角度来说，主要负政治责任。班子成员中各分管领导，对口的单位大多是业务部门，因此必须管一行、爱一行、钻一行，成为内行或比

---

① 习近平. 决战全面建成小康社会 夺取新时代中国特色社会主义伟大胜利——在中国共产党第十九次全国代表大会上的报告[M]. 北京：人民出版社，2017：24.
② 习近平. 在党的群众路线教育实践活动总结大会上的讲话[M]. 北京：人民出版社，2014：23.
③ 习近平. 在统筹推进新冠肺炎疫情防控和经济社会发展工作部署会议上的讲话[M]. 北京：人民出版社，2020：25.
④ 习近平. 在统筹推进新冠肺炎疫情防控和经济社会发展工作部署会议上的讲话[M]. 北京：人民出版社，2020：28.

较内行。如果不懂行，平时尚无大害，但风险来临，危机到来，就会急而无智、说外行话、办傻事，甚至好心办坏事。丢官事小，给党和人民造成损失就难以弥补。

（2）业务部门领导干部须内行

此次疫情防控，冲在前面的是市、区、县卫生健康委的领导干部。他们绝大多数都防控得当，进退有序，效果很好，考验合格，但也有少数被问责处理，其中不乏拥有高学历高职称者，有的还在高校或地方担任过领导职务，也不缺资历。这对领导干部的素质教育与培养提出了新课题。一是业务对口的专家从政后，应去掉"书生气"，尽快"接地气"，了解实际情况与熟悉工作流程，心中有数，指挥方能得心应手；二是有管理专业背景（学历或职称）的干部，要坚持理论联系实际，避免成为纸上谈兵的赵括；三是没有专业背景又担任了业务部门的领导干部，应该干什么学什么，及时通过自学或业务培训成为行家里手。切忌上演"一将无能、累死千军"的悲剧。

3.补齐能力"短板"，培养善担当的"通才"

领导干部或主政一方或主管一个部门，工作不会一帆风顺，可能面临各种各样的突发事件和危机。部分领导干部平时履职尚可，但危急关头则表现不佳，原因就在于决策力和执行力不足。因此，培养"通才"型领导干部，重点应提升其决策力和执行力。

（1）提升党委和政府一把手的决策能力

中国共产党是中国社会主义事业的领导核心。各级人民政府实行"行政首长负责制"，书记是第一责任人。此次战"疫"，地方各级党委和政府的一把手就是各级抗疫指挥部的"双首长"制总指挥。面临危机时的决策尤其需要科学化民主化法治化。首先是科学决策。领导干部虽不可能是"专才"，但可以借助专家外脑，听取"智囊"的意见，并结合掌握的第一手真实信息进行果断决策。其次是民主决策。遇到危机时不能像平时那样"坐而论道"，但仍可借助现代电子信息技术及时与班子成员进行充分的意见沟通；三是依法决策。一方面，敢担当不等于乱作为，公共权力都必须依法依规行使。另一方面，地方政府可以依法向上级或同级人大常委会请求授权，并简化决策程序，特别紧急情况下可以"先斩后奏"，并事后承担应有责任。不能因坐等上级指示而失去最佳决策时机。

（2）强化地方党委和政府的执行力

习近平指出："没有广大党员干部的积极性和执行力，再好的政策措施也会落空。"①"必须增强谨慎之心，对风险因素要有底线思维，对解决问题要一抓到底，一时一刻不放松，一丝一毫不马虎，直至取得最后胜利。"②作为地方党委和政府的领导干部平时就应做到："党中央提倡的坚决响应，党中央决定的坚决照办，党中央禁止的坚决杜绝，决不允许上有政策、下有对策，决不允许有令不行、有禁不止，决不允许在贯彻执行中央决策部署上打折扣"③；对领导班子作出的决策、部署的工作、定下的事情，班子成员要立言立行、马上就办、紧抓快办。总之，领导干部要以踏石留印、抓铁有痕的劲头抓工作，以"钉钉子"的精神干事业，做到一张好的蓝图一干到底。

4. 补齐激励"短板"，锻造"精兵强将"

长期以来，我国领导干部队伍建设存在"能上不能下"的难题。对以权谋私、蜕化变质的贪官，因为其违法乱纪，撤掉他们是容易的。但对政治麻木、办事糊涂的昏官，饱食终日、无所用心的懒官，推诿扯皮、不思进取的庸官，对之免职却不甚容易。此次战"疫"中，各地党委和政府正负激励、双管齐下，一方面对表现突出的党员和干部进行了公开表扬、表彰，并对部分干部进行了火线提拔；另一方面对不敢担当、作风漂浮、落实不力的，甚至弄虚作假、失职渎职的干部，进行了严肃问责和组织处理。此举为我们解决长期以来想解决而又未完全解决的领导干部"能上不能下"这一难题提供了有益借鉴，为积极探索领导干部"能上能下"的常态化，锻造能够应对各种危机和攻坚克难的"精兵强将"提供了可行思路。一是选拔领导干部应把勇于负责、敢于担当的实际表现放在考察首位；二是在平时的组织考察和民意测评中发现"昏官懒官庸官"要果断及

---

① 中共中央宣传部编. 习近平总书记系列重要讲话读本（2016年版）[M]. 北京：人民出版社，2016：124.

② 习近平. 在统筹推进新冠肺炎疫情防控和经济社会发展工作部署会议上的讲话[M]. 北京：人民出版社，2020：25.

③ 中共中央文献研究室编. 十八大以来重要文献选编（中）[M]. 北京：中央文献出版社，2016：322.

时"换将",对庸官懒政可能造成损失的应立即启动追责程序;三是选拔专业领导干部不能只看学历和职称,更要看解决问题的专业精神和专业能力。

5. 补齐班子"短板",打造攻坚"指挥部"

此次战"疫"再次证明,能不能打胜仗,关键在领导班子。因此,要按照新时代高素质专业化的要求,精准配备好各级党政领导班子,打造一个优势互补,专业结构合理、整体效能突出的"指挥部"。各级党委和政府随时可能面临各类危机和突发事件,处理起来都需要很强的专业性,因此在党政领导班子配备中必须补足干部专业化的"短板"。有观点认为党政管理是一种综合性专业,外行也能领导内行,不一定要专家当领导,也有观点认为党政管理是一种业务性很强的专业,班子成员内专家越多越好。这两种观点都反映了在领导班子或工作班子配备中,忽视了干部专业素养与岗位相匹配的用人原则,从而造成岗位性质与干部专业特质,政治素质与专业素质,通才与专才之间关系不协调。领导干部专业化应是与所在的领导岗位需求相联系的,提高领导干部队伍专业化水平,要避免无视岗位所需而简单、片面地追求高学历化、专家化。这种做法恰恰是对领导干部队伍专业化的一种背离。习近平曾指出:"一个优秀的政治家不能只懂某一门知识,而是一个大'杂家'","这些'杂家'虽然不专,但他们站得高,看得远,把握住大势,所以才能领导诸多专家。"[①]综合而言,领导班子配备,一把手最好是复合型人才,把握方向、统筹全局,其余班子成员最好是分管业务领域的专才,英明能干、执行有力,从而实现领导班子整体效能的提升。

总之,作为一种负向激励的方式,问责的目的不仅仅是处分或处理不合格的领导干部,根本目的更在于通过问责及时补齐我国领导干部的素质"短板",从而建设一支有担当、敢担当、能担当、善担当的高素质专业化的领导干部队伍,为我国各项改革和发展事业的善始善终、善作善成提供可靠且有力的干部保障。

---

① 习近平. 干到实处 走在前列——推进浙江新发展的思考与实践[M]. 北京: 人民出版社, 2016: 422.

第八章　苟利国家生死以、岂因祸福避趋之的群众工作方法

群众路线是我们党最根本的工作路线，也是党的优良传统，如同高楼立足于基石，大树扎根于沃土。在我党领导的社会主义革命、建设和现代化改革探索活动中，"人民群众才是历史创造者"早已被我党作为普遍社会历史规律并反复验证。大量史实证明：中国共产党只有真正与人民同甘苦、共奋斗，中华民族伟大复兴的中国梦才能实现，继而推动历史不断向前发展。这是根植于党的历史，立足于党的现实和未来，关于党群、干群关系的一个闪烁着马克思主义群众史观的光辉重要论断。以全心全意为人民服务为根本宗旨的中国共产党，自诞生之日起一直扎根群众之中，并逐渐形成了群众路线这一科学理念和工作方法。

群众工作是党和政府联系群众的桥梁和纽带，是构建和谐社会的基础性工作。领导干部要深刻认识到新形势下群众工作的重要性和紧迫性，"要始终坚持党的群众路线，以高度的政治责任感扎实做好联系群众、宣传群众、组织群众、服务群众、团结群众的工作，不断提高群众工作水平"[①]。党的十八大报告指出，要着力解决人民群众反映强烈的突出问题，提高做好新形势下群众工作的能力。在2013年召开的全国组织工作会议上，习近平提出好干部要做到"信念坚定、为民服务、勤政务实、敢于担当、清正廉洁"的二十字标准，联系群众服务群众的能力已被明确要求为新时代广大党员干部的必备素质和基本要求。2020年10月10日，2020秋季学期中央党校（国家行政学院）中青年干部培训班在中央党校开班，习近平在开班式上发表重要讲话，指出："年轻干部要提高群众工作能力。要

---

① 刘川生，卫志民主编.党的群众路线教育实践活动100问[M].北京：人民出版社，2013：50.

坚持从群众中来、到群众中去，真正成为群众的贴心人。要心中有群众，时刻把群众安危冷暖放在心上，认真落实党中央各项惠民政策，把小事当作大事来办，切实解决群众'急难愁盼'的问题。要落实党中央关于逐步实现全体人民共同富裕的要求，带领群众艰苦奋斗、勤劳致富，在收入、就业、教育、社保、医保、医药卫生、住房等方面不断取得实实在在的成果。要注意宣传群众、教育群众，用群众喜闻乐见、易于接受的方法开展工作，提高群众思想觉悟，让他们心热起来、行动起来。要自觉运用法治思维和法治方式深化改革、推动发展、化解矛盾，维护社会公平正义。"① 习近平的讲话为各级各部门领导干部提高群众工作能力提出了新任务，指明了新方向。

随着改革开放和社会主义市场经济的推进，社会经济成分、就业形式和利益分配方式等都发生了变化，加之互联网等新媒体的快速发展，人们的工作、生活和所处的社会环境都发生了巨大的变化。人民群众思想观念不断多元化，群众工作涵盖面越来越广，工作内容越来越复杂，工作要求越来越高，工作难度越来越大，工作着力点越来越多，领导干部工作压力越来越大。面对群众工作新形势，领导干部遭遇群众工作能力不足的困境，进一步提高领导干部群众工作能力势在必行。作为党政领导干部，各项工作都要围绕广大人民群众的根本利益展开，本着"苟利国家生死以、岂因祸福避趋之"的精神做好群众工作，是新时代发展对各级领导干部提出的一项重要的政治任务。

基于此，本章在遵循习近平讲话精神的基础上，探讨提升领导干部群众工作能力的途径。以群众工作面临的机遇和挑战为切入点，阐述领导干部群众工作能力建设的内容，认真发掘领导干部群众工作能力不足之处及原因，从提高服务群众的能力和水平、创新工作方法、健全领导干部群众工作机制、建立开放的社会监督体系等四个层面探究领导干部群众工作能力提升路径，力求对领导干部群众工作能力提升和实践起到较好的指导作用。

---

① 习近平在中央党校（国家行政学院）中青年干部培训班开班式上发表重要讲话强调：年轻干部要提高解决实际问题能力 想干事能干事干成事[N].光明日报，2020-10-11.

第八章　苟利国家生死以、岂因祸福避趋之的群众工作方法

一、新时代群众工作面临的机遇和挑战

（一）新时代群众工作面临的机遇

1. 公民有序政治参与的不断发展带来的新机遇

美国政治学家亨廷顿说："政治参与的扩大是政治现代化的标志。"① 党的十一届三中全会以来，在中国共产党的领导下，我国积极致力于公民有序政治参与的研究与实践，公民有序政治参与在法制保障、主动性、渠道平台等方面都取得了长足的发展，这些无疑给党的群众路线实践带来了新机遇。

（1）公民有序政治参与的法制保障不断健全，为实现好、维护好、发展好广大人民群众的切身利益提供了法律基础和根本保证

公民有序政治参与需要国家在法律上充分保障，只有这样，我国公民政治参与才会在有法可依的轨道上持续有序进行，从而避免参与的无序性和不可预知性。总的来说，当前我国公民政治参与法制建设取得了很大进步，并且已形成了以宪法为核心，以法律、行政法规和地方性法规为主体，以行政规章为补充的一系列保障公民有序政治参与的法律制度体系；与此同时，人民代表大会制度、多党合作和政治协商制度、基层民主自治制度等民主制度也不断得以完善。这些为满足广大公民日益增长的政治参与需求提供了法制保障。

（2）公民有序政治参与的主动性日益提升，有利于最广泛地动员和组织人民依法管理国家和社会事务、管理经济和文化事业

党的十一届三中全会以来，尤其是党的十四大以来，我国法治建设逐步推进，社会主义市场经济不断发展，公民的政治参与意识不断增强。他们强烈希望通过有序政治参与，尤其是通过选举参与、接触式参与、人民团体和群众自治组织参与、政策参与等具体实践形式，来表达自身利益诉求，从而消除当前政治运行过程中暴露出的一些不公平现象。当前，我国如火如荼进行的基层自治制度、不断创新的社区管理制度、热情高涨的职

---

① [美]塞缪尔·亨廷顿，琼·纳尔逊. 难以抉择[M]. 汪晓寿，吴志华，项继权，译. 北京：华夏出版社，1989：182.

工代表大会制度等，无不表明我国公民有序政治参与的主体意识、能动意识正在不断增强。这些有利于动员和组织人民参与国家政治生活、参与国家和社会事务的管理。

（3）公民有序政治参与的渠道平台渐趋增加，有利于构建适合时代发展的互动型和谐党群关系

随着中国经济社会各项事业的不断发展，公民有序政治参与的渠道不断扩宽，并且逐渐渗透到政治、经济、文化、社会等各个领域，参与方式也逐渐朝着个体化的方向发展。报纸、广播、电视、互联网等大众传播媒介深刻改变着公民有序政治参与的方式。这些大众传播媒介一方面作为平台发布各种信息，从而满足公众的信息摄取；另一方面通过接受投稿、报道、专栏、读者来信、热线电话等方式为广大民众表达利益诉求提供渠道，并对这些诉求进行反馈。此外，随着互联网的迅速发展和广泛普及，每个人都成了信息的发布者和接收者，人们可以在网上通过各种论坛、微博、博客等获取信息、发布信息。从20世纪90年代末开始，我国各级党政部门相继开通了官方网站，并通过这些网站来发布、公开本部门的相关政务信息，公民可以通过网络自由地获取信息，并就某些公共政策提出意见和建议。这些渠道平台为党群互动协商、互动合作、互助互利提供了有利的条件，对于构建和谐党群关系具有重要意义。

2.互联网的发展和应用带来的新机遇

21世纪是信息技术和通信技术快速发展的时代，互联网已经成为人们日常学习和生活中不可或缺的部分。据中国互联网络信息中心（CNNIC）报告显示，截至2020年3月，我国网民规模为9.04亿，互联网普及率为64.5%。手机网民高达8.97亿，较2018年年底新增手机网民7992万，网民中使用手机上网的比例为99.3%，较2018年年底提升0.7个百分点。[①]互联网的快速发展和广泛应用，将人们带入到了一个多维的信息化、网络化的时空环境，一方面促进了经济社会的发展，方便了人们的学习、工作和生活，另一方面也使得党的群众工作对象、环境、方式和范围发生重大变化，为

---

① 第45次《中国互联网络发展状况统计报告》（全文）_中共中央网络安全和信息化委员会办公室［EB/OL］. http://www.cac.gov.cn/2020-04/27/c_1589535470378587.htm

开展、变革和创新党的群众工作创造了更加广阔的空间和渠道、提供了新的发展机遇。

（1）为实现党群干群之间良性互动，构建互动型党群关系开辟了新渠道

"互联网的开放性和互动性，塑造了一个信息透明、对话直接、平等沟通的网上社会。"①一方面，互联网的发展和应用为党传播其路线方针政策、了解社情民意提供了畅通的渠道。过去党宣传其路线、方针和政策主要是通过报纸、广播、电视等传统途径，这些方式受时间、地点的限制，时效性差。而随着互联网的快速发展和广泛普及，各级党组织和政府也纷纷借助网络，特别是手机网络等自媒体以及微博、微信、博客、论坛、QQ等信息传播平台传播其路线方针政策。与此同时，各级党组织和政府通过网络搜集信息，能够更直接、更广泛地了解到群众的意愿和诉求。另一方面，互联网的发展和应用为人民群众了解党的路线方针政策，表达自身利益诉求提供了便捷的渠道。随着生活节奏的加快、互联网的快速普及和应用，人们更倾向于选择网络，特别是手机网络等自媒体随时随地获取各种信息，包括党的各项路线、方针和政策。据调查，31%的人通过"网络媒体"了解党的路线方针政策，28%的人通过"开会学习"了解，26%的人通过"新闻电视"了解，15%的人通过"文件报纸"了解。②无疑，网络已成为广大人民群众了解党的路线方针政策的重要渠道。

（2）为强化群众监督提供了新的广阔平台

过去，群众监督主要是通过报刊、广播、电视等传统媒体，以信访、检举和揭发等方式来监督党和国家机关及其工作人员。虽然传统媒体在实现群众监督方面发挥了很大的作用，但是传统媒体条件下的群众监督也存在着监督主体范围狭窄、监督内容不够充分、监督过程过于缓慢、检举揭发人可能由于实名举报而招致打击报复等弊端，这些都大大影响了群众监督的实效性。网络具有全天候、全方位、全过程且成本低、效率高等特点，这不仅使其成为广大群众便捷、迅速、直接反映意愿、表达诉求的重要载体和渠道，而且为强化群众监督提供了新的广阔平台。新媒体条件下

---

① 王敏.论互联网时代群众工作的创新[J].当代世界与社会主义，2014(03)：149.
② 王增杰.论网络环境下党的群众工作的变革与创新[J].长白学刊，2015(01)：58.

的群众监督尽管或多或少存在某些不足，但是对于强化对权力的监督具有不可替代的重要作用。互联网的快速发展和应用不仅创新了群众监督的平台、丰富了群众监督的载体，而且促进了群众监督的快捷性、加大了群众监督的自主性、强化了群众监督的交互性。此外，群众借助于互联网匿名性的优势，可以直抒己见，强化监督。

（3）为提升民意研判的准确性，实现科学决策和民主决策提供了重要途径

把群众中大量分散的、无系统的意见集中起来，经过仔细研究再化为系统的意见，从而制定出符合群众利益的路线、方针和政策，这是一个庞大工程。而互联网的发展和应用无疑为实施这一工程提供了技术支撑。近年来，网络已经越来越成为广大人民群众反映意愿、表达心声的重要平台，网络民意也越来越成为党和政府关注的焦点，各级党组织和政府机关可以借助网络的便利，得到更加海量、及时、真实的民意信息，及时打捞起"沉没的声音"，并加以甄别、分析、整合，从而提升民意研判的准确性。通过网络问政有效地聚焦人民群众关注的突出议题，将昔日被忽略甚至被轻视的那种"一盘散沙"式的民意集中起来，不仅有利于提高民意研判的准确性，而且有助于将网民提出的一些建设性意见、建议及时转化为党委、政府的决策，从而实现公共决策的科学化和民主化。

（二）新时代群众工作面临的挑战

1. 群众工作环境复杂化带来的挑战

进入21世纪以来，世情、国情和党情均发生了巨大变化，与改革开放之前相比差异显著。这些新变化也使得党的群众工作面临着许多前所未有、更复杂、更艰难的新挑战与新问题。

（1）世情的新变化带来的挑战

当前，世界多极化、经济全球化深入发展，科技进步日新月异，国际金融危机影响深远，世界经济格局发生新变化，国际力量对比出现新态势，全球思想文化交融交流交锋，发达国家在经济、科技等方面仍占优势，综合国力竞争和各种力量较量更趋激烈，不稳定、不确定因素增多。随着我国经济实力、军事实力、国际影响力的增强，西方敌对势力在经济封锁、政治孤立和军事威胁遏制我国发展行不通的情况下，开始通过"和

平演变"实施西化分化战略、挑拨我国人民内部矛盾、输入不良社会思潮,来动摇党的执政根基,破坏民族团结,降低党的执政威信,对党的群众工作的开展以及群众工作的实际效果提出了严峻挑战。

(2)国情的新变化带来的挑战

随着我国经济体制、社会结构、利益结构、科技结构更深层次的变革与调整,各种矛盾问题难以避免地大量涌现出来,这对新时代党的群众工作能力提出了挑战。体制转轨和社会转型对党整合人民群众思想的能力提出了挑战,阶级阶层分化对党协调各方利益关系的能力提出了挑战,网络媒体的飞速发展和普及对党宣传教育引领群众的能力提出了挑战。与此同时,社会管理过程中暴露的一些问题,如群众民意民情表达渠道不畅通、协调群众利益能力不强效果不明显、群众利益分配不均、干部与群众争利、群众工作形式单一、群众工作机制不健全等,更加大了正确处理人民内部矛盾、密切党群干群关系的难度。

(3)党情的新变化带来的挑战

当前,党在发展过程中出现的一些问题,对我党做好新时代的群众工作提出了挑战。首先,脱离群众现象的产生对党坚持马克思主义的群众观提出了挑战。人民群众在不知不觉中被置于从属地位,有些领导干部"官贵民卑"和"上智下愚"等错误思想严重,形式主义、官僚主义盛行。这些对党坚持马克思主义的群众观提出了挑战。其次,精神懈怠现象的产生对党坚持为人民服务的宗旨观提出了挑战。在我国接受西方先进文明的同时,西方社会的极端个人主义、利己主义和拜金主义等腐朽的价值观念作为舶来品也随之涌入,加上在新旧交替过程中利益导向的启动、长期积压的需求欲望的释放、原有利益平衡体系的打破、监督制度机制的不健全等诸多原因,部分领导干部在日益复杂的执政环境和日益多变的执政条件下逐渐迷失了自我,忘记了"我是谁",这对党坚持为人民服务的宗旨观提出了挑战。最后,部分领导干部中却出现"本领恐慌"现象。领导现代化国家建设、实现中国梦、凝聚社会力量、协调各种利益关系,这些都对各级领导干部的群众工作本领提出了更高的要求,但部分干部协调本领不强、沟通本领欠缺、服务水平低下、网络群众工作能力不足,这就有可能导致在群众工作中"失语"和"缺位"现象的发生。

2. 群众工作对象多样化带来的挑战

当前，随着社会主义市场经济的发展，我国的群众工作对象发生了巨大变化。群众工作对象的新变化主要体现在群众构成成分的多样化、群众思想意识的多样化和群众利益需求的多样化等方面。

（1）群众构成成分多样化带来的挑战

随着我国社会主义市场经济的不断深入发展，社会成员大规模流动、职业身份发生转换、收入差距扩大，计划经济时代的工人阶级、农民阶级和知识分子阶层"两个阶级、一个阶层"的固定格局被打破，同时产生了新的社会阶层及不同的利益群体，形成了既有工人、农民、知识分子，也有干部、农民工、自由职业者、商人等群体多元性的新时期群众主体。群众构成成分的这种变化，直接地导致了几种社会现象的出现：一是有一部分群众同时受几个部门的叠加管理，而少数群体又处于无人管的"真空区"；二是群体与群体之间以及群体内部的利益竞争和利益冲突严重，人民内部矛盾呈现高发态势，最突出的就是人民内部群体性利益矛盾数量不断攀升；三是党群、干群之间存在隔阂，沟通困难，如有些官员自嘲："与新社会群体说话，说不上去；与困难群众说话，说不下去；与青年学生说话，说不进去；与老同志说话，给顶了回去。"[①]

（2）群众思想意识多样化带来的挑战

随着我国社会主义市场经济的持续发展以及改革开放的不断深入，广大群众的思想更具差异性、多变性、选择性、独立性，人民群众的民主意识、平等意识、竞争意识、主体意识、权利意识、费者意识、表达意识、参与意识、趋众心理等空前高涨。他们对利益分配和社会现象存有强烈的公平要求，对事业发展、政府决策、社会管理、领导行为等不再漠然视之，逐步学会用法律的手段来维护自己的合法权益，在表达利益诉求上，有呼之则应之，且具有很强的聚合效应。其中，城市居民思想意识的变化尤为显著，因为城市居民的受教育程度和城市管理的法治化程度等远高于农村；而农村居民的思想意识变化，虽然不如城市居民那么明显，但是较

---

① 张希贤主编. 为民　务实　清廉——深入开展党的群众路线教育实践活动观点方法与创新案例 [M].北京：新华出版社，2013：34.

之过去也有很大的变化。这些群众思想意识的新变化,都是过去做群众工作不曾遇到的,这就在客观上加大了新时期做好党的群众工作的难度。

（3）群众利益需求多样化带来的挑战

随着我国社会经济成分、组织形式、就业方式和分配方式的多样化,社会阶层的分化,群众利益需要呈现出相当明显的差别,利益需求日趋多样化。不仅在经济领域,人民群众的具体利益出现了多样性,而且随着经济的发展和教育水平的不断提高,人民群众对政治利益、文化利益、社会利益、生态利益也出现了不同诉求,如发展致富的利益需求、民主公平的利益需求、情感认同的利益需求、渴望尊重的利益需求、精神文化的利益需求、行为安全的利益需求等具体利益需求。总之,人民群众的利益构成呈现出多样性趋势,并且多样性的程度越来越高。这就给中国共产党代表、协同不同利益增加了难度。

3.群众工作内容多元化带来的挑战

当前,世情、国情、党情的新变化,群众构成成分、群众思想意识、群众利益需求的多样化,使得党的群众工作内容日趋复杂。在过去很长一段时间里,党的群众工作内容主要围绕政治问题而展开,虽然也会或多或少涉及经济、文化等其他问题,但是政治利益始终居于中心地位。与以往不同,新时期党的群众工作内容则主要围绕经济问题而展开,经济利益居于中心地位,而且较过去显著增加,涉及政治、经济、文化、社会、生态等各大领域,包括改革发展稳定、民主法治、公平正义、贫富差距、民生民权、国防军事、外交活动、生态文明、食品安全、群体事件等诸多话题,可以说是"点多、面广、线长"[①]。而这些问题反映在网络上,又会呈现出不同的形式和内容,尤其是那些与人民群众息息相关的民生问题,更易成为广大网民关注的焦点。群众工作内容的多样化,增加了党的群众工作难度。

4.互联网的发展和应用带来的挑战

互联网的迅猛发展和广泛应用如同一把锋利的"双刃剑",它在给党的群众工作带来诸多新机遇的同时,也对新形势下践行党的群众路线、

---

① 季建林.新时期社会矛盾的特点与做好群众工作的方式[J].党政干部学刊,2012(01):85.

密切党群关系造成了严峻的挑战。互联网具有全球性、开放性、隐匿性、发散性、交互性、平等性、自由性和虚拟性等特点，伴随其迅猛发展和广泛应用，每个人都可以在网上相对自由地传播和接收信息，各种正确与错误、先进与落后、真实与虚假、正面与负面的信息均在网上传播，一些网络"意见领袖"凭借其"一呼百万应"的能力引领舆论走向，这就改变了传统上靠组织体系和宣传工具教育和引导群众的模式，加大了党和政府教育和引导群众的难度，使得党的宣传工作和思想政治工作面临新的考验。由于人性的弱点、人们现实中的不良情绪以及新闻传播的需要，广大网民普遍喜欢关注和转发负面信息，普遍患上了"负面信息综合征"，这很容易诱发"群体极化"效应。此外，随着互联网的迅猛发展和广泛应用，群众参与无序化、网络暴力现象、网上谣言多发等问题得以催生，一些党员干部缺乏娴熟的网上群众工作能力，缺乏与新媒体打交道的能力，网络本领恐慌问题仍然较为普遍。

二、领导干部群众工作能力建设的内容

群众工作能力，是领导干部能力建设范畴内的一个方面，是一个以人民群众为工作对象，涉及服务理念、服务主体、服务客体、服务方式和服务机制等多方面的综合性概念，是领导干部运用人民赋予的权力，调动社会的综合资源、履行职责，以实现人的全面发展的潜在和现实的力量的总和。领导干部的群众工作能力具体包括五项内容：了解群众的能力、宣讲说服的能力、感情亲和的能力、化解矛盾的能力和服务群众的能力。这五项能力相互联系、互相促进，构成动态的能力建设途径。

（一）领导干部群众工作能力

1. 了解群众能力

有人把领导干部了解群众的能力精炼地概括为"一二三"。"一"就是一腔热血、为群众着想，心里装着群众，凡事想着群众，真心为群众办实事解难题。"二"就是"两角"置换、换位思考。注意站在群众的立场考虑问题，设身处地为群众着想，为群众解忧。"三"就是深入"三头"、掌握实情。"三头"就是地头、炕头、心头。深入地头，就是深入基层一线；深入炕头，就是走进群众家中，与群众促膝谈心、真诚交流；

深入心头，就是与群众进行心贴心的交流，了解群众的真实想法。诚然，做好群众工作，只有到群众中去，才能感化和感动群众，才可能化解矛盾和问题，才会确保党的事业兴旺发达。领导干部能够走出机关、走出大院，深入到群众中去，到群众需要的地方去嘘寒问暖，拉呱聊天，到群众有困难的地方去排忧解难，到群众意见多的地方去理情顺气，及时全面掌握群众的政治态度、思想动向、生活状况、诉求愿望等，本身就是一种能力表现。

2. 宣讲说服能力

宣讲说服群众的能力是做好群众工作的基础。能否有效地说服群众，直接关系到党和政府决策的落实和工作的成效。要有效地组织引领群众，让群众自愿响应党委和政府的号召，首先就要尊重群众，把人民群众的意愿、要求和利益作为想问题、作决策、办事情的根本出发点，以扎扎实实的工作为人民群众谋取实实在在的利益。宣讲说服群众，领导干部不仅要通过解决群众的实际困难感化群众，更要以优秀的品德修养、过硬的工作作风、良好的公仆形象影响和带动广大群众。特别是在社会矛盾日益复杂，部分领导干部在群众中的威望逐渐弱化的情况下，强调领导干部的形象建设就显得尤为迫切。领导干部品德高尚、自身素质高、形象好，群众就信服，你说话群众就听，就愿意跟着你干，反之亦然。另外，要能够激发群众的积极主动性和创造性，既要学会通过思想政治工作宣传群众，切实把群众的思想统一到贯彻落实党中央的各项决策部署上来，又要学会以朴实的道理引导群众，善于用群众身边的事例、群众熟悉的语言与群众进行真诚交流和沟通，真正赢得群众的理解、信赖和支持。

3. 感情亲和能力

感情亲和力实际上就是与群众打成一片的能力。有亲和力的领导干部，与群众说话像拉家常，为群众办事像对待家人一样，没有官腔，没有敷衍，积极主动地与群众交流、帮群众办事，即便有些事情一时办不了、办不好，也决不说绝话，更不说伤人话，而是如实地把事情原委讲清楚，以求得到群众的理解和谅解。有亲和力就要能够放下架子、摆正位置，缩小与群众心灵间的距离。对待群众，要真诚、热情、公正，多关心体贴，多帮助容纳，言而有信，行而必果；自己出现问题时，也要善于接受别人批评，敢于自我解剖并立即改正。领导干部要具有亲和力，根本上就是要牢固树立群众利益无小事的观点和全心全意为人民服务的宗旨意识，做到既用真理的力量感召人，又用真诚的力量感化人，还要用实际的行动引领人，始终真心实意地贴近群众、融入群众、与群众打成一片，积极主动地为群众办实事、做好事、解难题。当然，领导干部有亲和力，并不是要放弃原则，而是在不违反规章制度的前提下，坚持与人为善、情融民心，更多地从关心、体贴、爱护的角度出发，拉近与群众的距离，解决群众的实际问题。这样干群关系才会和谐，管理才能有针对性，做到及时有效。

4. 化解矛盾能力

化解矛盾能力能够有效解决干群关系中出现的各种问题，化解群众的不满情绪。同时，能够有效解决群众内部的各种矛盾，增强党政机关及其领导干部与人民群众的感情和团结。具体来说，就是领导干部要能够有效解决群众工作中出现的各种问题，满足各类诉求，能够及时、有效化解群众内部的各种矛盾，密切党同人民群众的血肉联系，增进人民群众之间的团结。协调关系和化解矛盾时要依法办事、严格程序、严谨细致、把握时机、尊重群众、以理服人，适时展示人格魅力，赢得群众的支持与信任。同时，要注重深入基层，了解民情；注重发扬民主，尊重民意；注重群众工作的方式方法，善于宣传新思想新政策，用先进思想文化占领基层阵地。领导干部还要善于发现各种倾向性、苗头性问题，及时消除各种可能导致群体性事件和突发事件的隐患。如果发生群体性事件或突发事件，要能够及时、有效、果断地加以处置，确保社会和谐稳定。要做好事前预防，完善预警机制；要率先垂范，敢于靠前处置；要当机立断，迅速控制事态；要张弛有度，平稳化解危机；要善于引导，形成良好的舆论氛围；要标本兼治，及时有效地做好群体性事件和突发事件的善后工作。

5. 服务群众能力

服务群众是做好群众工作的根本所在。要从涉及群众利益的小事做起，从解决群众最现实、最急迫的问题入手，积极为群众办好事、做实事、解难事，让群众得到实实在在的利益，让群众感受党和政府的温暖。要准确把握当前社会心理的变化，深入体察群众疾苦，及时了解群众呼声，全面掌握群众诉求，把好事办在群众开口之前，把实事办在群众急需之处，从各个方面、不同层面增加群众的福祉、赢得群众的认同。做到真正想群众之所想，急群众之所急，帮助群众克服生产生活上的各种困难，把工作做到群众的心坎上，成为人民群众的贴心人。领导干部作为服务群众的重要力量，必须把提高自身能力素质特别是服务群众的能力，作为终身"必修课"，使自己始终适应形势任务的需要。要切实提高自身综合素质，加强对党的大政方针、"三农"政策和有关法律法规的学习，切实提高理论水平。要不断改进服务群众的方式方法，特别是着重思考如何因地制宜地实现科学发展，既要防止不思进取，又要防止盲目发展；既要讲经济发展，又要讲社会和谐稳定；既要考虑当代人的眼前利益，又要考虑到子孙后代的长远利益。要高度重视矛盾纠纷的排查调处工作，把工作平台前移到最前线——农村院落、田间地头，平时注意排查各种矛盾隐患，善于发现倾向性问题，及时做好疏导化解工作，把矛盾纠纷解决在基层，消灭在萌芽状态。

（二）领导干部群众工作能力建设途径

领导干部群众工作能力建设，是指通过个人自身努力、培养锻炼和社会创造条件对干部群众工作能力进行培育、开发和实现的过程，重点是通过教育、培养、实践、使用、激励、管理、监督等多种途径，开发个体潜能，提高个体能力，发挥个体才干，全面提升领导干部服务群众的工作效能。领导干部群众工作能力建设，需要个人、实践和社会三方面共同作用，形成合力，在社会的大背景下进行实践培养锻炼提升。

1. 领导干部主观能动性

从一定意义上说，能力建设在很大程度上依靠干部个人的主观努力。这就要求领导干部对照能力模型体系，查找差距，明确努力方向，发挥主观能动性，通过认真学习、积极实践等途径不断提高群众工作能力。当然作为群众工作主体的领导干部做群众工作的主观能动性与外部环境是分不开的，奖惩机制，甚至是选拔任用机制的导向对发挥领导干部群众工作的主观能动性都有极其重要的作用。

2. 实践锻炼

领导干部群众工作能力的提升必须在社会大背景下，有大量的、保持一定频率的群众工作实践，各级党委和政府有责任、义务制定有关意见办法，为领导干部创造群众工作的实践载体，提供群众工作的实践锻炼机会。党政机关及有关部门要根据每个岗位的能力标准和要求，结合每个干部实际能力状况，引导其自觉接受组织目标，主动参与能力建设，按照"缺什么补什么，没什么学什么"的原则，设计培养规划，为个人提升能力提供所需的方法、手段和机会，多措并举提升领导干部群众工作能力。要创造更多的实践机会，并树立导向、建立机制、完善制度，大力推动能力建设的具体落实。

3. 社会监督

能力建设受社会发展阶段、社会意识和社会行为范式的深刻影响，需要社会提供良好的社会环境、舆论环境来支撑，因而要充分发挥纪检监察机关、组织部等有关部门，报纸、广播、电视、网络等各类媒体，各部门负责同志、"两代表一委员"等具有典型代表性和影响力的个人及社会群体的积极性，要形成监督合力，促进形成大社会监督格局，促进群众工作的广泛开展和领导干部群众工作能力的有效提升。

三、领导干部群众工作能力不足的表现及原因

党员领导干部是开展群众工作的主体，其能力和素质的高低直接影响了群众工作的有效开展。当前，随着全面深化改革和全面从严治党形势的推进，党内的不正之风得到了有效的遏制，各领域各级党组织全面推进党建工作，强化了党员干部的队伍建设，党员干部的党性和素质有所增强。但是在部分地区，总体上群众工作主体仍存在着能力不足的问题。

（一）领导干部群众工作能力不足的表现

1. 一些党员领导干部群众观念淡薄

有些领导干部由于受腐朽思想的影响，个人理想发生了变化，人生观扭曲，价值观错位。在生活作风上，个人功利主义思想严重，过分看重金钱名利，把权力和地位视为攫取私利的工具，哪里有好处就把权力伸向哪里，哪里能赚钱就把权力投向哪里，从而，败坏了领导干部在群众中的威信，严重损坏了党的形象。一些党员领导干部只为自己的私利，为自己的升迁而"努力"，为了讨得上级的欢心，大搞"形象工程""政绩工程"，对百姓的疾苦、呼声置若罔闻，麻木不仁，有时甚至损害人民群众

利益，与人民为敌，站到人民的对立面。有的党员领导干部片面抓经济，以为经济上去了，群众的需求就会自然而然满足。一些地方的党员领导都片面追求 GDP 而忽视了生态环境和和谐发展，以至于经济上去了，地方群众幸福指数却下降了。有的党员领导与民争利，漠视人民群众的实际利益，造成群众上访事件不断发生，影响地区的安定和谐发展。出现的种种脱离群众的思想和行为，其根本原因就是没有把人民群众放在心上，甚至受封建"官本位"影响而轻视、漠视群众，把群众当作"群氓"，而自己是高高在上的"父母官"。这种"官本位"思想对群众路线造成很大损害。"有的党员干部群众观念淡薄，党的宗旨意识不强，不依靠、不相信群众，甚至脱离群众、脱离实际，违背群众意愿；有的党员干部群众立场不坚定，个人主义严重，一事当先只为自己考虑、不为群众考虑，对群众疾苦漠不关心，对群众呼声置若罔闻，对群众利益麻木不仁，甚至见利忘义、以权谋私；有的党员干部做群众工作方式方法简单，缺乏亲和力和感召力，按照法律和政策规定办事本领不强，对互联网等新兴媒体不了解、不熟悉，习惯于发号施令、做表面文章，形式主义、官僚主义严重；有的地方和部门群众工作制度不健全，已有制度贯彻落实不力，一些工作领域和环节缺乏制度安排，工作系统性、协调性、持续性不强。"①

2. 一些党员领导干部对群众缺乏真情实感

对于一些党员领导干部作风的评价，有人总结为：交通便捷了，到基层去反而少了；通信发达了，与群众的沟通反而难了；一些干部的文化水平有了提高，而做群众工作的能力却下降了。领导干部与群众的关系疏远了，对群众的感情淡漠了；而与上级领导联系却多了，对上级领导关心也多了。一些领导干部对群众的诉求和疾苦不过问，甚至躲得远远的；瞧不起群众，嫌弃群众文化程度低，不讲卫生，不愿到基层艰苦地方联系群众、深入到群众生活中。在长期执政的条件下，党有密切联系群众这个优势，也有脱离群众这个危险。有的党员领导干部不是心系群众，而是高高在上，脱离群众，不能摆正自己和人民群众的位置，在思想感情上不能贴

---

① 中共中央文献研究室编. 十七大以来重要文献选编（中）[M]. 北京：中央文献出版社，2011：1011-1012.

近人民群众，不能真正把人民群众当主人、当亲人、当老师，越是职务高了越容易脱离人民群众，不愿了解实情、体察疾苦，不能做到同人民群众心连心。现代科技发展为联系群众提供了便利条件，但是党员干部与群众的联系却少了，因此"对关系本地区本部门改革、发展、稳定全局的重大问题，主要领导同志必须亲自抓，认真研究，提出解决办法"①。不少党员干部还存在特权主义思想，对群众态度傲慢，更不愿意向群众学习，缺乏为群众服务的热诚，缺乏诚心接受群众监督的态度；遇事一人说了算，搞家长制，不愿问政于民、问需于民、问计于民；作决策、定政策只考虑个人和小圈子、小团体，不考虑群众利益和承受能力，不去做顺民意、解民忧、惠民生的实事，使人民群众不能共享改革发展成果。

3. 一些党员领导干部为人民服务的宗旨有待加强

在新时代一些党员领导干部为人民服务的宗旨有些淡化，抵挡不住各种腐朽思想的侵蚀，导致解决群众困难的能力也不足，对群众的反映问题，采取"拖、躲、捂、推"的办法。群众总结为：群众从前门进来，而领导从后门溜走，群众反映事，一躲了事；遇到问题绕开走，小事拖大，大事拖"炸"；怕暴露问题，影响升迁，任期一到，拍屁股走人；对群众的诉求像踢皮球一样推来推去。面对复杂的经济社会环境，由于经济利益多元化、社会阶层多样化、社会矛盾错综复杂，部分领导干部仍然习惯于计划经济时代的行政命令方式，粗暴地强迫群众服从一切指令；而面对信息时代的新环境，缺乏依法治国和说服教育的能力：与新社会群体说话，说不上去；与困难群众说话，说不下去；与青年说话，谈不进去；与老同志说话，说不到一块去。部分干部老办法不管用，新办法不会用，硬办法不敢用，对群众的困难与问题，束手无策，一筹莫展，不善于运用说服、教育、引导、服务、协商、法律等办法去群众沟通，说服群众，让群众自觉执行正确的决策。

加强党员领导干部为人民服务的宗旨教育，同时特别要加强党的作风建设。水既可载舟，也可覆舟；得民心者得天下，失民心者失天下，历史上改朝换代、王室更迭，根本原因就是人心的得失。中国共产党总结历史

---

① 江泽民.论党的建设[M].北京：中共中央党校出版社，2001：192.

经验教训，深知人民才是历史的主人，是决定一个政权成败的关键因素。中国共产党依靠人民的支持获得革命的胜利，取得执政地位，也要依靠人民的支持而巩固政权。人民既可以选择你、也可以背弃你，人心向背是决定一个政党、一个政党兴衰成败的决定因素，只有顺民心为民谋利，才能得民心，才能得到人民的支持和拥护，在任何艰难风险中，立于不败之地。党的作风建设，只有根植在人民群众之中，才能赢得人民群众支持。但是，一些领导干部的作风建设出现了许多问题。"在一些地方、部门和领导干部中，教条主义、本本主义滋长，形式主义、官僚主义盛行，弄虚作假、虚报浮夸严重，独断专行、软弱涣散问题突出，以权谋私、贪图享乐现象蔓延。这些问题，归根到底都是脱离实际、脱离群众的，其消极影响和后果不可低估。历史和现实一再告诉我们，执政党不注重作风建设，听任不正之风侵蚀党的肌体，就会损害党群关系和干群关系，甚至失去民心，丧失政权。"[1]

4. 腐败对群众路线的贯彻落实产生很大消极影响

当前，腐败现象表现出以下几个主要特点：第一，腐败主体"集团化"。由于腐败分子在政治上拉帮结派，经济上互相牵连，结成了利益同盟、利益集团，腐败主体从个体向集团化、群体性蔓延，呈现出"办一案，牵一串；查一个，带一窝"的现象，涉案人员众多。第二，腐败分子"高端化"。高级干部中不断发生的腐败案件，以及难以遏制的"一把手"腐败问题，对党风政风建设带来了恶劣的影响。第三，涉案金额巨额化。改革开放以来，贪污贿赂案的立案标准一再提高，腐败案件涉及的金额也日渐巨大，动则千万元甚至上亿元，"记录"不断被刷新。在党员队伍中，个别领导干部占据社会公共资源，窃为己有，挥金如土，纸醉金迷，没有看到还有很多的劳动群众生活贫困。这种鲜明的生活对照，是少数党员领导干部腐化的结果。腐败使一些领导干部利用手中权力，谋取一己私利，这是对公共权力的侵害。一些领导干部对公共权力的非公共利用，以自己私利或小团体私利，牺牲公共利益，必然会引起干群矛盾的尖锐化。在经济领域、政治领域和精神生活领域给人民和国家造成巨大的损

---

[1] 中共中央文献研究室编.十五大以来重要文献选编（下）[M].北京：人民出版社，2003：1996.

害。群众路线的实施便成了纸上谈兵,也使执政者失信于民。

当前,腐败给人民群众带来巨大损害,伤害人民的切身利益,直接影响党的执政为民,严重影响党群关系、干群关系,使党群关系由鱼水关系、血肉关系演变为水油关系,甚至水火关系,动摇了党的执政根基。

(二)领导干部群众工作能力不足的原因

1. 党员干部自身方面原因

(1) 部分党员干部宗旨意识淡漠

宗旨意识作为党员干部对我党的性质、宗旨、历史使命、责任、任务以及人民群众期望的总体认识与领悟,也是对自己角色的认知和对整个社会的一种抱负,是党员阶级性和政治觉悟的集中体现。全心全意为人民服务是党的根本宗旨,群众路线是党的根本工作路线和生命线。党员干部作为党的基层细胞,其所秉持的宗旨意识如何,直接决定和影响着党的形象。一名党员对党忠不忠诚,政治信念坚不坚定,是否能够成为凝聚、维系广大人民群众的纽带,就是由其所秉持的宗旨意识强弱所决定的。"全党同志特别是领导干部都要讲党性、重品行、作表率。"[1]

随着时代和社会环境的变化,党员干部在进行群众工作过程中不断遇到的新情况新挑战,显然有少数党员干部出现"水土不服"。尤其是党的十八大以来,社会转型加剧,导致部分党员干部在党性认识领域发生了新的变化。部分党员干部宗旨意识的淡漠,使其未能保持住同广大人民群众的血肉联系,错误地把上级的政策当作个人的施舍,将为群众服务视作自己的恩惠,只重视"干部"身份、忽视"干事"义务,作风浮躁,热衷于搞形式主义、自由主义和主观主义,脱离了为人民服务的根本宗旨。归根到底,部分党员干部不秉持党性意识,在思想、意识、态度、行为方面不能适应转型时期的新变化,显露出其群众立场偏颇,群众观念淡漠,脱离群众、脱离实际的倾向,是新时代做好党的群众工作的巨大挑战。

(2) 部分党员干部价值观念扭曲

所谓价值观念,即作为个体的人辨别是非、认定事物的思维取向,是基于人思维感官上作出的理解、认知、抉择或判断,从而体现出人、事、

---

[1] 胡锦涛. 胡锦涛文选(第二卷)[M]. 北京:人民出版社, 2016: 656.

物间相互关系的作用或价值。在党的群众路线教育实践活动工作会议上，习近平反复强调我党应该以"为民、务实、清廉"作为最核心的价值观念。所谓"为民"的价值观念，是指我党应将"为人民服务"作为追求目标，将"为人民谋利益"作为根本目的所在，将"为人民作贡献"作为人生宗旨信条。所谓"务实"的价值观念，即要切实深入基层、联系人民、坚持实践，以实践的预见性和指导性，把握住事物的本质。所谓"清廉"的价值观念，是指我党的执政品德、执政本源、执政基础就是清廉。

随着社情的日渐复杂，各种利益的诱惑，各方面的压力，导致部分党员干部把"为民、务实、清廉"当作一句空话，未能将其深化于内心，外化于行动。在个人利益与人民利益的取舍中，部分党员干部丝毫不顾执政为民的理念，毅然选择前者；在空谈与实干的斗争中，部分党员干部在贯彻落实中央和各级党委的决策部署上大打折扣、肆意"变通"，全然不觉"空谈误国，实干兴邦"；在廉洁与贪腐的选择中，部分党员干部在权力、金钱、美色的诱惑下，置洁身自好、清正廉洁的第一底线于不顾，扭曲正确价值观念而误入歧途，从而严重偏了离党的群众路线。

（3）部分党员干部道德修养不高

道德是一种社会所呈现出的意识形态，是人与人共同行为的准则与规范，其代表着全社会正面的价值取向，以及评判行为是否得当的标准。广大党员干部不单单是社会的领导者、管理者，更是社会主义事业的劳动者，也应当遵循社会各行各业的道德规范，以共产主义的道德观念来对待自己的工作，视自己为"人民的公仆""社会的公仆"，才能从根本上做到忠于职守、公正廉洁、实事求是、一身正气、忠诚积极、全心全意为人民服务。2014年5月，习近平在河南考察时强调，面对纷繁复杂的社会现实，党员干部特别是领导干部务必把加强道德修养作为十分重要的人生必修课，以严格标准加强自律、接受他律，努力以道德的力量去赢得人心、赢得事业成就。

党的十八大以来，随着我国改革开放进入深水区，部分党员干部经受不住市场理念的诱惑，出现了道德滑坡、道德失范甚至是道德败坏等现象，严重损害了党在人民群众中的形象和威信。一方面，部分党员干部放松了对自身世界观、人生观、价值观的改造，盲目追求享乐、名利、地位、金钱，忘记党的根本宗旨，丧失共产主义的理想和斗志，进而导致其丧失道德人格，造成党员干部道德失范，最终损害的是党在人民群众心目中的地位和形象，打消了人民群众与党沟通的主动性和积极性，使党中央所强调的"倾听百姓心声""问计于民""问需于民"的群众工作方式沦为一种摆设，不利于党群众工作的深入开展。另一方面，党员干部因道德失范而衍生出的形式主义、官僚主义的消极思想，妨碍了上级党组织对基层民意真实情况的掌握和了解，不利于党群众工作的有效开展。一些党员干部身居基层民意表达的重要环节，在民意传递过程中，为了获得上级的赞许，不顾民意，报喜不报忧，虚报瞒报，甚至压制民声。一些地区的领导干部考核机制存在着看上报数据、看表面政绩的情况，为了不在考核方式中遇到麻烦，个别地方就形成了"报喜得喜、报优得优"的不良作风，从而影响上级党委的科学决策，并极易在党员干部队伍中助长虚假之风、诱发投机心态，败坏党风政风。

（4）部分党员干部执政能力不足

党的执政能力是指以一个政党为主体、以国家权力系统为客体的执政党执掌和管理国家政权的水平和能力。中国共产党执政能力的强弱关系到党和国家的生死存亡，决定着中国特色社会主义事业的成败。各级领导干部作为共产党执政的主要承担者、国家政权的主要管理者、经济社会管理活动的主要组织者，其执政能力的高低，事关党的事业兴衰成败。因此在新时代，加强各级党员干部的执政能力建设尤为重要。

党的十八大报告明确指出："新形势下，党面临的执政考验、改革开放考验、市场经济考验、外部环境考验是长期的、复杂的、严峻的，精神懈怠危险、能力不足危险、脱离群众危险、消极腐败危险更加尖锐地摆在全党面临。"[1]极少部分党员干部，无法客观公正地看待发展过程中遇到的各种问题和矛盾，难以清醒地认识到现今所处的国内外形势，仅简单肤浅地认为我党执政是铁打的江山，永远也垮不掉、变不了。纵观20世纪90年代初发生的东欧剧变和苏联解体等国际共产主义事业遭受严重挫折的

---

[1] 胡锦涛. 坚定不移沿着中国特色社会主义道路前进 为全面建成小康社会而奋斗——在中国共产党第十八次全国代表大会上的报告[M]. 北京：人民出版社，2012：49.

事件，历历在目，发人深省。当我们以马克思主义的标准来衡量一个执政党的能力时就不难发现，缺乏与时俱进的创新精神，脱离基层群众的官僚作风，贪污腐败的不良风气，缺失科学指导社会管理活动的理论体系等问题，直接或间接地成为领导干部群众工作能力不足的一大诱因。

2. 应对人民群众的新变化相对滞后

（1）未及时跟上人民群众需求层次的提高

需求层次理论是由美国心理学家亚伯拉罕·马斯洛（H. Maslow）于1943年在其所著的《人类激励理论》一书中所提出。他将人的需求像金字塔一样从低到高分为五个层次，即生理需求层次、安全需求层次、情感和归属需求层次、尊重需求层次、自我实现需求层次。在马斯洛需求层次理论视阈下，人民群众的需求呈不断上升趋势。

新时代从城市面貌到人民的饮食起居，我国经济社会的发展和人民生活的巨变有目共睹。中国已然发展为世界第二大经济体，中国社会实现了由封闭、贫穷、落后和缺乏生机到富强、民主、文明、和谐；同时，全国人民的生活也随之实现了由贫穷到温饱，再到整体小康的跨越式发展，人民生活水平不断提高。正因如此，人民群众的需求也正沿着马斯洛的需求层次理论不断提升。

随着社会转型步伐加快，部分党员干部做群众工作的角色和模式还不能很好地满足群众的新要求、新期盼，在行政作风、行政服务、行政方式上还存在差距和不足。党员干部在开展群众工作过程中，应将这一新情况与实际工作相关联，强调群众工作中的应变性和创新性，对人民群众采取按需所及的原则，实施内部满足而不是外部约束的工作模式，从而满足处于不同需求层次上的人民群众的需求。构建和谐党群关系，是党的十八大以来党中央针对国际、国内形势深刻变化，从巩固党的执政基础、提高党的执政能力的高度作出的建设性重大战略决策之一，是全面贯彻落实党的群众路线的一项重大举措。如何打造新时期的工作模式，激发党员干部的主动性、创造性，更好地服务群众、维护稳定、促进和谐，适应人民群众日益上升的物质文化需求，已经成为当前群众工作的又一重大课题。

（2）未有效应对人民群众集体主义观念的弱化

集体主义是调节个人利益与集体利益的原则，它的核心是集体利益高于个人利益、个人利益服从集体利益。党的群众路线则非常突出地强调了将群众作为积极的创造性的社会力量，充分体现人民群众是历史的主体和创造者的集体主义范畴的基本原理。积极倡导集体主义价值观，要时刻以集体大局利益为重，努力克服自私自利、个人主义的思想行为；要树立开放包容意识、整体全局观念，做到诚实守信，比贡献不比待遇、比成绩不比得失。这无疑凸显出坚持集体主义的观念对党践行群众路线的重要性。

改革开放以来，我国公民的道德建设取得了显著成就，尤其是在集体主义教育方面，其主流是积极的、健康的、向上的。党的十八届三中全会以来，全面深化改革的步伐日渐加快，我们党不仅面临党的主体自身的深刻变化，同时也面临着群众方面多元化的趋势，存在脱离群众的危险。在一些领域和地方，是非、善恶界限混淆，拜金主义、享乐主义、极端个人主义等滋生蔓延。这使得新时代人民群众集体主义观念被严重弱化，部分党员干部将想象中的人民群众形象完美化，现实社会中的人民群众形象极端恶化，这也使得部分党员干部践行群众路线过程中与人民群众的隔阂日渐加深。与此同时，由于极端个人主义的滋生蔓延，集体主义观念的极端弱化，促使部分人民群众对党员干部的认识也存在巨大分歧，更有甚者对部分党员干部产生消极抵触，甚至敌视等极端情绪。

综上，为适应新形势，如何积极确立集体主义为全体社会成员共同遵循的价值取向和行为准则，已成为当前践行好党的群众路线的一项紧迫任务。

（3）未科学应对人民群众利益诉求的多元化

随着改革开放逐渐深入，特别是近十年，我国的对外开放在经济全球化的大背景下进入了新阶段，社会主义民主政治进程也明显加快。随着经济的增长，人民群众的生活水平正不断提高，社会利益的分化不可避免，整个社会正从同质的单一型社会向异质的多样型社会逐步转型。而相对于经济领域改革的深入展开，社会领域的变革则略显滞后。

由于尚未完善针对多元社会利益诉求的新机制，中国社会当下出现了一定的利益协调危机，多元化利益主体的诉求未能得到充分满足，尤其是因利益分配不均衡导致的社会矛盾突出显现，特别是一些享受较少改革成果的弱势群体，因其社会资源极度匮乏，又人微言轻，当自身利益被强势阶层侵犯时，往往束手无策。当前为全社会所广泛热议的"三农"、农民工、城市"拆迁户"等问题的难以解决，很大程度上因为这些群体没有一个真正能够争取自身权益、在公共政策决策中拥有话语权的"代言人"，使得其利益诉求的表达、疏通不畅。长此以往，屡遭利益侵犯的弱势群体阶层就会积淀起"仇富""恨世""厌世"等消极思想，进而对我党的执政地位产生离心倾向，甚至可能会采取极端方法来寻求自身利益的表达，成为社会的不安因素。这成为影响领导干部贯彻落实群众路线的一大原因。

3. 外在环境因素的影响

（1）中国传统政治文化的影响

中国的封建社会历经两千余年，形成了相当完备的政治制度，以及相当缜密的政治文化体系。其突出表现为对于封建王权的崇拜。中国的封建政治文化是由封建社会的小农经济所决定的。建立在以土地私有制为基础，受支配于国家最高专制者之下的封建小农经济使最广大的农民阶层缺乏最广泛的凝聚力，需要封建专制王权的行政力量来实施管理干预。马克思曾对这种封建王权的行政管理现象进行过经典描述："他们不能自己代表自己，一定要别人来代表他们自己。他们的代表一定要同时是他们的主宰，是高高站在他们之上的权威，是不受限制政府的权力……"[①]这种与小农经济相对应的以专制王权为核心的官僚体系，一方面使得依附性的臣民心理也逐渐深化，权力的分配成为自上而下的给予，而不是自下而上的让与，从而形成一种垂直、单线的权力约束结构：即官僚只须对上级和王权负责，而无须向广大民众负责，民众也就失去了对官僚给予有效监督的权利和渠道，一味地服从即可；另一方面在封建王权体制下，权力执掌者的利益与王权属性密切结合，权力执掌者等同于权力的所有者，导致各级官僚产生权力崇拜，即对政治权力的谋取必然成为其提高社会地位、谋取经济利益的重要途径。

对于封建王权的崇拜，使得中国传统政治文化的核心要义体现为高度集权的"官本位"文化：即以"官"的意志为转移的特权利益、以"官"为本的价值导向、以"唯上是从"为主要内容的制度安排、以"是否为

---

① 中共中央马克思恩格斯列宁斯大林著作编译局编. 马克思恩格斯选集（第一卷）[M]. 北京：人民出版社，1972：693.

官"和"官职大小"作为一种核心的社会价值尺度用于衡量人在社会中的地位和价值。其在中国两千多年的封建专制集权统治下日趋完善，历久不衰。其表现为：一方面，国家政治体系的运转全靠特权官僚阶层维持，在缺乏监督体系下，官吏的权力可能会为了个人的私利而滥用，并导致"官官相护""裙带关系"等腐败现象；另一方面，顺从性的臣民文化也逐渐形成，使得在上下级官吏之间，下级官吏顺从于上级官吏；在官吏与民众之间，民众顺从于官吏。最终导致民众丧失了自主性、独立性，自视为臣民，被动地接受管理，整个国家演变成为一个支配与被支配、服从与被服从、主导与被主导、依附与被依附的等级链条。尽管中国共产党成立百年，无论在革命斗争年代还是社会主义建设时期都异常重视推进自身建设，推进民主政治建设，重视人民群众的政治参与，但从民众的政治参与情况来看，部分民众在思想领域仍旧不能摆脱传统政治文化的影响，政治参与的水平和意识仍然低下，甚至出现政治参与冷漠、子民心态、默认被动接受党的领导与管理的情况，无法对党员干部的权力使用进行有效监督，成为领导干部群众工作能力不足的一大诱因。

（2）社会主义市场经济的冲击

随着我国社会主义市场经济进入新常态，经济发展模式与经济增长方式都发生了巨大转变。社会主义市场经济的发展在提高人民群众生活水平的同时，也给广大党员干部带来了前所未有的挑战和考验，部分党员干部践行党的群众路线失范的危险也在不断增长。在市场经济条件下，面对经济大潮的强烈冲击，部分党员干部的道德底线和社会主义信念开始动摇，模糊了对社会主义市场经济的正确理解，对社会主义市场经济新常态也存在着片面的认识，以至于道德水准下降，摒弃正确的世界观、人生观、价值观。新时期极少数党员干部早已把"为人民服务"的根本宗旨抛于脑后。现在的党员干部队伍中，有些人甚至为了金钱、人情玩忽职守。造成此类情况主要原因是"市场"意识冲击着人的信仰层面，少数党员干部理想信念的淡漠，导致其对马克思主义信仰信念不坚定，对建设中国特色社会主义事业严重缺乏自信，进而出现世界观、人生观、价值观的扭曲，在大是大非面前存在旗帜不鲜明、立场不坚定等情况，即思想与行动不能统一到党的群众路线的正确轨道上来。与此同时，随着社会主义市场经济新常态的快速推进,部分长期工作在基层的党员干部对这种巨大的变化后知后觉,往往还没能适应做好群众工作的新形势,在新时代凸显的各种群众诉求和矛盾面前,部分党员干部还不知该如何有效应对。可见伴随经济的发展,我国社会主义市场经济取得巨大成就的同时,物质利益等因素对部分党员干部的诱惑越来越大。部分基层党员干部,尤其是部分边远地区基层党员干部的工资收入仍然处在较低水平。随着整个社会生活水平的提高,这部分党员干部很容易心理失衡,从而因追求物质利益而出现作风问题。因此在这样的大环境下,如何在充满诱惑的经济环境中找到自己的定位和信念,对部分党员干部践行党的群众路线形成重大的考验。

(3)西方价值观念的分化

所谓西方国家价值观念对我国的影响,从总体上应当分为积极影响与消极影响两大部分。积极影响方面主要包含了追求快乐的人生价值观、追逐合理个人利益的价值观、注重效果论的价值观、敢于竞争的人生价值观、利己利他兼顾的人生价值观。消极影响方面主要包含了萌芽于19世纪30年代西欧社会、20世纪90年代初苏联解体、东欧剧变后便开始逐渐蔓延渗透到我国的民主社会主义;建立在亚当·斯密古典自由主义基础上的新自由主义和20世纪90年代以后期随着国内外形势的变化逐渐在我国蔓延兴起的历史虚无主义。

随着经济全球化的步伐日渐加快以及党的十九大的顺利召开,新时代我国的改革开放正向更高的层次,更广的范围,更大的幅度迈进,同时也在一定程度上实现了与国际接轨。在政治经济等领域,我国对外开放在"引进来""走出去"的同时,西方的部分价值观念通过各种途径传播到中国。绝大多数党员干部能够积极汲取西方价值观念中合理的成分,形成了积极竞争、乐观、注意效果等正确的价值观。但在这些外来价值观念之中,有精华也有糟粕,在鱼龙混杂的价值观念传播中,党员干部群体作为易受影响的人群之一,在西方价值观念的冲击下必然受到影响。一方面部分党员干部,尤其是基层党员干部对一些西方价值观念的理解不够深入,因此还未能找到在新时期新情况下做好群众工作的更好途径。另一方部分党员干部面对民主社会主义、新自由主义、历史虚无主义等外来价值观念的甄别能力不足,导致思想发生了一定程度的改变,原有的正确价值观念也随之受到影响。

综上可见，西方价值观念传入中国之后，对部分党员干部的价值观产生了巨大的冲击，尤其在党员干部践行党的群众路线方面，西方价值观中的享乐主义、极端利己主义、拜金主义、唯利是图等错误观念造成了极为消极的影响。

4. 长效惩处监督机制的不足

（1）党员干部主体缺乏长效惩处机制

党的十八大以来，以习近平同志为核心的党中央，以强烈的使命忧患感、厚重的历史责任感，坚定不移，全面推进从严治党，将反腐斗争和党风廉政建设步步引向深入。尤其"中央八项规定""三严三实"等规定出台后，受到国内国际社会的持续关注和好评。但当今社会，有关于党员干部违法违纪的事件仍时有发生，其中一部分造成了消极的社会舆论效果，更有部分人民群众不再信任我们党。正是由于人民群众对党员干部的不信任，使得他们也不再信任政府，不再信任党的一切路线方针政策。可见，在整体向好的大环境下，针对践行群众路线的党员主体，仍然缺乏长效的违法违纪惩处机制。为了填补这一缺口，应针对人民群众所关心的问题作出研究，从而改变这样的局面。如果不建立或完善针对党员干部违法违纪的全面长效机制，就会影响到新时期党员干部群众工作切实有效的开展，从而导致部分党员干部在践行党的群众路线过程中失范，表现出群众工作能力不足。

（2）群众监督缺乏长效规范机制

随着党的十八届三中全会召开，全面深化改革持续推进，特别是经济领域的飞速发展，党员干部面临着来自各方面的诱惑和考验。因此在新时代新情况下，党员干部不仅需要加强自身建设，更需要群众监督这一外在推动力。因此，群众监督是全面从严治党的有力保障。尤其在当今社会，我们的党员干部在做群众工作过程中，非常容易被金钱和物质所腐蚀，迷失在奢靡的生活中，导致手中的权力滥用，害人害己。因此，群众监督就更成为党员干部群众工作监督体系必不可少的一部分。在新时代切实有效开展群众工作，就必须掌握新时代新情况，必须仔细研究新时代党员干部群众工作的状况，还要认真分析在新时代如何切实有效地践行群众路线，开展群众工作。这不仅需要党员干部认真扎实学习群众路线的基本内涵，落实好批评与自我批评，在建立健全党员干部自我监督机制的同时，人民群众的监督亟需长效机制。新时代新情况下，如果不能够对让人民群众放心大胆地对党员干部进行监督，就不能实现对少数党员干部践行党的群众路线、开展群众工作过程中显现出来的不合理行为的有效监控，从而影响到党员干部全面贯彻落实党的群众路线的进程，甚至导致部分党员干部不能有效开展群众工作。

四、领导干部群众工作能力提升路径思考

新时代提升领导干部群众工作能力，必须要有明确的路径。从改变思想观念入手，以激励奖惩机制为推动力，以改进工作方法为手段，根据经济社会科技等方面发展的新形势，找到正确的工作思路和能力提升方式，是做好群众工作的重中之重。

（一）提高服务群众的能力和水平

1.牢固树立马克思主义群众观，切实坚持执政为民

提高领导干部群众工作能力，关键在于广大党员干部要牢固树立马克思主义群众观，切实坚持执政为民。具体而言，就必须要求党员领导干部牢固树立马克思主义权力观、情意观、利益观。党员领导干部的权力观、情意观、利益观是否正确，直接影响着党同人民群众之间的关系，决定着党的执政地位的牢固程度。

（1）牢固树立正确的权力观，坚持权为民所用

坚持权为民所用，关键在于树立正确的权力观——"就必须正确看待和运用手中的权力，始终以党和人民的事业为重，为人民掌好权、用好权，用人民赋予的权力服务于人民、造福于人民，绝不以权谋私"[①]。在这里，正确的权力观就是权为民所赋、权为民所用的马克思主义权力观。马克思主义权力观强调社会公共权力来源于人民群众，强调社会公共权力归人民群众所有，强调为人民群众服务是社会公共权力的本质特征。这就要

[①] 中共中央文献研究室编.论群众路线——重要论述摘编[M].北京:中央文献出版社,党建读物出版社,2013: 92.

求每一位领导干部尤其是基层的党员干部必须树立马克思主义权力观。具体而言，可从以下几个方面入手。

第一，必须正确认识手中权力的性质与来源。中国共产党的权力来源于人民，这不仅已由我国的宪法所确认，而且也是由党的性质所决定。广大领导干部要时时刻刻、事事处处想到手中的一切权力真正来源于人民，真正牢固树立起正确的权力观，自觉抵制和克服各种错误的权力观，真正理解权力是人民赋予的这一本质属性，自觉把权力行使的过程视为为人民服务的过程，在为民用权过程中努力做到公正用权、依法用权、廉洁用权，切实保障权力是在服务于人民、造福于人民。第二，党和国家需要努力从制度上做到善于授好权、管好权、用好权，特别是善于理顺权力的授受关系。这就需要努力构建结构合理、配置科学、程序严密、制约有效的权力运行机制，"要确保决策权、执行权、监督权既相互制约又相互协调，确保国家机关按照法定权限和程序行使权力"[①]，从而让那些敢于脱离群众的领导干部失去权力地位，让那些密切联系群众的领导干部得到应有的激励和认同。做好科学的制度安排，做到权力运行的科学化、阳光化、规范化、制度化，让广大领导干部不敢脱离人民群众、不想脱离人民群众、不能脱离人民群众，这才是治本之策。与此同时，要充分发挥党内监督、民主监督、法律监督、舆论监督的优势，共同构建一个立体的、多元的、完备的、有效的监督体系，确保"四个监督"全面协调运转，形成监督合力，让权力在阳光下运行，确保权为民所用，最终维护广大人民群众的根本利益。

（2）牢固树立正确的情意观，坚持情为民所系

坚持情为民所系，关键在于树立正确的情意观——"就必须坚持与人民群众心连心，始终把人民群众的安危冷暖挂在心上，倾听群众呼声，关心群众疾苦，切实帮助群众解决实际困难，绝不脱离群众。"[②]在这里，正确的情意观就是情为民所系的马克思主义情意观。马克思主义情意观强

[①] 胡锦涛. 坚定不移沿着中国特色社会主义道路前进　为全面建成小康社会而奋斗——在中国共产党第十八次全国代表大会上的报告[M].北京：人民出版社，2012：29.

[②] 中共中央文献研究室. 论群众路线——重要论述摘编[M].北京：中央文献出版社，党建读物出版社，2013：92-93.

调领导干部要尊敬人民，要深入基层、亲近群众，要对人民充满感情。因此，在执政为民上，对待人民群众的态度问题就成为关键。党是否始终保持对人民群众充满感情，是否始终和最广大人民群众取得最密切的联系，这是保持党同人民群众的血肉联系、维系党和国家的兴盛的关键所在，是"我们共产党人区别于其他任何政党的又一个显著的标志"①。这就要求每一位领导干部，尤其是基层的党员干部必须树立马克思主义情意观。

每一位共产党员都必须树立这样的情意观，就应该像邓小平那样甘愿做人民的儿子，就应该像焦裕禄那样"心中装着全体人民、唯独没有他自己"②。具体而言，可以从以下几个方面着手。第一，领导干部做到情为民所系，必须摆正两大关系。一是鱼水关系，要时刻牢记自己是鱼，人民群众是水，是群众养育了自己，脱离了群众只会自取灭亡；二是舟水关系，要时刻牢记自己是舟，人民群众是水，水可载舟，亦可覆舟。在新时代，情感作为联结我们党与广大人民群众的重要纽带，对于摆正党群关系、密切党群关系具有十分重要的作用，因而各级领导干部要树立正确的情意观。第二，必须全心全意为广大人民群众谋利益，满足人民群众的各方面需要。当前，各级领导干部要深入基层、深入群众，体察民情、了解民意、集中民智、珍惜民力，努力做好新形势下党的群众工作，切实把最广大人民群众的利益维护好、实现好、发展好。第三，必须始终保持对人民群众的深厚感情，始终保持同人民群众的血肉联系，始终与人民群众心连心、同呼吸、共命运，乐民之所乐，忧民之所忧，绝不脱离群众。

（3）牢固树立正确的利益观，坚持利为民所谋

坚持利为民所谋，关键在于树立正确的利益观——"就必须时刻把群众利益放在首位，始终把维护好、实现好、发展好最广大人民的根本利益作为全部工作的出发点和落脚点，坚持一切为了群众、一切依靠群众，立志为人民做实事、做好事，绝不与民争利。"③在这里，正确的利益观就是利为民所谋的马克思主义利益观。马克思主义利益观强调人民群众是利益

---

① 毛泽东选集（第三卷）[M].北京：人民出版社，1991：1094.
② 习近平.做焦裕禄式的县委书记[M].北京：中央文献出版社，2015：38-39.
③ 中共中央文献研究室编.论群众路线——重要论述摘编[M].北京：中央文献出版社，党建读物出版社，2013：93.

的追求者和实现者，强调人民群众是利益的享有者和创造者，强调人民群众利益决定社会发展趋势和走向，实现人民群众利益与社会发展趋势具有统一性。

每一位共产党员都必须树立这样的利益观，必须像白求恩、张思德、焦裕禄等先进人物那样毫无自私自利之心，做一个有益于人民的人。具体而言，可以从以下两个方面着手。第一，领导干部树立正确的利益观，必须信守个人利益服从党和人民的利益，始终坚持党和人民利益高于一切。作为党员干部，其利益观是否正确，直接决定了他们的一言一行，决定了他们在个人利益与党的利益、人民利益发生矛盾时能否坚持以党和人民的利益为重，甚至在必要时牺牲个人利益来成全党和人民的利益。这不仅是党章对于每个共产党员的基本要求，而且也是党性的体现。第二，领导干部树立正确的利益观，必须防止"既得利益"思想和行为。中国共产党的性质和宗旨决定了绝不允许搞资产阶级政党及其统治集团所追求的那种既得利益，也绝不能成为那样的既得利益集团。然而，对于一个长期执政的政党来说，历史和现实等各种因素又使得一些党员领导干部容易产生既得利益问题：他们习惯性地把人民赋予的权力、职权，把自己的地位、影响、待遇和工作条件，看成是自己的所谓既得利益，并利用这些职权和条件为自己、为亲朋好友捞取不合理的甚至非法的私利，而不是用其更好地服务于党和人民。[1]既得利益问题，不仅会损害党的执政形象，而且还会破坏党与人民群众的血肉联系，甚至会使党失去人民的信任和支持，危及其执政合法性基础。因此，必须彻底清除既得利益思想，铲除既得利益隐患。

2.树立党员干部正确的价值观念

新时代党的群众工作，既是当下我党治国理政的基础性工作，也是全面建成小康社会的根本保证。党的十八大报告明确提出：要"围绕保持党的先进性和纯洁性，在全党深入开展以为民、务实、清廉为主要内容的党的群众路线教育实践活动，着力解决人民群众反映强烈的突出问题，提高

---

[1] 孙畅雪.领导干部必须树立正确的权力观、地位观和利益观[J].马克思主义与现实，2007(02)：204.

第八章　苟利国家生死以、岂因祸福避趋之的群众工作方法

做好新形势下群众工作的能力"[①]。习近平在党的十八届中央政治局第一次集体学习时也强调:"我们要适应新形势下群众工作特点新要求,深入做好组织群众、宣传群众、教育群众、服务群众工作,虚心向群众学习,诚心接受群众监督,始终植根人民、造福人民,始终保持党同人民群众的血肉关系,始终与人民心连心、同呼吸、共命运。"[②]可见,要做好新时期的群众工作,广大党员干部就必须着力树立为民、务实、清廉的正确价值观念。

广大党员干部在群众工作中必须以知促行,知行合一,既要不断提高认知水平,更要付诸行动,不断以新的思想认识付诸实践,以新的实践深化认识。要把学习贯穿于群众工作的始终,深刻认知新时代群众路线的重要内涵和意义,做到教育和实践的相互结合,持续深入学习习近平同志系列讲话精神,牢固树立远大理想,坚定信念,破除思想障碍,不断让思想自觉引导行动的自觉,并结合新的实践和经验不断丰富和发展党的群众路线,使群众工作抓得实、走得远、做得深。

新时代党员干部应把观点和想法放在正确价值观念建设最重要的位置。这是由于价值观念建设在我们党的各方面建设中有着不可忽视的作用与不可动摇的地位,这也是党的建设中的根本要求和客观规律,也是我们党做好新时期群众工作的实践经验。价值观念建设是我们党的建设的基础,价值观念建设贯穿于党的各项建设之中。从党的制度建设来看,如果没有一定的思想价值观念作为基础,再好的制度也制定不出来并付诸实践。因此我们应切实加强党的价值观念方面的建设,从而强化党的执政理念,提高党的执政能力,确保党的群众路线落到实处。

要强化党的价值观念建设,在日常政治理论学习过程中,必须要突出党性和思想道德的提升,从而引导党员干部确立观点和信念,坚定党员干部的灵魂追求。在价值观念的推动下,不断促进党的群众路线的顺利践行,这是个复杂的系统工程,一时的思想问题解决了,并不等于今后所有的思想问题都解决了,因为在价值观念领域,没有一劳永逸的解决办法,

---

① 胡锦涛. 坚定不移沿着中国特色社会主义道路前进　为全面建成小康社会而奋斗——在中国共产党第十八次全国代表大会上的报告[M]. 北京:人民出版社,2012:51.

② 习近平. 紧紧围绕坚持和发展中国特色社会主义　学习宣传贯彻党的十八大精神——在十八届中共中央政治局第一次集体学习时的讲话[M]. 北京:人民出版社,2012:12.

只有时刻绷紧正确价值观这根弦，才能够不停稳固根基。广大党员干部要时刻提高警觉，从而确立正确的价值观念，在观念上画出红线、在作为上确定底线，确切做到本质上的循规守矩和遵纪守法，以确保新时代党的群众路线得到顺利推进与落实。

3. 培养党员干部良好的道德修养

习近平曾指出，面对纷繁复杂的社会现实，党员干部特别是领导干部务必把加强道德修养作为十分重要的人生必修课，努力以道德的力量去赢得人心、赢得事业成就。习近平的讲话，寓意深远、内涵深刻，具有很强的思想性、针对性和指导性，同时也为新时代党员干部必须加强道德修养建设指明了方向。

首先，新时代党员干部应自觉从中华优秀传统文化中汲取营养，从而提升自身道德修养。中国是拥有博大精深的传统文化的文明之国，中华民族历来注重道德修养，"先天下之忧而忧，后天下之乐而乐"，"富贵不能淫，贫贱不能移，威武不能屈""位卑未敢忘忧国"等都体现了中华民族的优秀传统文化和道德品格，都是新时期党员干部，尤其是领导干部应当继承和发扬的。党员干部应当善于从中华优秀传统文化中汲取精华，为自身道德修养提供丰厚的滋养，从而使自身的道德修养境界得到升华。

其次，新时代党员干部应虚心向人民群众学习，以提高自身道德修养。马克思主义群众史观指出，人民群众是历史的创造者。人民群众不仅为社会创造了巨大的物质财富，还创造了包括道德文明在内的巨大精神财富。因此任何一个党员干部想要树立自身优良品质和作风，都要真心实意、不骄不躁地向人民群众学习，取德于民，唯有如此才能切实提高自身道德修养，塑造人格魅力。

最后，应加强新时代党员干部的思想政治教育，从而提升道德修养。强化思想政治教育，为提升党员干部道德修养奠定牢固的思想基础。要把坚持日常思想政治教育工作摆在突出位置，紧密联系党员干部工作实际，引导他们树立正确的世界观、人生观、价值观，增强宗旨意识、组织意识、服务意识；强化干部负责、勇于担当的道德基础。将思想政治教育常态化，在深入学习毛泽东思想及中国特色社会主义理论体系的同时，全面提升党员干部的思想道德，为新时期党的群众工作提供新的着力点。

4. 提高新时代党员干部的科学执政水平

当前,我国正处于积极转变经济发展方式、各项改革全面深化的关键期,同时也是各种矛盾的凸显期,因此不断提高新时代群众工作的实效性和针对性就显得尤为重要。这就要求广大党员干部必须提高科学执政的水平,注重群众工作的公平与效率,从工作准备到工作过程,再到工作成果,都要在高效的前提下体现公平性,这样才能在践行党的群众路线过程中更符合基层人民的根本利益。

第一,广大党员干部应当抓住新时期如何更好执行党的群众路线这一着眼点,聚焦涉及改革发展稳定与民生工作等人民群众反响强烈的突出问题,以改善和提高民生问题为抓手,以解决好人民群众的权益问题为落脚点,积极围绕提高群众收入、扩大群众就业面、建立好完善好社会保障体系等重要节点有效开展工作,抓住要害,集中整治;对各种伤害人民群众利益的现象,要加大查处,严肃追责,面对人民群众反映强烈的共性问题,要做到以点带面,有的放矢,务求实效。

第二,在信息化、网络化大背景下,党员干部要取得党群沟通的实效,必须要善于同群众讲话,提高与群众沟通和交流的能力。能否具备较强的与群众沟通交流的能力,是党员干部密切联系群众的重要表现,党员干部只有成为群众生活的共同体,才能在信息的双向沟通交流中使党组织获得影响力与存在感,让群众自觉跟党走,使党牢牢把握群众工作中的舆论主导权。因此,在新形势下党员干部加强同群众的交流沟通,重视正能量的传播是十分重要的。首先,党员干部必须切实提高同群众沟通交流的能力。其次,党员干部必须善于掌握与群众沟通交流的新技能,适时传播正能量。随着现代科技的迅猛发展,互联网已经深入到政治、经济、文化和社会等各个领域,网络日益成为党员干部与群众间进行沟通交流不可或缺的有效载体。

第三,对待当下群众工作中的新特点、新问题,必须"严"字当头,从严从实。在选人用人方面,要严把群众关,让走群众路线切实成为党员干部的刚性需求;在日常群众工作中,要高标准、严要求,将突出问题一抓到底,适时采取台账管理、跟踪管理等新措施,把各项工作逐一分解,落实到位;基层党组织要认真落实工作责任制,强化政风政纪,发挥好基层党员为人民服务的功能。努力打造"有激情干事、高标准做事、敢负责遇事、能坚韧处事"的党员干部队伍，切实提高新时代党员干部科学执政水平。

（二）创新工作方法

1、提高领导干部运用法治思维、法治方式做群众工作的能力

党的十八届四中全会作出了全面推进依法治国的战略部署。群众工作作为我国党政干部所承担的一项极其重要的内容，必须纳入依法依规有序运行的正确轨道上来。用法治方式做群众工作，把群众工作纳入法治轨道，就是要求党政干部克服人治思维，树立法治思维，提高运用法治思维和法治方式做群众工作的能力，引导涉法、涉诉、信访及其他各类群众涉及的问题在法治轨道内妥善解决。

（1）要引导领导干部运用法治思维、法治方式维护群众切身利益

领导干部利用法治思维、法治方式维护群众利益，根本要求就是依法依规做好工作。因为群众的利益在法律的框架保护下，本身就是一种个人的法律权益，从这个意义上说，领导干部依法办事本身就是维护人民群众利益的体现。而在实际的各项工作中，还存在不少"有法不依、执法不严"的情况，比如在"行政立法部门化"的影响下，以法扩权、以法争利现象，漠视群众合法权利，与民争利的情形时有发生，对群众利益危害很大，对党群干群关系破坏极大。所以，一定要提高领导干部法治意识和依法办事的能力，让领导干部在法治思维的指导下做好各项工作，这同时就是群众工作能力的重要内容。

（2）要引导领导干部运用法治思维、法治方式畅通群众利益诉求渠道

社会阶层的不断分化，利益诉求的多元嬗变，都需要不断畅通群众利益诉求渠道。一是要赋予群众知情、表达、参与等各项权利。信访是我国群众利益诉求表达普遍采用的一种方式，存在群众信访不信法、信权不信法的个别情况，冲击了法律作为社会基本调解方式的地位。党的十八届四中全会提出，要改革信访工作制度，把涉法涉诉信访案件根据实际纳入法治轨道上来。这就要求领导干部一定要学会运用法治思维做面向群众的说服和解释工作，能够解决的群众诉求尽快依法解决，不能解决的引导群众向有关部门反映、寻求解决，使涉法、涉诉、信访案件始终在法治轨道上运行。

（3）要培养领导干部善于运用法治思维、法治方式解决群众利益纠纷

要建立以调解为基础的群众利益纠纷化解体系，领导干部要有比较强的群众矛盾调处能力，促进矛盾双方沟通，化解矛盾双方情绪，控制矛盾纠纷发展；同时要有和法院、纪律监察等部门沟通的能力，能够帮助群众向有关部门反映问题，通过法律部门解决问题。

2. 提高领导干部运用网络等新科技手段的能力

之所以把提高领导干部运用网络等新科技手段的能力，作为群众工作能力的一部分单独提出，就是因为互联网等高新技术方兴未艾，群众工作面临一系列的全新特点。目前中国网民数量迅速增长，且参与社会公共事务的能力日益增强。一方面，越来越多的人通过网络论坛对社会公共事务，特别是公共事件、环境保护、食品安全等热点话题，达成群体共识，形成舆论热点。另一方面，网络等新科技手段在做群众工作，回应群众关切，满足群众诉求等方面的作用越来越大，如各类举报投诉网站、问题诉求反映系统、各类政务微博等正是在新媒体不断发展的背景下应运而生的。面对这种新形势，领导干部要着重做到以下几个方面。

（1）要加强对网络知识、办公系统等与工作紧密相关的新知识的学习

领导干部应对网络媒体等科技新事物，不仅要学会基本的操作，还要学会建立博客、参与网络社区论坛讨论、使用办公新系统、新分析工具等。在工作中，领导干部可以根据自身实际情况选择不同的学习方式，通过不同途径提高自身的相关实际能力。

（2）要关注网络，融入网络

对于网络，领导干部不能把自己当作局外人或旁观者，而是应该积极参与。积极关注网络信息。包括网络新闻和网民言论等，通过浏览新闻网页和关注网络论坛、新闻评论等，了解基层民众心声，掌握时事动态，认真听取民意，为科学决策提供参考；同时还要注意加强网络互动。在网络阵地上主动出击，把稳定思想、控制大局的政治工作通过网络进行开展。

（3）要提高信息技术运用能力

网络媒体对现有执政环境的冲击，既来自群众表达意见的便捷性，还来自领导干部群众工作理念的滞后。领导干部对民意的获取，如果还是仅仅通过听汇报、看报告、召开座谈会以及有限的实地考察来进行，显然不

能适应瞬息万变、多元化时代的要求。党政干部还必须改变传统的方式，积极运用信息技术手段和途径，与群众进行广泛对话与沟通。当然，面对网络媒体引发的舆情，一些党政干部，也做出了积极大胆的改进和回应，起到了较好的舆论引导效果。但我们也应看到，领导干部利用网络等科技手段处理群众工作仍然很不娴熟，不少处理结果难以达到群众预期，甚至引起质疑。

（4）要主动利用网络媒体

利用网络优势，广泛宣传党的路线方针政策，积极引导群众，增强群众认同感；充分利用网络多媒体，通过文字、图片、声音、动画等，展现宣传主题，增强内容的知识性趣味性，达到教育人、引导人、鼓舞人的效果；通过开设专栏、建立博客、在线访谈等形式，扩大宣传，加强交流，提高效果。积极促进政务公开，主动公开各部门职能职责、机构设置、政策法规、政府文件、工作动态、便民服务等群众关切或与群众利益密切相关的事项，自觉听取群众意见，接受群众监督，实现从被动应对网络舆情到主动应对的转变。

3. 信访工作方法的创新

信访工作是群众工作的特殊形态，是群众矛盾尖锐和集中的表现，领导干部必然要学会处理这种紧急而又必须处理好的棘手事件的能力。

（1）领导干部要学会倾听群众意见

鼓励和引导群众对党委和政府工作献计献策。对与人民群众利益密切相关的决策事项，要通过举行座谈会、听证会、论证会等形式广泛听取意见，充分考虑大多数人的利益。从工作的初始环节就防止信访事件发生或在信访事件发生后有充分的、可靠的解疑释惑的依据。通过完善民生热线、设立专门信箱、提倡网络留言等做法，引导群众更多以书信、电话、电子邮件等形式表达诉求、反映问题，通过分理系统等方式实时办理，树立通过以上形式也能有效解决问题的导向。

（2）领导干部要经常深入群众

领导干部通过与群众全接触，掌握处理群众问题方法，化解群众反映的问题和矛盾。通过严格的规定，保证领导干部联系群众常态化。

（3）要学会引导群众

面对群众反映的问题，要综合运用法律、政策、经济、行政等手段和教育、协商、调解、疏导等办法，认真解决特殊疑难信访问题，做到诉求合理的解决问题到位，诉求无理的思想教育到位，生活困难的帮扶救助到位，行为违法的依法处理。当然，大多数问题，尤其是宏观层面的问题，领导干部自身往往是无法解决的，必须按照"属地管理、分级负责，谁主管、谁负责"的原则做好积极引导，必须建立更高级别的问题解决机制，让群众的诉求回归到正常轨道上来。

（4）要随时关注关爱群众

群众信访往往具有反复性，不能把一时的平息作为最终的结果。要树立为群众负责的态度，怀着对群众关心的情愫，主动跟踪调查，了解后续情况，做好善后工作。要调查了解群众对处理结果满不满意，处理决定是否得到有力执行，执行过程是否存在困难。对于心中不满、口中不服的信访人，要进一步讲理释法，耐心疏导，打开其心结，防止二次信访、越级上访等情况发生。同时，对于信访群众中收入低微、生活贫困等人群，应该格外重视和关切，多予以关心和慰问。要通过多种渠道、多种手段解决他们面临的实际困难，在节假日能献出一片爱心、送上一份温暖，让其感受到来自政府与社会的关爱。这种对群众的真心关爱是处理好群众信访的根本要求和基础。

（三）健全领导干部群众工作机制

1.构建科学的领导决策机制

进一步健全内部决策制度，完善群众参与决策的机会和条件。对于涉及面广、关系经济社会发展大局，与群众利益密切联系的决策事项，要广泛征求社会各方面的意见，充分进行协商，在作出决策前向社会公布，通过多种形式给群众提供表达意见的机会，避免决策的随意性、专断性。征求意见的方式方法可以是通过召开座谈会、听证会、论证会等形式，也可以是新闻发布、政府网站公示等形式。要把全局与局部、当前与长远有机结合起来，坚持顾及不同阶层、不同行业、不同群体的具体利益，使决策最大程度地反映不同群体的诉求。要加强咨询机构的建设，建立系统的专家咨询库。对一些技术要求较高、专业性要求较强的重大事项，要通过专家反复的比较研究和充分的论证,为科学民主的决策提供专业化的意见建议。

2. 畅通群众诉求渠道

通过构建多种形式的沟通互动平台,拓宽社情民意反映渠道。采用受理群众来信、来访、来电、手机短信及网络诉求等方式,通过设立民情意见箱、确定领导接待日、干部下访和约访、开展民情恳谈、记录民情日记等收集群众的意见建议和各种诉求,开辟和拓宽群众诉求的新渠道、新形式,充分利用政务平台、手机报、QQ群、微信群等网络平台优势,通过举办"民生发展大家谈"、与群众开展干群角色互换、"居民说事"等活动,与群众"面对面"对话,听取群众意见和建议,自觉接受监督评议,构建多层次、全方位的群众诉求网络,畅通群众诉求渠道。

3. 构建积极稳妥的矛盾调处机制

实行矛盾处理"属地管理、分级负责",落实化解矛盾责任,督促各级各部门认真解决群众问题。要避免实际工作中出现的推诿扯皮现象,改变"把握政策在上面,责任却压在下面"的情形和"事、权"不能统一的局面。必须在处理群众矛盾时既要做耐心细致的解释工作,还要将群众问题和诉求及时向上级部门或有关主管部门汇报备案,以便于上级部门或有关部门了解相关情况,制定统一政策,研究解决问题的办法,有利于各级各部门在处理群众矛盾时形成依法办事的局面,并做到统一口径,严格按当时执行的政策来解决和处理问题。对工作失职、敷衍了事、措施不当而造成严重后果的领导干部,要进行责任追究,倒逼领导干部主动提升群众工作能力。

4. 构建科学有效的考核评价机制

在当前的考核评价体系中多多少少存在着重显绩、轻潜绩,重经济、轻民生的问题。构建民生导向的考核评价机制,需要在实践中不断地摸索前进。要明晰考核评价标准。综合考虑群众工作对社会发展的促进、对群众利益的实现、对党群干群关系的影响、对执政基础的巩固以及群众工作的效益与成本等方面,明确群众工作必须遵循的基本原则。特别是要利用好普遍进行的群众满意度测评工作,要对测评的内容、范围和对象进一步明确,做到既注重主观价值标准的建立,又注重客观事实标准的建立,确保工作的正确方向。要强化考核评价结果运用,切实把考核结果作为改进工作、评先树优、选任干部的重要依据。对一心为民、实绩突出的干部大张旗鼓地表彰宣传，并优先提拔使用；对在群众工作中作风漂浮、做虚功的，将考核结果和实际表现反馈给领导班子和领导干部本人，并采取诫勉谈话等惩戒方式，督促领导班子和领导干部深入查摆原因，制定整改措施；对在群众工作方面存在严重问题的，依法依规进行组织处理，并记入本人档案，在未彻底整改之前不得提拔任用。通过鲜明的用人导向，促进群众工作广泛开展。

（四）建立开放的社会监督体系

1. 要坚持和完善党务政务公开制度，广泛邀请群众监督

按照党务政务公示公开的要求，探索实行工作信息公开制度。明确界定信息公开的内容范围，建立健全信息公开的形式渠道，适时发布有关政策法规、项目建设、环境整治、干部选拔任用等群众广泛关注的内容和情况，主动接受群众监督。发挥好政府部门新闻发言人向外界传达权威信息的作用，适时发布相关工作信息，主动回应群众关切，引导群众思想动向，满足群众相应诉求。

2. 要进一步畅通信息渠道，真心倾听群众声音

在坚持和完善领导干部广泛联系、服务群众制度的基础上，将新的民意诉求渠道进行进一步规范化、制度化，以制度的刚性要求来保障群众利益诉求渠道的畅通。积极拓宽和规范诸如电子政务、网上在线交流、媒体见面会、博客论坛等新的民意表达形式，为群众表达诉求和呼声提供必要的窗口和平台。健全社会舆情汇集和分析机制，通过网络对社情民意进行广泛搜集、细心甄别、迅速回应、及时处理，积极引导群众依法合理表达诉求，公正有效维护群众权益，保障群众话语权。当然，必须建立健全党政机关群众工作协调督导机构，严格规定主要领导的督导责任，充分发挥人大代表、政协委员等的督导作用，确保群众工作有效有序开展，形成领导干部高度重视群众工作、认可群众工作、参与群众工作、在群众工作中做出实效的生动局面，从根本上促进领导干部自身群众工作能力不断有效提升。

总之，有效提升领导干部群众工作能力，需要做到"内因"和"外因"的有机结合，既要激发领导干部群众工作能力成长的内生动力，促进

领导部牢固树立群众观点，践行群众路线，真正为群众服务，又要通过举行有效的大规模活动，为领导干部群众工作提供载体平台，使领导干部能够广泛接触群众、深入群众、联系群众、服务群众，在具体的群众工作实践中提升能力。另外，还要通过各种途径，使领导干部能够做到与时俱进、适应形势，能够真正顺应科技发展等方面带来的实际挑战，掌握群众工作的新方法和新技能。只有这样，才可能使领导干部群众工作能力切实得到提升，群众工作得以持续改进和发展，群众基础被不断夯实加固。

参考文献

1. 经典著作

[1] 中共中央马克思恩格斯列宁斯大林著作编译局编译. 马克思恩格斯全集（第4卷）[M]. 北京: 人民出版社, 1958.

[2] 中共中央马克思恩格斯列宁斯大林著作编译局编译. 列宁全集（第43卷）[M]. 北京: 人民出版社, 1978.

[3] 中共中央马克思恩格斯列宁斯大林著作编译局编译. 列宁全集（第33卷）[M]. 北京: 人民出版社, 1985.

[4] 中共中央马克思恩格斯列宁斯大林著作编译局编译. 列宁全集（第36卷）[M]. 北京: 人民出版社, 1985.

[5] 中共中央马克思恩格斯列宁斯大林著作编译局编译. 列宁全集（第37卷）[M]. 北京: 人民出版社, 1985.

[6] 毛泽东选集（第一卷）[M]. 北京: 人民出版社, 1991.

[7] 毛泽东选集（第二卷）[M]. 北京: 人民出版社, 1991.

[8] 毛泽东选集（第五卷）[M]. 北京: 人民出版社, 1991.

[9] 邓小平文选（第三卷）[M]. 北京: 人民出版社, 1993.

[10] 邓小平文选（第一卷）[M]. 北京: 人民出版社, 1994.

[11] 邓小平文选（第二卷）[M]. 北京: 人民出版社, 1994.

[12] 中共中央马克思恩格斯列宁斯大林著作编译局编译. 列宁选集（第4卷）[M]. 北京: 人民出版社, 1995.

[13] 中共中央马克思恩格斯列宁斯大林著作编译局编译. 马克思恩格斯选集（第1卷）[M]. 北京: 人民出版社. 1995.

[14] 中共中央马克思恩格斯列宁斯大林著作编译局编译. 马克思恩格斯选集（第2卷）[M]. 北京: 人民出版社, 1995.

[15] 中共中央马克思恩格斯列宁斯大林著作编译局编译. 马克思恩格斯全集（第44卷）[M]. 北京: 人民出版社, 2001.

[16] 江泽民. 江泽民文选（第3卷）[M]. 北京: 人民出版社, 2006.

[17] 习近平. 干在实处走在前列——推进浙江新发展的思考和实践[M]. 北京: 中共中央党校出版社, 2006.

[18] 习近平. 之江新语[M]. 杭州: 浙江人民出版, 2007.

2. 论文专著

[1] [法]笛卡尔. 哲学原理[M]. 北京: 商务印书馆, 1960.

[2] [美]塞缪尔·亨廷顿、琼·纳尔逊. 难以抉择[M]. 北京: 华夏出版社, 1989.

[3] 张春光. 现代领导者能力通论[M]. 北京: 学苑出版社, 1993.

[4] 崔敏. 坚持和实行依法治国 建设社会主义法治国家——学习党的十五大江泽民报告的心得体会[J]. 公安大学学报, 1997(06).

[5] 中共中央文献研究室编. 十四大以来重要文献选编（下册）[M]. 北京: 人民出版社, 1999.

[6] 中国李大钊研究会编注. 李大钊文集（第4卷）[M]. 北京: 人民出版社, 1999.

[7] 王长江. 现代政党执政规律研究[M]. 上海: 上海人民出版社, 2002.

[8] 中共中央文献研究室编. 江泽民论有中国特色社会主义（专题摘编）[M]. 北京: 中央文献出版社, 2002.

[9] 吕文静, 李学义. 关于提高领导干部决策能力的思考[J]. 平原大学学报, 2002(01).

[10] 赵理文. 创新能力: 新时期领导干部的核心素质[J]. 前线, 2002(04).

[11] 马培发. 领导干部应尽快提高依法决策能力[J]. 中国司法, 2002(07).

[12] 陈建斌. 时代呼唤公仆人格——兼谈公仆人格的研究价值[J]. 探索, 2003(06).

[13] 赵建春, 刘长发. 关于学习型干部的若干理论思考[J]. 湖北社会科学, 2003(11).

[14] 张浩编. 新编基层领导工作手册[M]. 北京: 蓝天出版社, 2004.

[15] 周虹. 中国官德建设研究及当代官德模式构建[D]. 西安理工大学, 2005.

[16] 中共中央文献研究室编. 十六大以来重要文献选编（上）[M]. 北京: 中央

文献出版社, 2005.

[17] 孙铁民. 论年轻领导干部的决策能力[J]. 学术论坛, 2005(04).

[18] 中共中央文献研究室编. 十六大以来重要文献选编(中)[M]. 北京: 中央文献出版社, 2006.

[19] 国家突发公共事件总体应急预案[M]. 北京: 中国法制出版社, 2006.

[20] 商志晓, 魏晚. 党的执政能力建设研究[M]. 北京: 中共中央党校出版社, 2007.

[21] 吴江, 赵华. 领导干部科学决策能力之我见[J]. 管理科学文摘, 2007(01).

[22] 郝继明. 提高决策能力的一个有益视角——兼对 200 份答卷的实证分析[J]. 淮北职业技术学院学报, 2007(02).

[23] 孙畅雪. 领导干部必须树立正确的权力观、地位观和利益观[J]. 马克思主义与现实, 2007(02).

[24] 韩西山. 清、慎、勤: 为官的基本准则——说吕本中的《官箴》[J]. 安徽史学, 2007(04).

[25] 戴嘉. 湘潭市中层领导职务公务员胜任力实证研究[D]. 湖南大学, 2008.

[26] 伍正龙. 论提高领导干部决策能力的基本途径[J]. 中共贵州省委党校学报, 2008(02).

[27] 叶笃初主编. 党的建设辞典[M]. 北京: 中共中央党校出版社, 2009.

[28] 王军. 突发事件应急管理读本[M]. 北京: 中共中央党校出版社, 2009.

[29] 唐小平. 干部教育培训要有效利用社会资源——以中国井冈山干部学院为例[J]. 党政论坛, 2009(07).

[30] 张楠楠. 自然灾害风险管理研究[M]. 北京: 中国商业出版社, 2010.

[31] 张海龙. 应急管理关键问题研究[D]. 长春: 吉林大学, 2010.

[32] 玄玉姬. 领导干部要切实提高依法决策能力[J]. 延边党校学报, 2010(02).

[33] 中共中央文献研究室编. 十七大以来重要文献选编(中)[M]. 北京: 中央文献出版社 2011.

[34] 廖秀峰. 科学发展观视阈下对增强领导干部科学决策能力的思考[J]. 柴达木开发研究, 2011(04).

[35] 廖雄军. 领导干部与群众关系模式研究——兼论领导干部群众工作能力的提升[J]. 探求, 2011(05).

[36] 闪淳昌, 薛澜. 应急管理概论——理论与实践[M]. 北京: 高等教育出版社, 2012.

[37] 季建林. 新时期社会矛盾的特点与做好群众工作的方式[J]. 党政干部学刊, 2012(01).

[38] 周灵方. 勤政论[M]. 北京: 华夏出版社, 2013.

[39] 张希贤. 为民务实清廉深入开展党的群众路线教育实践活动观点方法与创新案例[M]. 北京: 新华出版社, 2013.

[40] 中共中央文献研究室编. 论群众路线——重要论述摘编[M]. 北京: 中央文献出版社、党建读物出版社, 2013.

[41] 明安宁, 赵美军. 继承与超越: 对中国传统官德思想的反思[J]. 云南社会主义学院学报, 2013(04).

[42] 陈德述. 略论中国古代官德思想的内涵[J]. 中华文化论坛, 2013(07).

[43] 杨思文. 提高政府执行力 增强政府公信力[J]. 才智, 2013(32).

[44] 中共中央文献研究室编. 十八大以来重要文献选编(上)[M]. 北京: 中央文献出版社, 2014.

[45] 中共中央文献研究室编. 习近平关于全面深化改革论述摘编[M]. 北京: 中央文献出版社, 2014.

[46] 张艳芳. 地方政府突发公共事件应急管理机制研究[D]. 济南: 山东大学, 2014.

[47] 王敏. 论互联网时代群众工作的创新[J]. 当代世界与社会主义, 2014(03).

[48] 钟君. 风险社会的历史唯物主义分析[J]. 马克思主义研究, 2014(04).

[49] 孙立樵, 周淼. 领导干部要切实提高依法决策能力[J]. 领导之友, 2014(12).

[50] 中共中央文献研究室编. 习近平关于党风廉政建设和反腐败斗争论述摘编[M]. 北京: 中央文献出版社, 中国方正出版社, 2015.

[51] 王增杰. 论网络环境下党的群众工作的变革与创新[J]. 长白学刊, 2015(01).

[52] 中共中央文献研究室编. 十八大以来重要文献选编(中)[M]. 北京: 中央文献出版社, 2016.

[53] 中共中央文献研究室编. 习近平关于全面从严治党论述摘编[M]. 北京: 中

央文献出版社, 2016.

[54] 郎佩娟. 容错机制法治化要立法先行[J]. 中国党政干部论坛, 2016(08).

[55] 中共中央文献研究室编. 习近平关于青少年和共青团工作论述摘编[M]. 北京: 中央文献出版社, 2017.

[56] 钟宪章. 旗帜鲜明讲政治[M]. 北京: 红旗出版社, 2017.

[57] 盛茂林. 深入学习贯彻习近平总书记选人用人重要思想全面加强干部队伍建设[J]. 理论探索, 2017(01).

[58] 韩静宇. 对党绝对忠诚是根本政治要求[J]. 思想政治工作研究, 2017(06).

[59] 刘红凛. 新时代党的建设总要求的五大新意与理论分析[J] 理论探讨, 2018（03）.

[60] 唐土红. 习近平新时代政治能力建设思想探析[J]. 天津行政学院学报, 2018(03).

[61] 中共中央文献研究室编. 十九大以来重要文献选编（上）[M]. 北京: 中央文献出版社, 2019.